本书是河南省哲学社会科学规划项目"媒体法治精神对法治化社会建设的影响研究"（编号2016BXW013）的结项成果。

先进文化传播文库
Xianjin Wenhua
Chuanbo Wenku

法治新闻之法治精神方略论

郭克宏 | 著

光明日报出版社

图书在版编目（CIP）数据

法治新闻之法治精神方略论 / 郭克宏著． －－北京：光明日报出版社，2019.3
ISBN 978－7－5194－5097－7

Ⅰ.①法… Ⅱ.①郭… Ⅲ.①法治—新闻学—传播学—研究 Ⅳ.①G210

中国版本图书馆 CIP 数据核字（2019）第 040151 号

法治新闻之法治精神方略论
FAZHI XINWEN ZHI FAZHI JINGSHEN FANGLUELUN

著　　者：郭克宏	
责任编辑：刘兴华	责任校对：赵鸣鸣
封面设计：中联学林	责任印制：曹　净

出版发行：光明日报出版社
地　　址：北京市西城区永安路 106 号，100050
电　　话：010－63131930（邮购）
传　　真：010－67078227，67078255
网　　址：http://book.gmw.cn
E－mail：gmcbs@gmw.cn
法律顾问：北京德恒律师事务所龚柳方律师
印　　刷：三河市华东印刷有限公司
装　　订：三河市华东印刷有限公司
本书如有破损、缺页、装订错误，请与本社联系调换，电话：010－67019571

开　　本：170mm×240mm	
字　　数：262 千字	印　张：16
版　　次：2019 年 9 月第 1 版	印　次：2019 年 9 月第 1 次印刷
书　　号：ISBN 978－7－5194－5097－7	
定　　价：85.00 元	

版权所有　　翻印必究

前　言

先交代一下选题缘由,我为什么要研究"法治新闻的法治精神"。

法治国家需要法治精神。法治精神不是个新概念,而是近年才热的一个词语,经由党的十七大、十八大、十九大坚持不懈的强调逐步深入人心。毛主席说过:"一个人是要有点精神的。"一个国家也需要精神支柱。在法治国家里,法治精神就是国家的灵魂,充满社会的各个角落。法学界觉醒较早,在十七大过后就对法治精神进行了热烈讨论,对其内涵形成基本一致的观点。这就为全社会学习贯彻法治精神打下基础。

新闻媒体对社会发展的作用不可小觑。列宁用"宣传""组织""鼓舞"三个方面进行概括,毛主席、刘少奇、邓小平及后来的党和国家领导人都对媒体的重要性做过论述。可以说媒体是社会价值观的塑造者,是党和政府领导人民进行社会建设的重要工具,是人们参政议政的有效渠道。有的领导人甚至把舆论导向正确与否与党和人民的福祸联系起来。因此,在建设法治社会的洪流中,新闻媒体理应把法治精神作为立法、执法、司法、守法、法治监督的价值指南。然而遗憾的是,研究法治精神似乎只是法学界的事情,不少社会领域对此保持沉寂,这里也包括新闻媒体行业。根据相关软件进行网络检索就能发现,媒体法治精神、新闻法治精神的论述几乎是空白,就是能搜到一篇关于媒体法治精神的文章,也不是进行学术性探讨，只是一般浅尝辄止的言论。若干年前，我在高校开始为新闻学本科生开设《法治新闻研究》课程，才发现我国新闻行业对法治新闻的灵魂问题很少追问，倒是大量的文章聚焦在具体写作问题上。于是我就开始思考法治新闻的灵魂问题，认为在新闻大家族里，法治新闻肯定是推动社会法治建设的主力，法治新闻的内核应该是法治精神。于是我就在法学界法治精神研究的基础上，对法治新闻的法治精神进行关注，并专门写过一篇《媒体的法治精神》的文章，对媒体法治精神的表现从媒介功能理论、社会管理学理论等几方面进行讨论。

以后，我通过对媒体法治精神的观察，发现许多法治新闻缺乏灵魂，没有法治精神。不仅如此，"法盲"表现十分突出，不少新闻的危害是明显的，于是我就写了关于"媒体法盲现象"的文章进行讨论；再后来，我越来越发现法治新闻研究存在的很多问题：

首先是视野狭窄。包括国家级课题、专著、期刊论文、硕士论文等在内，只是对法治新闻进行笼统的扫描，或者就某一领域比如"案件报道"进行探究，甚至没有人对法治新闻的报道类型进行认真分类；我在后来的厅级科研课题里就试图对法治新闻的类型进行归类，尽管现在还没有成熟的结果，但是我已经开始关注这个领域里的"无人区"。除此之外，很多新闻实践中容易受伤的"雷区"也基本无人问津，比如，量刑报道问题，情与法的失衡问题，国际视野的法治新闻问题，法治新闻的娱乐问题等等。甚至法治新闻报道的"事实"也没有人理睬。这都激发了我探索的兴趣，找问题，思考对策。虽然研究领域不够系统全面，确是时下理论界和业界关注的"盲区"，现实针对性强，在行业内有较强指导实践的意义。

其次，法治新闻研究缺乏学理性。抛开法治新闻法理性不说，甚至有些专著对法治新闻的特征不能明示。其实当我开始阐述法治新闻特征的时候，发现真正给法治新闻"画像"并不容易，因为法治新闻的立法新闻与执法、司法、舆论监督的新闻相比，有很大的差异。比如当我要对法治新闻赋予"刺激性"特征的时候，发现这其实是案件报道的属性，立法新闻大多没有这一属性。于是我开始思考法治新闻的学理性，试图发现别人没有涉足或者人迹罕至的研究领域。尽管现在我还没有在"法治新闻理论"研究领域取得多少建树，但是我至少一直在思考这个问题。

再次，现在很多研究理论文章缺乏指导实践的价值。很多问题洋洋洒洒说了不少，对于业界，面对困境仍然无所适从。比如"媒介审判"问题，公说公有理婆说婆有理，到底实践中该怎么办，没有答案。我对这类问题的研究目标，旨在通过仔细分析，让业界知道如何穿过现实迷雾。比如，我在研究中直接告诉大家，"媒介审判"是个伪命题，并对我国媒介监督的实质、媒介监督的力量源泉进行了剖析，提出媒介监督的操作原则及要求。

特别需要说明的是，法治新闻研究是个"冰点"，不招人待见。尽管这些年来我公开发表了一些法治新闻的论文，对这个领域算是有点学术积累。考虑着现实社会的需要和本人兴趣，加上研究基础，我在某次课题招标中，"法治新闻的法理性研究"并不被专家们看好，因为现实的热点焦点都是触碰"新媒体""网络技术"的。倒是教育厅和省社科规划办对我的课题提供了支持，给予立项，使得我能继续在法治新闻的法治精神领域的研究，鼓足勇气，奋力前行。

我想，通过我的努力，我会在法治新闻的躯体内探寻法治之光的源泉，让我们媒体的法治新闻喷射法治精神的光芒，让所有接触法治新闻的受众，都能够从中汲取营养，成为宣传法治、遵守法制的散发着法治精神的人。

目录
CONTENTS

第一章 研究法治新闻的时代背景 ················· 1
　一、不断加速的法治进程 ······················ 1
　二、强力跟进的普法措施 ······················ 3
　三、媒体普法的社会需求 ······················ 4
　四、媒体普法新使命 ························ 8
　五、法治新闻法治精神研究的滞后性 ················ 9

第二章 "法治新闻"和"法制新闻" ················ 11
　一、"法制"与"法治" ······················· 11
　二、"法治新闻"和"法制新闻" ··················· 12

第三章 法治新闻的含义、特征及功能 ··············· 15
　一、法治新闻的含义 ························ 15
　二、法治新闻的特征 ························ 17
　三、法治新闻的功能 ························ 31

第四章 法律事实：法治新闻的事实特征 ············· 45
　一、法律事实及特点 ························ 45
　二、法治新闻对法律事实的选择 ·················· 47
　三、法律事实与证据的关系 ···················· 49

第五章　法治新闻的灵魂——法治精神 ············· 53
一、法治精神的含义 ···································· 53
二、法治精神的历史地位 ······························ 54
三、弘扬法治精神是法治新闻的义务 ··············· 55
四、法治新闻弘扬法治精神的途径 ·················· 59

第六章　法治新闻的"法盲"现象 ····················· 81
一、"法盲"表现一："法制真空"现象 ············ 81
二、"法盲"表现二：法治新闻的"硬伤" ········· 82
三、法治新闻"法盲"现象原因分析 ················ 104
四、法治新闻"法盲"的危害 ························ 105
五、应对法治新闻"法盲"现象的建议 ············· 106

第七章　法治新闻与新闻批评 ·························· 109
一、法治新闻是新闻批评的基本力量 ··············· 109
二、法治新闻监督力量的来源 ························ 111
三、法治新闻的批评视野 ······························ 116
四、新闻批评中的"媒介审判"问题 ················ 122
五、做好新闻批评的注意事项 ························ 129

第八章　负面法治事件彰显新闻正能量的策略 ······ 136
一、正能量和法治新闻 ································· 136
二、常见冤案报道模式分析 ··························· 140
三、消解法治新闻负能量的策略 ···················· 149

第九章　量刑报道中的法治精神 ······················· 157
一、量刑报道及传播意义 ······························ 157
二、量刑报道的主要内容 ······························ 162
三、量刑报道的突出问题 ······························ 167
四、量刑报道的指导思想 ······························ 170

第十章　法治新闻情与法的平衡 ·············· 178
一、现实中情与法的关系 ·············· 178
二、法治新闻中情与法的失衡 ·············· 181
三、法治新闻情与法的平衡策略 ·············· 190

第十一章　法治新闻的娱乐底线 ·············· 203
一、法治新闻的娱乐性 ·············· 203
二、法治新闻的娱乐化及危害 ·············· 209
三、法治新闻的娱乐底线 ·············· 220

第十二章　国际新闻中的法治报道 ·············· 227
一、国际新闻法治报道的功能 ·············· 227
二、国际新闻法治报道的注意事项 ·············· 231

参考文献 ·············· 239
后记 ·············· 240

第一章

研究法治新闻的时代背景

在新闻大家族里,法治新闻作为唯一顶着"法治"标签的新闻品种,使其在建设法治社会的语境里显示出非同寻常的意义。

在媒体发展的历史进程中,法治新闻很长时候在新闻家族中扮演着"丑角",被视为不良新闻信息而广遭诟病。从大众化媒体在美国诞生那时起,在《纽约世界报》和《纽约新闻报》引发的"黄色新闻"的硝烟里,便有了法治新闻的身影。在我国近代新闻史里,在上世纪初期的上海,报刊繁荣的背后也少不了法治新闻的助推,只是那时候的法治新闻主要报道对象是刑事案件或者名人丑闻等刺激性信息,因此,那时候的法治新闻被称作法院新闻或者警事新闻。长期以来,人们习惯把法治新闻看作社会新闻的组成部分,与时政新闻、财经新闻、科技新闻等"硬新闻"相比,社会新闻都是以"软新闻"面目示人,在新闻家族的排行榜里,属于可有可无的"小儿科"。

然而,随着时代的发展,头顶"法治"光环的法治新闻已经今非昔比,它的社会角色和社会作用再也不可小觑。在建设法治社会的战役里,在弘扬法治精神的社会责任感驱动下,法治新闻扮演着无可替代的重要角色。

一、不断加速的法治进程

新中国法律体系建设进程,越来越显示提速特征。1949年颁布临时宪法性质的《中国人民政治协商会议共同纲领》,1954年通过的《中华人民共和国宪法》,十年"文革"浩劫后,"有法可依,有法必依,执法必严,违法必究"十六字方针在党的十一届三中全会被提出,1979年全国人大通过了《刑法》《刑事诉讼法》《地方各级人大和地方各级政府组织法》《全国人大和地方各级人大选举法》《中外合资经营企业法》《检察院组织法》《法院组织法》七部重要法律,党的十五大确立了"依法治国"基本方略,并提出到2010年形成有中国特色社会主义法律体系的宏伟目标,我国法治建设迎来了一个崭新的时代。2011年1月24日,全国人大常委会在关于中国特色社会主义法律体系座谈会上宣布,一个立足中国国情和实际、适应改革开放和社会主义现代化建设需要、集中体现党和人民意志的,以宪法为统帅,以宪法、相关法、民法商法等多个法律部门的法律为主干,由法律、行政法规、地方性法规等多个层次的法律规范构成的中国特色社会主义法律体系已经形成,国家经济建设、政治建设、文化建设、社会建设以及生态文明建设的各个方面实现有法可依。①

  2012年11月召开的中国共产党第十八次全国代表大会对全面推进依法治国作出重大部署,强调把法治作为治国理政的基本方式。2013年11月召开的中共十八届三中全会,通过了《中共中央关于全面深化改革若干重大问题的决定》,对加强社会主义民主政治制度建设和推进法治中国建设提出明确要求。2014年10月中共十八届四中全会在北京召开,会议通过了《中共中央关于全面推进依法治国若干重大问题的决定》,这是改革开放以来中共第一次以依法治国为主题的中央全会,这对全面推进依法治国有十分重大的意义。会议要求在中国共产党领导下,坚持中国特色社会主义制度,贯彻中国特色社会主义法治理论,形成完备的法律规范体系、高效的法治实施体系、严密的法治监督体系、有力的法治保障体系,形成完善的党内法规体系,坚持依法治国、依法执政、依法行政共同推进,坚持法治国家、法治政府、法治社会一体建设,实现科学立法、严格执法、公正司法、全民守法,促进国家治理体系和治理能力现代化。②

  法治建设的重视和建设成就为法治新闻的繁荣提供丰厚肥沃的社会土壤。

---

① 朱磊:《中国完善立法体制242部法律夯实依法治国根基》,法制日报,2014年9月24日
② 《中共中央关于全面推进依法治国若干重大问题的决定》,人民日报,2014年10月29日

二、强力跟进的普法措施

在我国法治建设取得巨大成就的同时,普法工作也得到党和政府前所未有的重视。

1985年11月5日,中共中央和国务院共同批转了《中央宣传部、司法部关于向全体公民基本普及法律常识的五年规划》。同年11月22日,第六届全国人大常委会第十三次会议表决通过了《关于在公民中基本普及法律常识的决议》。1990年12月,国务院为适应普法工作的需要,成立了全国普及法律常识办公室。堪称中外法治建设史上一项伟大创举的普法工程的大幕逐渐拉开。"一五""二五""三五"……"六五"直到如今的"七五",数序的递增既反映了普法的持续性,又体现出不同时期普法的新特点。截至2018年,党中央、国务院已连续转发七个五年普法规划,全国人大常委会也做出相应普法决议。党的十五大、十六大、十七大、十八大报告都对加强法治宣传教育提出了明确要求。这足见党和政府对法治宣传教育的重视程度。

普法历程中,七个五年普法规划体现了不同阶段的工作重点。"一五"普法重视"十法一条例"的法治启蒙教育;"二五"普法强调以宪法为核心以专业为重点;"三五"普法重点宣传市场经济法律知识,并将普法向依法治理延伸;"四五"普法开创性地提出"努力实现提高全民法律意识向提高全民法律素质的转变,全面提高全体公民特别是各级领导干部的法律素质;实现由注重依靠行政手段管理向注重运用法律手段管理的转变,不断提高全社会法治化管理水平"的"两个转变、两个提高";"五五"普法第一次明确提出将农民作为法治宣传教育的重点对象,创新性地提出开展法律进机关、进乡村、进社区、进学校、进企业、进单位的"法律六进"活动;"六五"普法进一步提出要促进社会主义法治文化建设。在确定领导干部、公务员、青少年、企业经营管理人员、农民为重点对象的同时,特别强调要将领导干部和青少年作为普法的重中之重;[①]"七五"普法主要任务是深入学习宣传习近平总书记关于全面依法治国的重要论述,突出学习宣传宪法,广泛宣传中国特色社会主义法律体系,深入学习宣

---

① 刘武俊:《解读十八大报告的法治精神》,中国司法,2012年第12期

传党内法规,推进社会主义法治文化建设,推进多层次多领域依法治理,推进法治教育与道德教育相结合。

2018年1月中央政法工作会议对新时期普法工作提出具体要求。会议指出,在政法领域,人民日益增长的美好生活需要体现在"四个转变"上。一是从实现基本物质文化需要向同步追求高品位物质文化生活转变,不仅希望吃饱、穿暖、住好,而且期待食品更安全、生态更美好、服务更均等、社会更和谐;二是从实现外在物质文化需要向同步追求精神心理满足转变,不仅希望人身权、财产权不受侵犯,而且期待个人尊严、情感得到更多尊重,隐私、名誉、荣誉等人格权得到有效保护;三是从注重现实安全向同步追求长远安宁转变,更加关注改革发展大局、民主法治建设,期待权利有保障、权力受制约、公正可期的良法善治,对严格执法、公正司法有更高要求,希望对自身发展有更长远的预期和更持久的信心;四是从单纯的个体受益向同步追求社会事务转变,更加关注共商共建共治共享,更加重视知情权、参与权、表达权、监督权,对社会事务参与意愿强烈,希望在促进社会发展进步中更好地实现人生价值。①

中央对普法工作的重视为媒体发挥社会职能创造了良好社会环境。

三、媒体普法的社会需求

普法的方式很多,但是从传播学的几种传播模式看,大众传播具有信息扩散的独特优势,这种优势来自大众传播者的职业化和传播媒介的机械化。从中央决定普法工作开始,大众传媒便被赋予独特的使命。每一个普法文件都特别强调利用大众传播媒介进行普法。例如,1985年11月,中共中央和国务院在共同转发《中央宣传部、司法部关于向全体公民基本普及法律常识的五年规划》的通知时要求:"充分发挥报纸、刊物、广播、电视在法律普及工作中的重要作用。报刊、广播电台、电视台都要有专人负责,办好法制宣传栏目,增加法制方面的宣传报道,努力扩大法制宣传教育的效果。《中国法制报》(《法制日报》前身)和各省、自治区、直辖市及百万人口以上大城市的法制报刊要成为普

---

① 赵恩泽:《中央政法工作会议:矢志不渝做社会主义法治国家建设者》,人民网,2018年1月23日

及法律常识的重要阵地。"①

1990年12月13日,中共中央和国务院关于批转《中央宣传部、司法部关于在公民中开展法制宣传教育的第二个五年规划》的通知中要求:"充分发挥各种宣传舆论工具的作用。电视、广播、报刊要有计划地宣传法律知识,继续健全普法宣传阵地。"

1996年中宣部、司法部《关于在公民中开展法制宣传教育的第三个五年规划》要求:"充分发挥大众传播媒介在法制宣传教育中的重要作用,办好各级广播电台、电视台、报刊的法制节目和法制专栏,加大宣传力度。"

从普法"六五"规划起,国家强调了新媒体在普法工作中的意义。"引导广播、电视、报刊等各类媒体办好普法节目、专栏和法制频道,结合法治实践,采取以案说法等形式,深入浅出地开展法制宣传教育。探索利用互联网、手机等新兴媒体开展法制宣传教育,办好普法网站,推动政府网及门户网站加大法制宣传力度。"②《中央宣传部、司法部关于在公民中开展法治宣传教育的第七个五年规划(2016—2020年)》则提出:"健全媒体公益普法制度,广播电视、报纸期刊、互联网和手机媒体等大众传媒要自觉履行普法责任,在重要版面、重要时段制作刊播普法公益广告,开设法治讲堂,针对社会热点和典型案(事)例开展及时权威的法律解读,积极引导社会法治风尚。……充分运用互联网传播平台,加强新媒体新技术在普法中的运用,推进'互联网+法治宣传'行动。开展新媒体普法益民服务,组织新闻网络开展普法宣传,更好地运用微信、微博、微电影、客户端开展普法活动。加强普法网站和普法网络集群建设,建设法治宣传教育云平台,实现法治宣传教育公共数据资源开放和共享。适应我国对外开放新格局,加强对外法治宣传工作。"新媒体传播法治新闻的社会责任得到突出强调。

《中央宣传部司法部全国普法办公室关于开展2017年"12·4"国家宪法日集中宣传活动的通知》专门对新媒体在普法的传播角色做出安排:"充分运用'中国普法'全国新媒体矩阵,广泛利用网络媒体和微博、微信、客户端等开

---

① 吴爱英:《全面贯彻实施"六五"普法规划努力为实现"十二五"规划目标任务营造良好法治环境》,中国司法,2011年第6期

② 肖义舜:《认真落实"六五"普法规划努力服务经济社会科学发展》,中国司法,2012年第2期

展普法宣传。"①

上世纪80年代,为配合大规模的普法宣传教育工作,《民主与法制》《中国法制报》《法律与生活》以及各省市的法治类报刊都纷纷创办起来,中央人民广播电台、中央电视台及部分省市电视台也开始了法治新闻报道的尝试,比如上海电视台创办了我国第一个电视法治栏目《法律与道德》,中央电视台开办了第一个法治栏目《规矩与方圆》,山东电视台开办了《道德与法制》栏目等。在随后的日子里,法治媒体或者栏目如雨后春笋般出现。进入新世纪,新媒体成为普法不可忽视的力量,除了传统媒体的网站,专业网站也承担着普法的重要角色。早在2001年6月27日,由司法部主办的"中国普法网"正式开通,带动了各地方普法网站的建立和门户网站的法治宣传工作,法治宣传在现代传媒领域有了自己的阵地。七年时间,全国设有专门普法网、法治网150多家。②

仅从报刊看,虽然在前期报刊数量结构调整中,一部分法治报刊退出了报刊市场(比如《郑州法制报》),但是至今仍然有一大批法治报刊活跃在普法一线。如今经常能看到的有《新法制报》《安徽法制报》《西部法制报》《云南法制报》《宁夏法制报》《新疆法制报》《青海法制报》《福建法制报》《辽宁法制报》《四川法制报》《甘肃法制报》《内蒙古法制报》《重庆法制报》《山西法制报》《河北法制报》《河南法制报》《山东法制报》等。

据此可知,法治新闻拥有强大的传播阵地,并随之出现空前的繁荣局面。

与其他普法手段相比,媒体普法具有得天独厚的优势。

首先,媒体信息覆盖面广,信息扩散力强。每家媒体的背后都有数万数十万甚至数百万受众,一条法治信息,让千家万户从中受益。以2016年聂树斌冤案改判的报道为例,12月2日上午,《人民日报》的微博发布一条消息:最高人民法院第二巡回法庭对原审被告人聂树斌故意杀人、强奸妇女再审案公开宣判,宣告撤销原审判决,改判聂树斌无罪。该微博当天发起话题"改判聂树斌无罪",至7日晚,这一话题阅读量达5137.5万。就同一事件,另一微博账号发起的话题"聂树斌案再审",7日晚阅读量达1.6亿。③

其次,大众媒体传播速度快,能让最新法治信息抵达受众,提供及时服务;

---

① 《中央宣传部 司法部 全国普法办公室关于开展2017年"12·4"国家宪法日集中宣传活动的通知》,司法部政府网,2017年11月20日
② 朱磊:《中国普法:将法律交给亿万人民群众》,法制日报,2008年11月16日
③ 陈振凯:《依法治国的重要一步》,人民日报海外版,2016年12月09日

把事关公众利益的法治事件纳入公众的视线,有利于问题的快速解决;把备受公众关注的法治事件处理结果快速公布,有利于安抚社会期待的心理。比如2017年2月28日新华社播发新闻《最高法对婚姻法司法解释第24条作出补充规定》,让多少被因婚内不合理债务困扰的人看到了希望,因为最高人民法院28日公布《最高人民法院关于适用〈中华人民共和国婚姻法〉若干问题的解释(二)的补充规定》,针对司法实践中出现的涉及夫妻共同债务的新问题和新情况,强调虚假债务、非法债务不受法律保护。2016年12月3日,《河南商报》等媒体对聂案再审改判进行了特别报道,让这件牵动公众神经12年的冤案尘埃落定,正义最终得到了伸张,司法公信力从中得到充分体现。

其三,传播队伍专业。大众传播媒体都有一支训练有素的传播队伍,队员们往往经过专业训练,不仅具备扎实的基本知识和深厚的学科背景,也对相关新闻传播知识和技能有所掌握。人员的素质决定了媒体高度,高素质的从业队伍奠定大众传媒的公信力。

其四,媒体传播呈现知识系统性特点。新媒体时代是个信息"碎片化"时代,这恰恰凸显了传统大众传媒的优势:传播信息的计划性和系统性。这一点对媒体普法工作有特殊意义。我国法制体系内容丰富,普法任务短时间内不可能完成。长期的、系统的、灵活的普法活动会对受众产生"润物细无声"的影响,让受众不知不觉中提高法治素养。

事实上,政府部门已经认识到法治新闻在普法过程中的独特作用。政府部门专门下发文件强调对法治新闻的重视,要求做好法治新闻传播工作,为全民普法提供服务。比如,2014年1月17日,宁夏回族自治区党委宣传部、依法治区协调小组办公室出台了《关于进一步加强公益性法制新闻宣传的实施意见》,要求各级宣传部门要把公益性法治新闻宣传作为新闻宣传工作的重要内容,制定切实可行的宣传方案,确保法治新闻宣传的持续性和实效性。"意见"甚至对搞好法治新闻传播提出具体要求:

> 全区各级各类新闻单位至少开设一个固定的公益性法治宣传栏目,常年开展公益性法治宣传。
> 1. 宁夏日报开设法治教育专栏,如《法治宁夏》《普法园地》等栏目。
> 2. 宁夏广播电视台可开办《庭审现场》《金牌调解》等法律服务类节目,开展内容丰富、形式多样、寓教于乐的法治新闻宣传,增强全民法治宣

传教育的感染力、渗透力和吸引力。

3.《法治新报》可开设《法治论坛》《律师释案》《法治文苑》等栏目,着眼于不同地域、不同行业、不同人群的实际情况和实际需要,精心打造法治宣传教育平台,努力扩大公益性法治宣传教育的覆盖面和影响力。

4.加大新媒体对公益性法治宣传的力度,充分发挥新闻网站、手机报、微博、微信、新闻客户端等新媒体的传播优势。宁夏新闻网、宁夏法治网以及区内各部门门户网站要开辟法治宣传专栏,实现网上网下良性互动,推进我区的民主法治建设,推进依法治区进程,不断提高法治新闻宣传传质量,强化法治新闻宣传工作。①

四、媒体普法新使命

立足新时代,党和国家领导人对媒体寄予厚望,提出新要求,为媒体搞好法治新闻传播,完成普法历史使命提出新命题。2016年习近平在视察中央级媒体时再次强调了舆论工作的重要性,他说:"做好党的新闻舆论工作,事关旗帜和道路,事关贯彻落实党的理论和路线方针政策,事关顺利推进党和国家各项事业,事关全党全国各族人民凝聚力和向心力,事关党和国家前途命运。必须从党的工作全局出发把握党的新闻舆论工作,做到思想上高度重视、工作上精准有力。"

他指出,在新的时代条件下,党的新闻舆论工作的职责和使命是"高举旗帜、引领导向,围绕中心、服务大局,团结人民、鼓舞士气,成风化人、凝心聚力,澄清谬误、明辨是非,联接中外、沟通世界。要承担起这个职责和使命,必须把政治方向摆在第一位,牢牢坚持党性原则,牢牢坚持马克思主义新闻观,牢牢坚持正确舆论导向,牢牢坚持正面宣传为主。"要求新闻工作者"要深入开展马克思主义新闻观教育,引导广大新闻舆论工作者做党的政策主张的传播者、时

---

① 《关于进一步加强公益性法制新闻宣传的实施意见》,宁夏师范学院网,http://xtb.nx-tu.cn/info/1812/4231.htm

代风云的记录者、社会进步的推动者、公平正义的守望者。"①

虽然我国普法工作取得巨大成绩,但是在实现依法治国、实现"两个一百年"奋斗目标的进程中,还有大量的工作要做。2014年10月23日中国共产党第十八届中央委员会第四次全体会议通过《中共中央关于全面推进依法治国若干重大问题的决定》指出,我们党高度重视法治建设,但必须清醒看到,同党和国家事业发展要求相比,同人民群众期待相比,同推进国家治理体系和治理能力现代化目标相比,法治建设还存在许多不适应、不符合的问题。主要表现为以下几方面:

有的法律法规未能全面反映客观规律和人民意愿,针对性、可操作性不强,立法工作中部门化倾向、争权诿责现象较为突出;

有法不依、执法不严、违法不究现象比较严重,执法体制权责脱节、多头执法、选择性执法现象仍然存在,执法司法不规范、不严格、不透明、不文明现象较为突出,群众对执法司法不公和腐败问题反映强烈;

部分社会成员尊法信法、守法用法、依法维权意识不强,一些国家工作人员特别是领导干部依法办事观念不强、能力不足,知法犯法、以言代法、以权压法、徇私枉法现象依然存在。②

这些问题都反映出现实社会法治精神的欠缺,需要全社会更加努力加强普法工作,为全社会"补钙",进行法治精神的培养。据此可以看出,法治新闻在新时期的普法工作中任重而道远。

五、法治新闻法治精神研究的滞后性

中共十八大及十九大报告都贯穿着法治思想的红线,把依法治国提高到新高度,把法治作为党和政府治国理政的基本方法。十八届四中全会通过的《中共中央关于全面推进依法治国若干重大问题的决定》更是对法治建设的实现路径和策略做出科学部署。"法治精神"得到前所未有的强调。对于"法治

---

① 郑光魁:《做好党的新闻舆论工作事关旗帜和道路》,中国纪检监察报,2016年2月29日

② 《中共中央关于全面推进依法治国若干重大问题的决定》,实践(党的教育版),2014年第11期

精神"六方面的内涵,法学界已经深入探讨并达成共识。但是对于"媒体的法治精神"的研究却不尽人意。在中国知网检索"媒体""法治精神",搜索结果除了本人的《论媒体的法治精神》一文从媒体功能和媒介管理层面探讨媒体法治精神实现的途径外,只有一篇论文《法治精神:我国媒体社会责任的价值向度》从媒体对社会的责任谈了媒体几方面的"不该"行为,缺乏对"媒体法治精神"内涵的系统阐述;其他涉及"媒体"和"法治精神"的论文,比如类似《自媒体时代尤需法治精神》《"媒体审判"有悖法治精神》等文章,也多是对媒体责任寄予"希望",或者就事论事谈媒体法治意识,缺乏对"媒体法治精神"的深入研究和学理阐释。

一方面新闻媒体对社会具有强大影响力,全社会具有建设法治国家的强烈愿望,另一方面是媒体法治精神的缺失及相关学术研究忽略的现实,都使媒体的法治精神的研究价值极大凸显。

"媒体法治精神"除了自身传播行为的遵纪守法表现外,另一个重要的表现就是传播信息的法治体现,而法治新闻正是"媒体法治精神"的重要载体。当前专门研究法治新闻法治精神的成果很少,这个研究领域的开拓,可以在学术上丰富该领域的理论体系,为当前媒体管理的热点难点问题,特别是媒体"法盲"现象治理提供一系列具有可操作性的指导原则,为规范媒体行业行为、建设法治社会提供理论依据。在实践上,帮助新闻媒体依靠自身的"传播知识""引导舆论""监测环境"等功能做好法治新闻传播工作——传播法治知识,监督公权滥用,唤醒权利意识,树立行为标杆等,依靠媒体自身释放的法治精神的力量影响社会,推动我国早日建成法治国家,实现美好的"中国梦"。

第二章

"法治新闻"和"法制新闻"

一、"法制"与"法治"

我们从"法制"与"法治"含义的差别中能够发现后者的先进性。

首先,"法制"是法律制度的简称,属于制度的范畴,是一种实际存在的东西。而"法治"是法律统治的简称,是一种治国原则和方法,相对于"人治"而言的,是对"法制"这种实际存在东西的完善和改造。[①] 在古今中外的历史上,人治之下的"法制"是不足为怪的。人们动辄触法成为囚犯,个人权利并不能得到保障,这即是典型的有"法制"而无"法治"。

其次,"法制"的产生和发展与所有国家直接相联系,在任何国家都存在"法制";而"法治"却只在民主制国家才存在。

再次,"法制"的基本要求是各项工作都法律化、制度化,并做到有法可依、有法必依、执法必严、违法必究;而"法治"的基本要求是严格依法办事,法律在各种社会调整措施中具有至上性、权威性和强制性,不是当权者的任性。

最后,实行"法制"的主要标志,是一个国家从立法、执法、司法、守法到法律监督等方面,都有比较完备的法律和制度;而实行"法治"的主要标志,是一个国家的任何机关、团体和个人,包括国家最高领导人在内,都严格遵守法律和依法办事。[②]

当然"法制"与"法治"也存在必然的联系。"法制"是"法治"的基础和前

---

① 杨代昌:《完善法治体系 促进综合发展》,法制与经济(中旬),2011年第12期
② 《法制与法治的区别与联系》,中国粮食经济,2015年第3期

提条件,要实行"法治",必须具有完备的"法制";"法治"是"法制"的立足点和归宿,"法制"的发展前途必然是最终实现"法治"。①

过去我们讲的多是"法制","建设社会主义法制国家"。比如邓小平曾经在十一届三中全会召开前的中共中央工作会议上说:"为了保障人民民主,必须加强法制……做到有法可依,有法必依,执法必严,违法必究"。② 1992 年,随着"市场经济"这个词汇的变热,"法制"的局限性逐渐凸显,人们希望法律不仅仅体现在警察与监狱,更应该是公平正义的彰显。"法治"于是应运而生,1997 年 10 月,中共十五大报告第一次明确提出"建立社会主义法治国家"的伟大奋斗目标。1999 年 3 月,全国人大对 1982 年宪法进行修改,将"法治"与"法治国家"从宪法层面予以确认:"中华人民共和国实行依法治国,建设社会主义法治国家。"③"法治"从此进入社会权威用语体系。2018 年 3 月 11 日第十三届全国人民代表大会第一次会议通过的《中华人民共和国宪法修正案》中,将宪法序言第七自然段中"健全社会主义法制"修改为"健全社会主义法治",再次确立了"法治"一词的科学性和权威性。

总之,从"法制"到"法治"的一字之变,表明我党对法治的理念价值、制度规范、功能作用等的理解和认识达到了一个前所未有的高度,表明社会主义市场经济是法治经济,社会主义民主政治是法治政治,社会主义和谐社会是法治社会,法治观念更加深入人心和社会。④

二、"法治新闻"和"法制新闻"

1. "法治新闻"已成为新闻媒体主流词汇

随着"法治"的深入人心,"法制"媒体也逐步向"法治"靠拢。2015 年 4 月 17 日,《东方今报》刊发一条不起眼的消息《河南电视台政法频道更名法治频

---

① 李秀平:《法治在成长 中国法治提速历程》,法律与生活,2015 年第 24 期
② 朱海根:《从"法制"到"法治"》,http://www.doc88.com/p-790389474694.html
③ 曹阳:《荀子法哲学思想及其当代价值初探》,广西师范学院学报(哲学社会科学版),2016 年第 3 期
④ 朱磊:《中国完善立法体制 242 部法律夯实依法治国根基》,法制日报,2014 年 9 月 24 日

道》。消息透露：根据国家广电总局关于推进广播电视频率、频道专业化的要求，政法频道提交了更名为法治频道的申请，并很快获得国家新闻出版广电总局的批复。这不仅是河南电视台内在发展的需要，更是凸显媒体社会责任的必然选择。河南省政法委常务副书记李承先表示，由"政法"到"法治"，改变的不仅仅是频道呼号，更是在观众面前呈现一个内容更丰富、定位更人文的全新的频道。"政法频道更名为法治频道，充分体现了法治频道顺应时代发展要求、服务党和国家工作大局的决心，标志着法治频道立足河南法治建设、服务河南法治建设的定位和理念更加清晰，彰显了媒体人高度的政治责任感和社会责任感，同时也对法治频道的创新发展提出了新的更高的要求。"①

河南电视台在2001年12月31日开播一套"法制频道"，中间曾更名为"政法频道"。消息显示，河南电视台这次由"政法频道"更名为"法治频道"，是"根据国家广电总局关于推进广播电视频率、频道专业化的要求"，"更是顺应时代潮流、凸显媒体社会责任的必然选择。""法治新闻"也因此有了权威依据。

目前，我们考察权威媒体会发现"法治"的流行。新华网有"法治频道"，内设"法治图片""法治专题""法治时评""法治观察""法治调查""法治人物"；人民网也是在"法治"频道里设立了"法治万象""法治生活""法治监督"；中央电视台也是使用的"法治"比如新闻频道里有"法治在线"。

中国法学会主管的《民主与法制》周刊及《民主与法制时报》附属的中央级新闻单位"民主与法制网"，也存在一个"法治新闻"版块，其中有几个栏目"法治县市""法治校园""法治乡村""法治社区""法治图片"。

"中国普法网"是由中华人民共和国司法部办公厅、法制宣传司和法制日报社联合主办的官方网站。这个网开设的栏目有"法治资讯""法治文化""法治文艺""法治文萃""法治名人""法治热评"。

"法治新闻"在许多权威新闻媒体已经成为主流词汇，比如新华网、央视网、天山网、中国新闻网、中国网等。

2."法治新闻"与"法制新闻"的并存局面

需要注意的是，在"法治新闻"成为主流的同时，"法制新闻"在当今传播话

---

① 李昌、王宇：《河南电视台政法频道更名"法治"频道》，东方今报，2015年4月17日

语体系中并没有完全消退。一些媒体名称中仍然保持"法制"的称谓。比如《法制日报》《新法制报》《安徽法制报》《西部法制报》《云南法制报》《宁夏法制报》《新疆法制报》《青海法制报》《福建法制报》《辽宁法制报》《四川法制报》《甘肃法制报》《内蒙古法制报》《重庆法制报》《山西法制报》《河北法制报》《河南法制报》《山东法制报》等报纸的名称没有改变。当然,这并不代表媒体思想不能与时俱进。名称只是一个符号,这些在公众中有较大知名度,已经为大家所熟悉并认可的名称在社会上享有很强的公信力。根据品牌理论,市场品牌的树立有一个被公众认知的过程。在打造品牌过程中,法人需要逐步树立"知名度""美誉度"进而让客户产生"忠诚度"。这些媒体变更名称会让公众对品牌认知度带来消极影响。当然,上述报刊都保留了自己的原有名字,也不排除媒体人对20世纪八九十年代曾经辉煌的历史的留恋。

还有一些媒体,受传统惯性的影响一直沿用"法制新闻"。宁国市人民政府官网的一篇安排普法资料中,对全市"全民法制宣传教育活动主要有哪些"提出具体要求,其中明确提出通过媒体获取法治知识的措施,比如"观看电视法制栏目""阅读报纸的法制报道"。[①]《法制日报》设置的栏目中有一个"法制时空",其派生出的一批子报子刊里有《法制文萃报》《法制与新闻》等。北方网、淮南网、搜狐网、新浪网等媒体仍然沿用"法制新闻"。有些期刊仍然刊发研究"法制新闻"的论文,比如2017年1月《声屏世界》在"新闻与法"栏目,刊发一篇《重情轻法:法制新闻的价值迷失》的研究文章。

总之,在社会话语体系中,"法治新闻"与"法制新闻"并存,实践中仍然存在"法治新闻"与"法制新闻"不分的情况,但是,"法治新闻"的表述更符合时代性,已经显示出强势地位。然而,在本论题研究中,我们不能割裂借鉴以往"法制新闻"的研究成果。

---

① 《七五普法宣传资料》,宁国政府网 http://www.ningguo.gov.cn/contentdetail/149-27461.html,2016年12月20日

第三章

法治新闻的含义、特征及功能

前文说过,在"法治新闻"成为主流话语之前,人们都是对"法制新闻"进行研究的。在我们研究的参考资料中,存在大量的"法制新闻"的表述,在普通人的意识中,"法制新闻"与"法治新闻"是没有差别的,我们在这里也不作区分,相关"法制新闻"的研究文献仍然作为我们"法治新闻"的研究参考资料。

一、法治新闻的含义

对于"法治(制)新闻"概念的界定,比较权威的有以下几个:

冯健主编的《中国新闻实用大辞典》(新华出版社,1996年版)的定义是:"法制新闻是有关法律制度建立(立法)、执行(执法)、监督等的新闻,在国际新闻界中,这种报道内容分为'犯罪新闻''法院新闻''警示新闻'等,在中国当代新闻中,法制新闻有较强的政治性,有时涉及有关党纪政纪,反腐倡廉的新闻报道。"这个概念对"法制新闻"包含的报道领域给予明确概括,但是这个概念显得过于随意,把重要的"司法"类的新闻排除在外。因为"执法"属于行政部门职权,"司法"属于司法部门的职权。这个概念对于法治信息涵盖内容缺乏全面的概括。

全国法制记者协会编写的《法制新闻概述》(法律出版社,1992年版)的定义是:"法制新闻可以说是新近发生的重要的民主与法制生活的事实的报道,它是新闻大家族中的一个重要分支。"这个概念强调了"重要"的事实,日常生活中一些看似鸡毛蒜皮的琐事却关涉法治的新闻信息却被排除在外,显得不够周严。

姚广益编著的《法治新闻报道学》(北京大学出版社,2007年版)的定义是:"法制新闻是新近发生或发现的具有受众及时知晓意义的法制信息。"这个概念在"法制信息"前使用了限定词"知晓意义",强调了法治新闻对社会的积极作用,这就把一切"没有知晓意义"的信息排除在外。事实上,即便是法治信息含有违法成分,对社会有消极作用,仍然不得不承认它的"法治新闻"属性,只是属于"不良法治新闻"。

蓝鸿文在《专业采访报道学》(中国人民大学出版社,2003年版)一书中给出的定义是:"法制新闻是社会生活各方面新近发生的与法制相关的有新闻价值的事实的报道。"这个概念中"社会生活各方面"强调了法治新闻来源的广泛性,在"事实"之前有"有新闻价值的"定语显得有点多余。因为既然是"报道",新闻事实肯定符合媒体的传播价值标准。

应吉庆在他的《略论法制新闻的报道方法》中写道:"法制新闻是新近发生的、与法制相关的事实报道,如人大立法、法庭审判、司法改革、普法教育、典型案例等。"①"如……"的内容写进概念,虽然使表达更具体明晰,却有点冗长,不够精粹。

杨春艳的《论法制新闻写作的几个误区》则认为法制新闻是以法制事件、法制问题、法制动态为依托的新近发生的法制事实的报道,它所关注的是与法律制度相关的社会政治、经济、文化中的法律现象和法制问题。② 这个定义对法制新闻的依托内容做了具体限定,显得有点冗余,后半句把关注的内容作为定义,也显得不够凝炼。

综合考察这些概念,法治新闻有三个要素不能避开:一是"法制(治)事实",法治新闻必须强调"法制(治)"特性,又必须强调新闻的本源问题,即"事实"。二是强调事实的"新闻性",即法治新闻必须是"新近"发生的。三是法治新闻是一种信息公开传播行为,不能脱离"报道"手段。根据定义准确、完整、精粹的要求,综合以上分析,我们可以参照陆定一对"新闻"的定义,将"法治新闻"定义为"新近发生的法治事实的报道。"

没有人具体考证过法治新闻与其他新闻类别划分的科学依据,根据行业分类习惯,法治新闻成为与娱乐新闻、社会新闻、体育新闻、时政新闻、经济新闻、科教新闻等新闻品种并立的一个分支。尽管我们有诸多理由批驳这种分

---

① 应吉庆:《略论法制新闻的报道方法》,边缘法学论坛,2008年第2期
② 杨春艳:《论法制新闻写作的几个误区》,写作,2011年第7期

类的不科学性,但是在权威媒体上,确实存在这种约定俗成的现象。

二、法治新闻的特征

法治新闻的特征可以分为两个层面进行探讨,一个是宏观层面的特征,把法治新闻放在社会的宏观背景下显示的特征;第二个层面是中观层面,是把法治新闻放在新闻业务的专业视角进行探讨,通过和其他新闻类别的比较显示的特征。中观特征比宏观特征的参照对象更具体。

1. 法治新闻的宏观特征

从宏观上看,法治新闻的特征主要表现在三个方面。

(1)信源的广泛性。和行业习惯分类的时政新闻、财经新闻、科教新闻、娱乐新闻、体育新闻等相比,法治新闻和社会新闻一样,有更普遍的社会土壤。因为"没有规矩不能成方圆",社会的运行离不开法制,无论法律法规的制定者,或者是法制的执行者,人们的一言一行都与法制规范紧密相关:每个人都享受着法治带来的秩序的便利,每个人也是法制方圆的守护者。法制制定、执(司)法行为、守法行为及违法行为都会成为法治新闻的素材。每个人身上都存在法治新闻产生的可能。

在我国,每年的中央全会和全国两会举世瞩目,因为党中央、全国人大、全国政协都可能直接或者间接推动对法律法规的立、废、改工作;政府机关的依法行政更是时时受全社会的关注。对于老百姓而言,不论他们多么人微言轻,但是他们模范的守法行为,特别是他们的行为逾越法治红线或者正当权利受到侵害的时候,他们也便成为法治新闻的主角。

(2)百姓生活的贴近性。人人生活在法网中,享受法制的保护,同时也需要尊重他人的权利,懂法守法是每个公民的社会义务。可以说法治和百姓生活最贴近,无视法治寸步难行。人们受学校教育的时段具有有限性,学校教育内容在特定的时间内也是有限的,在学校不可能所有人都成为法律专业的受益者。社会生存的法治知识更多是在漫长的人生中不断获得,而获得的重要渠道就是媒体的法治信息。媒体从业人员的专业性、新闻报道的持续性、传播知识的系统性、媒体服务全方位等因素都决定了公民法治素养的提高对法治新闻传播的依赖。

您有一份11月起实施的新规清单,请查收!

新华网北京10月30日电(记者 卢俊宇)11月1日马上就要来到,一批新的法律法规即将施行。我们为您梳理了一份详细清单,一起看看将对您的生活产生哪些影响?

互联网域名管理办法发布 域名注册必须实名

工信部9月1日公布了修订后的《互联网域名管理办法》,要求注册域名应向服务商提供域名持有者真实、准确、完整的身份信息等域名注册信息。该规定将于11月1日开始实施。

修订内容主要包括:明确部和省级通信管理局的职责分工;完善域名服务许可制度;规范域名注册服务活动;完善域名注册信息登记和个人信息保护制度;加强事中事后监管。

雇佣非拍卖师主持拍卖将被罚款万元

《拍卖监督管理办法》将自2017年11月1日起施行,2013年1月5日国家工商行政管理总局令第59号修订的《拍卖监督管理办法》同时废止。

《办法》规定,拍卖人不得采用财物或者其他手段进行贿赂以争揽业务;不得利用拍卖公告或者其他方法,对拍卖标的作引人误解的虚假宣传;不得捏造、散布虚假事实,损害其他拍卖人的商业信誉;不得以不正当手段侵犯他人的商业秘密;不得拍卖人及其工作人员以竞买人的身份参与自己组织的拍卖活动,或者委托他人代为竞买;不得在自己组织的拍卖活动中拍卖自己的物品或者财产权利;不得雇佣非拍卖师主持拍卖活动;不得其他违反法律法规及规章的行为。

同时,《办法》也规定,竞买人之间不得有恶意串通行为;竞买人与拍卖人之间不得有恶意串通行为;委托人在拍卖活动中不得参与竞买或者委托他人代为竞买;拍卖人、委托人、竞买人不得拍卖或者参与拍卖国家禁止买卖的物品或者财产权利;拍卖人不得以委托人、竞买人、买受人要求保密等为由,阻碍监督检查。

保险公司将全面实施双录 误导消费者投保将被追责

11月1日,保监会下发的《保险销售行为可回溯管理暂行办法》将正式实施。销售欺骗误导是近年来市场反映侵害保险消费者利益最为严重的问题之一。为进一步规范保险销售服务行为,解决消费者关注的销售欺骗误导问题,保监会发布了《保险销售行为可回溯管理暂行办法》(以下简称《办法》)。《办法》通过对保险公司、保险中介机构保险销售行为可回溯管理,记录和保存保险销售过程关键环节,实现销售行为可回放、重要信息可查询、问题责任可确认。

其中,保险销售行为可回溯,是指保险公司、保险中介机构通过录音、录像等技术手段采集视听资料、电子数据的方式,记录和保存保险销售过程关键环节,实现销售行为可回放、重要信息可查询、问题责任可确认,通常称为"双录",也就是对销售关键环节录音、录像。

全国股转公司修订挂牌条件指引 11 月 1 日起生效实施

9月6日,全国中小企业股份转让系统有限责任公司发布关于修订《全国中小企业股份转让系统股票挂牌条件适用基本标准指引(试行)》的公告,进一步明确挂牌条件的适用标准。新版《指引》将于11月1日生效实施。

具体来看,全国股转公司按照"可把控、可举证、可识别"的原则,对《指引》规定的六项挂牌条件进行细化,包括明确了国有股权设置批复的相关要求;公司申报财务报表最近一期截止日由"不得早于改制基准日"变更为"不得早于股份有限公司成立日",以及明确了申请挂牌公司下属子公司的范围和相关条件适用的标准;细化了"营运记录"与"持续经营能力"的具体标准等多项内容。

海关总署明确海关监管作业场所行政许可事项

《中华人民共和国海关监管区管理暂行办法》已于2016年12月27日经海关总署署务会议审议通过,将于2017年11月1日起施行。2008年1月30日海关总署令第171号发布的《中华人民共和国海关监管场所管理办法》、2015年4月27日海关总署令第227号公布的《海关总署关于修改部分规章的决定》第六条同时废止。

《中华人民共和国海关监管区管理暂行办法》明确海关监管区包括海关特殊监管区域、保税监管场所、海关监管作业场所、免税商店以及其他有海关监管业务的场所和地点,并对海关监管区和海关监管作业场所的管理作出原则性和统筹性规定。

银行间债市出新规 强化中介责任

中国银行间市场交易商协会已正式发布《非金融企业债务融资工具定向发行注册工作规程》及相关配套文件。新规将于11月1日起实施。

据介绍,此次《规程》修改主要是从定向投资人分层管理、强化中介机构职责和优化注册工作机制等方面展开。新规优化了与投资人分层管理相适应的机制安排,强化中介责任,夯实"中介机构尽职履责是基础"的注册制理念,细化信息披露要求,兼顾投资人保护和定向发行灵活便利两个诉求,简化注册发行全流程工作机制,优化风险防范机制。

(3) 知识要求的专业性。与社会新闻、文体新闻、时政新闻等相比,法治新闻因为"涉法"而凸显其专业特征。不是任何非法律专业教育背景的从业者都能胜任法治新闻传播工作,甚至有些资深从业人员连基本的法律术语都弄不清,在法治报道中频繁出现"法盲"现象。深厚的法治知识是做好法治新闻传播的基础。

2. 法治新闻的专业特征

法治新闻作为新闻家族的成员,它的传播与一般新闻一样受到新闻价值要素的衡量,使法治新闻与其他新闻一样符合真实性、新鲜性、重要性、趣味性、人情味等价值尺度的要求。但法治新闻的特征面貌不是这些价值要素决定的。

法治新闻是与"法"有关的新闻报道,关系到立法、司法、执法、守法的方方面面,其报道内容和报道对象与其他新闻报道相比具有独特性。据此,笔者将法治新闻的特征归结为以下方面:

(1) 特别的真实:法律事实特殊要求。真实是新闻的生命,是新闻报道得以生存的首要条件。失去了真实性的报道就失去了成为"新闻"的资格。法治新闻报道大到国家立法,小到百姓守法,对于真实性的要求更为严格。

刘斌、李矗在《法制新闻的理论与实践》一书中对法治新闻的真实要求作以下阐述:法治新闻报道就其所传播的内容来说,基本上是由两大部分组成的:一是客观事实,二是对事实的评论分析。因此,它的真实性也包括两个方面的含义:作者所报道的事实必须准确无误。比如,报道的法律事件、法律纠纷,包括事情的起因、发生过程和结果,相关的数据和法律条文、法律解释等,都必须与客观实际相符,不能有任何的差错、虚构、夸大或缩小。作者所阐述的思想观点,即对事实的判断、评论、分析,必须符合客观实际,绝对不能张冠李戴,不能信口雌黄,不能随心所欲,不能添油加醋,不能画蛇添足。① 上述文字中法治新闻的真实性描述并没有超越一般新闻真实性的要求。法治新闻对真实性的要求应该反映在对法律事实的特殊要求上。

法治新闻具有更加严格的事实选择标准。法治新闻传播中,记者必须慎重对待事实的两种情况:新闻事实和法律事实。普通的新闻事实是新闻对客观事物的反映,要求记者如实记录客观存在的东西,甚至包括传言,都可以成为新闻素材被媒体采用。但在许多反映案件的法治新闻报道中,新闻事实有别于普通新闻的要求,而是要求法律事实,法律事实的真实要求可靠证据上的支撑和程序上的认定,也就是说,许多法治新闻素材不但要求所发生的事实确有此事,而且要有合法证据支持这些事实的客观存在。而这些证据的认定主体只能是司法机关。所以,法治新闻的真实性要比其他新闻真实性要求严苛得多。这就要求法治新闻素材的选用需要谨慎对待。

许多法治新闻在这方面不够重视。比如,有媒体在报道湖南女贪官蒋艳萍案件时写到:"传言中她与多位男性关系暧昧,当中有官员,有商人。""最典型的是,她在任枣阳市委副书记时,竟然在下面单位调了个帅气的小伙子来给她当司机。两年后,司机想成家了,另谈了个对象。尹大发其火,令司机与恋人分手。就这样,她'霸占'司机6年之久"。② 这个新闻中提到的事实只能是记者从传言中得到,并没有证据,法庭审判也没有提及,只是当事人的私生活,不属于法律事实。这种事实用于案件报道,缺乏严肃性。

著名学者陈力丹曾经撰文对案件报道的事实选择方面存在的问题提出批评。他认为,庭审报道不能把当事人的交代作为案发的原因,这样对事实的描述是不客观、不全面的。他以邱兴华案为例,"很多传媒都把邱兴华说的他妻子受到调戏作为杀人的原因。事实上,判决书并没有采信邱说的杀人动机。"又拿庞茂升案报道为例,媒体均以因仇富而杀人作为报道基调。"怀着这种仇富心态,29岁的庞茂升开始选择他认定的有钱人进行抢劫和敲诈,一个月内,

---

① 韩志刚:《案例报道应遵循四原则》,新闻研究导刊,2015年第9期
② 乐文:《服刑女市长打赢名誉侵权官司 原枣阳市长尹冬桂在狱中打赢官司获赔20万》,检察风云,2004年第6期

杀死一人,勒索 7 万元。"①很多网站直接把庞的交代原话作为标题《"觉得有钱人太张狂,就想教训教训他们"》。陈力丹警告记者"不能有意无意地通过报道庭审突出某种不健康的社会心理。"对此,他引用评论家马少华的话说,这样的报道"传播的不是必要的反映事物本质的信息,可能销蚀和分割我们普遍的正义感、同情心。"②

(2)法治性:法治新闻的"身份证"。法治新闻姓"法",新闻的法理性,是法治新闻报道区别于其他专业新闻报道的一个最显著的特征。传播法律知识弘扬法治精神是法治新闻份内责任。媒体应该充分利用信息资源,寓法理于新闻之中,生产精品法治新闻,通过大量案例介绍,对公民进行法治教育。

这里介绍一条经典的法治新闻,一个情节曲折、悬念丛生的新闻故事。高中毕业生刘慧在车站被一个 30 多岁的漂亮女人贩刘梅骗走,在"舅舅""舅妈"帮助下将其拐卖,刘慧发现真相后不仅设计脱身,还将刘梅骗至老家卖给人贩子"一只眼","一只眼"强奸刘梅后又把她卖给了李大拐。刘慧去派出所报案没承想是自投罗网。新闻叙述了刘梅、"舅舅"、"舅妈"、"一只眼"、李大拐、刘慧等人得到的刑事处罚后,针对刘慧的处罚特别援引一审一位法官的话进行解释:拐卖妇女儿童,最低也要判五年,刘慧被判了三年已经是从轻了。刘慧案件上诉开庭时,刘慧的律师列出三条理由:一是刘慧犯罪时不满十八周岁,犯罪的第二天才是她十八岁生日,应该以教育为主,惩罚为铺;二是她主观恶意性不大,只是为了报复,不是谋利;三是有重大立功表现,帮助公安抓住四个人贩子。二审法院采纳了律师的建议,决定对刘慧批评教育,免除刑罚。③

这是一篇经典的法治新闻,故事性强且法制知识饱满。通过新闻事件,介绍了四方面的法制知识:拐卖妇女罪行的刑事责任,强奸罪的刑事责任,保护未成年人的法制知识,从轻量刑的司法要件,即社会危害程度,犯罪主观性,立功表现等。

从下面两条新闻的对比中我们会发现,对同一个杀害野生动物案件的报道,光明网的新闻里没有法律的影子,对当事人违法责任没有法治性解读,出现"法制真空"现象,削弱了新闻的警示功能,大大降低了新闻的传播法治知识

---

① 陈力丹:《犯罪报道要采用正规的法律用语》,新闻与写作,2007 年第 1 期
② 《传媒如何报道司法审判(一)》,梨光书尘,http://blog.sina.com
③ 《18 岁少女发现被拐卖后反将人贩子卖掉》,央广网,2014 年 3 月 28 日

的作用,新闻的"法治"特色黯然无光,法治精神大打折扣。中国新闻网的新闻则对警察查处这宗案件的依据给予明确交代:"江西警方依据国家《野生动物保护法》相关规定,将对两名违法嫌疑人进行相关处罚。"表现出弘扬法治精神的自觉性。虽然法治知识不够具体,但也会引起受众查阅学习相关法律法规的欲望。这对公民法治意识的培养有显著的积极作用。

新闻 1

瑞昌:查获非法贩运的黄鼠狼死体 470 只

光明网 2018 年 2 月 13 日

2 月 11 日,瑞昌市公安局交管大队通江岭中队民警在执勤中,查获黄鼠狼死体 470 只,另有麂子皮及獾子皮 100 余张。当天,民警在执勤时,发现一辆载有大量野生动物的面包车,立即将其拦截下来,并通知瑞昌市森林公安局。接警后,森林公安民警立即赶到现场,将涉案车辆及 2 名当事人带到公安机关调查。

经过两个多小时的清点,民警在面包车内一共发现黄鼠狼死体 470 只,还有麂子皮及獾子皮 100 余张。据民警介绍,查获的这批野生动物死体,均为国家"三有"野生动物(国家保护的有重要生态、科学、社会价值的陆生野生动物),也是近年来当地公安机关一次性查获野生动物数量最多的一次。

经查,这批野生动物是陈某在湖北省武穴市附近乡村收购的,准备转卖给南昌市进贤县的舒某,没想到车辆刚进入江西瑞昌境内,就被民警查获。目前,此案在进一步处理中。

新闻 2

江西查获运载野生动物面包车 含 470 只黄鼠狼死体

中国新闻网 2018 月 2 月 14 日

2018 年 2 月 11 日,江西省瑞昌市公安局交管大队通江岭中队民警在执勤中发现一辆载有大量野生动物的面包车,经民警现场两个多小时的清点,发现车内一共有野生动物死体近 600 只,其中黄鼠狼死体 470 只,麂子皮及獾子皮 100 余张。

据办案人员介绍,查获的这批动物死体,均为国家"三有"野生动物。

查获的野生动物总数,也是近年来当地公安机关查处该类案件数量最多的。

经过对当事人陈某和舒某的讯问,这批国家"三有"野生动物是违法嫌疑人陈某在湖北省武穴市附近乡村收购的,准备转卖给江西省南昌市进贤县舒某。没想到车辆刚进入江西境内,就被公安民警查获。目前,江西警方依据国家《野生动物保护法》相关规定,将对两名违法嫌疑人进行相关处罚。

(3)报道行为的规范性:案件报道的特殊要求。法治新闻传播有很多报道法纪约束。比如报道节奏不能超越案件的司法程序,许多涉嫌秘密的事项,涉嫌侵害他人合法权益的新闻等依法禁止传播。

《新闻出版条例》《报纸出版管理规定》《广播电视条例》《新闻出版保密规定》都对媒体传播内容进行限制。比如《新闻出版条例》第二十六条"七不准"内容:反对宪法确定的基本原则的,危害国家统一、主权和领土完整的,泄露国家秘密、危害国家安全或者损害国家荣誉和利益的,煽动民族仇恨、民族歧视,破坏民族团结,或者侵害民族风俗、习惯的,宣扬邪教、迷信的,扰乱社会秩序,破坏社会稳定的,宣扬淫秽、赌博、暴力或者教唆犯罪的。①《新闻出版保密规定》则对新闻涉密报道事项进行严格限制:对拟公开报道的信息,应当按照有关的保密规定进行自审、送审;涉及国家秘密的信息,应当通过内部途径进行:对涉及国家秘密但确需公开报道、出版的信息,新闻出版单位应当向有关主管部门建议解密或者采取删节、改编、隐去等保密措施。

(4)报道态度的严肃性。法治新闻的严肃性是法律属性赋予的特质,是法律严肃性的延伸。具体体现在以下几个方面。

首先,报道格调高尚,强调社会责任。在案件报道中,注意对新闻事实进行多角度分析,选取最有积极意义的角度,提炼鼓舞人心、弘扬社会正能量的主题。

比如在一个冤案报道中,有的新闻从司法腐败、司法人员渎职角度,详尽呈现公检法机关采用令人发指的非法手段刑讯逼供、制造冤案的过程,对被害

---

① 《出版管理条例》,中华人民共和国国家新闻出版广电总局官网,http://www.gapp.gov.cn/govpublic/83/81282.shtml

人所遭受的痛苦进行煽情。这种写法只能引起广大受众对司法机关的怨气,产生对政府的敌对情绪,不利于社会稳定。而有的报道则从办案人员维护公平正义的角度出发,介绍相关人员从发现案件问题,千方百计推动冤案破解所做的种种努力,让受众在认识司法活动的同时,看到社会公平正义的存在。①

在"浙江叔侄冤案"报道中,《"浙江叔侄冤案"三名纠错检察官记二等功》就是一篇角度巧妙、主题积极的法制报道。新闻着重报道司法人员的严肃认真的工作态度,以及高尚的的职业道德,最终得到全社会的肯定,检察官被记功。②

其次,避免追逐低级趣味的泛娱乐化现象。近年由于市场需求及整体道德素质的下滑等多重原因,法治新闻存在泛娱乐化现象,突出表现在两个方面:内容上偏向软新闻甚至低俗化靠拢,形式上强调新闻事件的故事性、趣味性。③ 尤其是在处理违法犯罪情节和其他社会丑恶现象时,肆意渲染色情、凶杀等内容,追逐低级趣味,来满足偷窥心理。

下面是一条涉嫌强奸的案件报道的一个片段:

"王某回到房间,在小雪脸上亲了几下,看小雪没动,就亲了嘴。

小雪不愿意了,王某就让她到床上聊天,但小雪也不愿意。王某随后就把小雪按倒在床上。

小雪反抗,王某就用胳膊卡住小雪的脖子,并脱她的裤子。"④

人物栩栩如生,受众如临其境。这种报道,除了满足受众的阴暗心理,对弘扬法治精神有什么意义呢?

同样是报道强奸案件,《都市快报》的新闻就处理得很严肃:

永城官员涉强奸10余少女 警方查获作案工具

都市快报　2012年5月27日

据河南省永城市市政府网站昨晚9时发布的消息,原永城市委办公

---

① 郭克宏:《论案件新闻的品格》,声屏世界,2015年第12期
② 潘从武:《"浙江叔侄冤案"三名纠错检察官记二等功》,法制日报,2013年6月5日
③ 郭克宏:《论案件新闻的品格》,声屏世界,2015年第12期
④ 张君瑞:《男子绑架小女孩未遂 逃跑后强奸少女被当场抓获》,河南商报,2013年3月22日

室副主任李新功因涉嫌刑事犯罪,日前已被永城市公安机关刑事拘留。消息称,经审讯,李新功涉嫌强奸未成年女性十余名。

有消息称,李新功是在2012年5月8日19时在永城市第三中学门口作案时,被刑警现场抓获。

据悉,公安人员抓获李新功后,突击搜查与案情有关的场所,在李新功办公室及车中查到与案件相关的工具和信息。

永城市委外宣办称,李新功案件发生后,永城市委、市政府高度重视,要求司法机关依法从重从快严惩,决不姑息。目前案件正在侦查中,进展情况将及时对外公布。(李伟宽)

新闻没有详细介绍官员奸淫少女的过程和具体手法,只用"作案""相关的工具"两个词一笔带过。

(5)报道作风的严谨性。由于法治新闻具有的严肃性,必然要求报道工作作风的严谨性。这些严谨的工作作风主要表现在以下几个方面。

第一,遵守严格的程序性。由于司法过程有着严格的程序性,这就决定着案件类报道也必须遵守一定的程序,跟随司法机关从案件发生、侦查起诉、法庭审判等顺序进行报道。新闻媒体不能擅自对法律事实进行定性,必须在司法部门的定性后才能对案件性质进行传播。然而现实中,超越司法程序抢先做出定性报道现象非常普遍。有些媒体对于正在侦查、起诉或审理的案件,超越司法程序抢先做出定性报道,并发表具有明显倾向的评论,妨碍了正常的司法活动,对司法与公众的关系施加了负面影响。2013年8月2日,《法制晚报》刊登新闻《最大非法吸金案敛财26亿》,根据报道内容可判断此案尚未开庭。依照法律规定,在法院宣判之前,任何单位和个人不能认定其他人或者组织有罪。该报道认定被告"非法"明显具有主观引导性。报道称"从起诉书中记者看到,检方指控罪名是非法吸收公众存款罪。"在案件审理宣判之前,所有案情都是对外保密的,记者获取起诉书的手段的合法性值得怀疑。

下面这条新闻报道的是一个刚刚进入司法程序的案件。从新闻事实看,肇事逃逸后被火车撞死,家属起诉索取巨额赔偿,从道德层面看,非常滑稽可笑。但是新闻在客观介绍案件发生的过程中,没有以任何方式对该案件作出定罪猜测和评价意见,符合法律"罪刑法定"的程序要求。

肇事逃逸者上火车轨道被撞身亡 追逃者被索赔六十万

新京报 2017年12月2日

新京报快讯(记者许研敏 王煜)12月1日,河北唐山男子朱振彪收到滦南县法院的《应诉通知书》。原告张殿凯在起诉书中称,2017年1月,因为朱的追赶,导致其父张永焕在铁轨上被火车撞击身亡,要求赔偿各项费用共60余万。

朱振彪表示自己"很冤",自己当初"见义勇为"追交通肇事逃逸者,没想到却成了被告。

一段监控视频显示,2017年1月9日中午12时左右,在河北滦南县柳赞镇古柳线鹏胜水产门口,一摩托车驾驶员左转时,将后方驶来的另一摩托车撞倒,随后逃逸,肇事逃逸者正是张永焕。张永焕的儿子张殿凯承认父亲当时肇事逃逸。

朱振彪称,当时正好在场,随后驾车追随该男子,其间多次报警。朱振彪手机录制的视频显示,逃逸男子很快驶向路边一个村庄,而后弃车,进入一户人家并手提菜刀出来,继续徒步逃逸。朱振彪徒步跟随并反复喊话"别跑了,已经报警了",其间两人始终保持几十米距离。

追随约20分钟后,张永焕走上公路,并用身体冲撞来往车辆。手机视频中,一穿制服男子对来往车辆说,"前方有肇事逃逸,请放慢行驶速度"。很快,张永焕从侧面冲向一辆面包车并被撞倒,几分钟后又自行爬起,以正常步速离开,朱振彪则在约20米外跟随并录制视频。

视频显示,张永焕走向附近的滦南铁路区域,翻越隔离网并在铁轨边继续徒步,朱振彪随即翻入并跟随,其间朱振彪多次喊话,告诉对方已经报警,不要再走。

朱振彪称,翻入隔离网约5分钟后他的手机断电。他看到张永焕在铁轨边徘徊,约20分钟后,驶来一辆火车,火车还在百米开外时,张永焕即站到两轨之间,张永焕随后被撞身亡。

新京报记者从张殿凯处证实,铁路警方已介入此事,并有了初步调查结果。10月底,张殿凯起诉朱振彪。起诉状称,被告驾驶小轿车追赶骑摩托车的张永焕,张弃车后被告继续追赶,最终导致张永焕在迁曹线90公里495米处(滦南路段)撞上火车身亡。原告要求被告承担死亡赔偿金、丧葬费、死者父亲抚养费等共计 60 余万元。目前,滦南县法院已受理此案。

第二,用词严谨专业。法律行业是专业性很强的领域,有着严格规范的司法用语。法治新闻报道要严格遵守这些规范,使用专业用语。随意使用甚至编造法律用语,会使新闻不伦不类,严重损害法治新闻的严肃性。正确使用法律用语,是法治报道的基本要求。然而,由于从业人员素质及其他原因,许多媒体在这里做的还有所欠缺。比如,把"犯罪嫌疑人"称作"罪犯",将"起诉"和"上诉"、"被告"与"被告人"、"侦查"与"侦察"混淆,分不清"刑事拘留"和"行政拘留"等等。

第三,注重事实,慎下结论。法院是审判机关,是给案件定性的合法部门。新闻媒体不能绕过法院随意给案件定性,这是法治新闻工作者工作作风严谨的表现。现实中超越司法程序的"媒介审判"现象屡见不鲜。被媒体炒作的"一案两凶"的"聂树斌案"就很典型。

2005 年,警方抓获一名叫王书金的犯罪嫌疑人,王供述他曾经强奸杀害的一位受害者,与 10 年前被执行死刑的叫聂树斌的案件受害者是同一人。《南方周末》为此发表新闻调查,称"此事经《河南商报》披露后,舆论顿时哗然。在河北官方和司法机构尚未做出调查结论之前,多数媒体和网民初步判断后达成'共识'——聂树斌被无辜错杀。"在文末附加编后语,题目为《愿聂树斌冤杀案成为上收死刑核准权的加速器》。① 其实,聂树斌是否被错判冤杀,当时法院并未复审。直到 2013 年 9 月,河北王书金案开庭重审,法院仍然认定媒体炒作的"一案两凶"并不成立。也就是说,法院并没认定冤杀聂树斌。但是,包括影响力巨大的《南方周末》在内的众多媒体,已经用"冤案"为"聂树斌案"定性了。

(6)新闻立场的客观性。法治新闻的报道立场的客观性主要从三方面体现。

第一,报道语言的中立性。无论是对一般的案件报道或者偏重舆论监督的新闻,记者都要避开主观色彩的词汇,不随意发表倾向性意见,对涉讼双方

---

① 赵凌:《聂树斌冤杀案悬而未决 防"勾兑"公众吁异地调查》,南方周末,2005 年 3 月 24 日

不偏不倚。实践中最常见的做法是使用大量感情色彩浓厚的词语进行情绪宣泄,用道德衡量替代司法审判。拿杀人犯邱兴华受审新闻为例,《北京青年报》2006年10月19日A21版头条的主标题也是"杀人狂魔邱兴华今日受审"。10月20日A17版头条的主标题还是《杀人魔邱兴华一审被判死刑》。就连专业的《检察日报》(10月20日头版)报道这件事情的新闻标题也是《"杀人狂魔"邱兴华一审被判死刑》。10月24日的《北京青年报》B3版,又出现《杀人狂魔张友添昨受审》的新闻标题。新闻学者陈力丹对此提出批评:"狂、魔、狂魔的说法是没有确定性的情绪化用词,不宜用于报道庄严的庭审。杀人多了叫狂、魔、狂魔,少了就好些吗?即使杀了一个人,其法律上的性质是一样的,都是严重的罪行。"①即便是传媒在使用"杀人狂魔"时加上了引号,意为直接引用群众所说,仍然是不当的。传媒在引证语言时,同样有道德和法治的标准。"暴力或不道德的语言、场面即使客观发生了,传媒不应重现,只能采用概括的方式叙述事实,这是基本职业规范。"

"传媒是社会理性的代表,要有理智和法治意识,不能只要有公众说,我们就有闻必录,特别是那些暴力词句,是不能直接引用的"。"对于庭审涉及的犯罪嫌疑人,传媒的报道应该严格采用正规的法律用语,这不是形式问题,而是透过这种称谓形式体现法治。② 我们的报道用词要科学、严谨。特别在涉及法律问题时,不能感情用事,使用不恰当的形容词和副词。记者在任何时候都要保持冷静的头脑,客观报道事实,让公众自己对事实做出价值判断和抒发自己的情感,愤怒、同情、欢呼(公众抒发情感,也要看场合)。"③

第二,明确新闻事实来源。法制新闻事实要以有证据的法律事实为基础,这不仅可以显示法治新闻的权威性和严肃性,也能使受众感到新闻工作者严谨的工作态度。而表明新闻事实是法律事实的有效方法就是明确指出新闻信息的可靠来源。比如,"据警方提供的信息显示……""审理该案的法官说……""法院的判决书表明……""法学教授某某对此发表了看法……"等

---

① 陈力丹:《请考察犯罪报道中语言的准确和恰当》,中国新闻传播学评论(CJR) http://www.cjr.com.cn,2007年02月06日
② 陈力丹:《请考察犯罪报道中语言的准确和恰当》,中国新闻传播学评论(CJR) http://www.cjr.com.cn,2007年02月06日
③ 陈力丹:《请考察犯罪报道中语言的准确和恰当》,中国新闻传播学评论(CJR) http://www.cjr.com.cn,2007年02月06日

等。其实,记者明确信息来源,也能使受众感受到记者对当事人不偏不倚的中立立场。①

第三,平衡涉案双方的信息。每个涉讼案件都存在利益矛盾的双方,由于媒体角色的限制,记者只能以充分传播信息为己任,做矛盾双方的中立者,而不是双方利益的调解者或者裁决者。② 法治新闻记者不能从自己的好恶、利益出发,在报道中带有先天倾向性,更不能偏袒一方,打击一方。特别是在民事、经济等案件报道中,面对原、被告双方,要做到不偏不倚,客观公正地报道事实经过和案件审理过程。所以,媒体在报道中要注意报道的平衡,给当事双方平等的表达诉求的机会,避免支持一方屏蔽另一方的做法。在日常法治报道中,由于违法犯罪分子作案的信息具有反常性,契合新闻价值判断标准,记者习惯用更多笔墨关注违法犯罪分子的一面,而忽略对受害方的信息披露。这种做法不仅背离了人文关怀的价值取向,也不符合法治新闻的中立立场。③

(7)追求法制的建设性。媒体通过案件的传播达到完善法制体系的作用就是追求法制的建设性表现。在我们法制建设过程中,有许多法制空白需要填补,许多不适应现实要求的法制需要修订或废除。现实中哪个领域处于法制空白?众多需要立法或法制调整的领域中哪里最为急迫?案件新闻能提供巨大帮助。因为案件发生常常是社会局部矛盾激化的结果,许多具有共性的个案的发生暴露了社会某领域矛盾的普遍性,新闻媒体的案件报道会直接或者间接影响立法者对某些问题的关注,进而促进法制的完善。

除了众所周知的"孙志刚事件"最终导致实施了近20年的《城市流浪乞讨人员收容遣送办法》废止以外,④近年来,各种冤错案经媒体报道后,激起了公众对司法公正性和正义性的质疑,并引起相关部门的重视。2013年9月,中央政法委出台首个防止冤假错案的指导意见,针对执法司法中存在的突出问题,重申了有关司法原则,并对司法人员明确提出办案质量终身负责的要求。同年11月,最高人民法院公布《关于建立健全防范刑事冤假错案工作机制的意见》,进一步明确了防范冤假错案的证据审查标准和案件审理机制。⑤

---

① 郭克宏:《论案件新闻的品格》,声屏世界,2015年第12期
② 郭克宏:《论案件新闻的品格》,声屏世界,2015年第12期
③ 郭克宏:《论案件新闻的品格》,声屏世界,2015年第12期
④ 陈峰:《十个小人物见证2003》,南方都市报,2004年1月5日
⑤ 郭克宏:《论案件新闻的品格》,声屏世界,2015年第12期

三、法治新闻的功能

法治新闻的功能考察可以从两个方面：一是作为"新闻"所应具备的一般功能，二是作为"法治"新闻种类所具有的特殊功能。

新闻事业的一般功能都能在法治新闻传播中得到体现。

1. 守望功能

在古代，各部落有值勤的"守望人"，他们帮助族人守望四周，一旦发现异常情况，立即向族人报警。在当今社会，新闻媒体也扮演这种"守望人"的角色。它的任务是多元的，除了反映"敌情"，更应反映常态的"平安无事"的现实环境。

对于法治新闻来说，传播法治信息、参与舆论监督是这种"守望"功能的具体表现。

法治信息传播首先表现为及时传播法治领域的新情况、新问题、新动态。这包括立法新成果，立法机构设置调整及有关人事变动，立法司法机关的重大举措；执法（司法）机关的执法情况，执法（司法）人员的事迹；新近发生大案要案，新近发生的诉讼活动及热点难点；新近发生的有关国计民生的法律问题和法律现象；海外新近发生的与法治相关的新闻信息。《大河报》刊发的《郑州城中村发生入室强奸案 女孩遭强奸成植物人》，就借助这个案件，为人们夏季防范入室犯罪案件提了个醒，及时而有用，体现了媒体守望的职责。

其次表现为把受众对法治动态的感受、反应、意见和建议，及时作出反馈。

这里特别需要强调法治新闻的舆论监督功能。法治新闻的监督可以在立法、司法、行政、社会事务四个层面全方位实施监督。这种监督需要完成的目标任务有：

对宪法和法律的贯彻实施监督，维护国家法制统一。

对党和国家方针政策贯彻执行进行监督，维护政令畅通。

对各级领导干部进行监督，防止权力滥用、知法犯法、贪赃枉法等腐败行为的产生。

对公民各种违法乱纪行为进行批评监督，弘扬法治精神，引导社会文明。

法治新闻的守望功能及下面的教化功能将在"法治新闻的灵魂——法治

精神"一章得到充分讨论,这里就不赘述了。

郑州城中村发生入室强奸案 女孩遭强奸成植物人

大河网－大河报　2015年7月7日

[摘要]　郑州陈寨发生入室强奸凶案:男子街头发现美女,跟踪两天后敲门作案,强奸女孩后用板砖将女孩头部击伤。目前女孩脑死亡,成植物人。

　　本报讯　每年的夏季一到,一些案件进入多发期。6月30日下午,郑州陈寨村发生了一起入室强奸凶案,嫌疑人事后数天被抓获。7月5日下午,有知情市民向大河报反映了这一情况,并透露了相关内情。本报提醒女性市民,炎炎夏日,出门要防"狼"。

现场　男子街头发现美女,跟踪两天后敲门作案

　　向本报透露该案的一名知情人士说,案发现场位于郑州市文化北路陈寨村南一街62号院五楼。昨日下午5时30分,靠近中方园路的该筒子楼大门敞开,看起来与其他都市村庄民房并无明显异样,楼内大部分房间都锁着门,没有租房客在家。

　　该楼5楼靠近楼道的一个朝北房间房门紧锁,门口贴了五六张封条,被指为案发现场。封条上,郑州市公安局东风路分局治安管理服务大队的红色印章十分清晰,落款日期为2015年7月1日。

　　按照知情人士说法,数天前的6月30日下午5时30分许,一名男子在该房门口敲门,后来一名女孩打开了房门。男子进屋后,通过威胁实施了性侵行为。在女孩反抗过程中,男子还用板砖将女孩头部击伤。

　　"受害女孩今年27岁,刚来郑州几天,是来找姐姐的,长得比较漂亮,但与男孩并不认识,更不是男女朋友关系。"知情人士说,案发前两天,涉案嫌犯在陈寨街头发现着装清凉的这名漂亮女孩后,一直跟踪了2天,并最终发现了女孩的落脚地点,随即敲门入室作案。

　　大河报记者昨日现场注意到,案发民房房门为铁皮材质,没有猫眼。

　　"嫌犯也是陈寨村的租房客,也只有20多岁,作案后离开了案发现场,但几乎没有离开陈寨。"知情人士说,7月4日下午,在办案民警带领下,涉案嫌犯来到了陈寨村62号院,指认现场,遭到大量群众谴责。

提醒 夏季"色狼"易出没，女性"清凉"出门请注意

"被辗转送到河南省人民医院抢救的受害人，现在已经脑死亡，成了植物人。"知情人士说。

昨日下午5时，郑州市公安局东风路分局陈寨警务室值班室一名男性工作人员受访时证实，陈寨南一街62号院的强奸案确有其事，嫌犯也确实已经被抓获，但具体情况不便透露。对知情人士反馈的案情，他未置可否。

郑州市公安局东风路分局陈寨警务区的唯一一名刑侦民警，昨日下午未出面受访，其在警务室门口公示的手机号，拨打后提示为空号。

"租房的人都有登记，不能留宿，受害的那个女孩不是这里的租房客，是租房客的堂妹。"案发民房的房东昨日下午说。他不愿意透露详细案情。对上述知情人士所述案情，他同样未置可否。

大河报记者昨日未能联系到受害者家属方面，受害者最新情况暂未知悉。

知情人士说，他也想就此案提醒，夏季女性着装普遍较少，是性侵案件高发季节。特别是在都市村庄民房内，人员密集，不少租房客为通风透气不喜欢关门，并欠缺防范意识，女性朋友应引以为戒。（记者 李岩 实习生 孙莹）

新闻+：

独居市民如何防止不法侵害？

1. 不要轻易给陌生人开门，如果遇到物业、水电等工作人员，应要求对方出示工作证件。

2. 不要把快递地址写的过于详细，宁可多走几步去楼下领取，同时不要轻易透露自己"独居"的信息。

3. 夜间休息时一定要关好门窗，不要因为自己是"高层"而大意，谨防"蜘蛛人"。

4. 有条件的话可以在家里养一只宠物狗或者安装简易报警装置，从"技术"上防盗。

5. 可以在阳台上悬挂几件男式衣服，暗示家里"有男人"，同时搞好邻里关系，做好相互照应。

6. 最后一条，也是最重要的一条：请记住离你最近的派出所的电话号码。

2. 会议功能

会议的作用有多个方面,但是主要体现在下面两种:一是指导工作,包括布置工作、总结经验、传达上级指示精神,二是做出决策,包括讨论事项、分析问题、研究对策。会议上大家摆出问题,集思广益,找到最佳解决方案。现今新闻媒体取代了这方面的功能,列宁总结报纸的作用时说,报纸在实际工作中有"宣传""鼓动""组织"的作用。毛泽东主席也说过:"办好报纸,把报纸办得引人入胜,在报纸上正确地宣传党的方针政策,通过报纸加强党和群众的联系,这是党的工作中的一项不可小看的、有重大原则意义的问题。"① 他还说过:"报纸的作用和力量,就在它能使党的纲领路线,方针政策,工作任务和工作方法,最迅速最广泛地同群众见面。"②

新华社新闻《全国人大常委会通过 11 部法律修正案 看看都作了哪些修改》向公众传达了最新的法律修改信息,体现了我国政府在公共管理方面的进步——简政放权,提高公共治理的科学性,体现了会议功能。

全国人大常委会通过 11 部法律修正案 看看都作了哪些修改

新华社　2017 年 11 月 4 日

新华社北京 11 月 4 日电(记者刘红霞)十二届全国人大常委会第三十次会议 4 日表决通过会计法等 11 部法律的修正案草案,取消了部分行政审批事项、职业资格事项、优化审批流程,在依法推进简政放权中迈出新步伐。

会计法方面,修正案草案取消了会计从业资格认定,把会计人员"必须取得会计从业资格证书"改为"应该具备从事会计工作所需要的专业能力"。在境外非政府组织境内活动管理法中,"聘请具有中国会计从业资格的会计人员进行会计核算"也被删去。

如何证明是否具备专业能力?中南财经政法大学会计学院教授唐国平告诉记者,会计是门技术性较强的专业,要证明专业能力并不难,比如

---

① 杨惠林:《毛泽东刘少奇新闻思想的比较研究》,长春工业大学学报(社会科学版),2010 年第 7 期

② 杨惠林:《毛泽东刘少奇新闻思想的比较研究》,长春工业大学学报(社会科学版),2010 年第 7 期

看相关人员是否拥有会计的职称证书,是否通过了注册会计师考试,是否大学会计专业毕业或系统学习过会计专业的主干课程,"无需局限于某一种评价方式"。

他认为,取消会计从业资格认定,是简政放权的必然结果,意味着政府把会计人员聘用权利"还给"用人单位。在市场经济不断完善的情况下,用人单位从自身经济利益和违规成本考虑,不仅不会在会计人员聘用管理上失去"抓手",反而会更加慎重。

在取消行政审批事项方面,会议对海洋环境保护法、文物保护法、海关法、中外合作经营企业法、母婴保健法、公路法、港口法、职业病防治法中涉及的部分审批予以取消,包括入海排污口位置审批、家庭接生员技术合格证书核发、中外合作经营企业委托经营管理合同审批等。

会议还表决通过了民用航空法修正案草案,删去第一百四十七条第二款中的"并依法办理工商登记;未取得经营许可证的,工商行政管理部门不得办理工商登记"。也就是说,办理该项工商登记不再需要前置审批。

在依法取消部分行政审批事项、职业资格事项、优化审批流程的同时,会议在加强事中事后监管方面也做了相关规定。以海洋环境保护法为例,该法第七十七条增加了一款:海洋、海事、渔业行政主管部门和军队环境保护部门发现入海排污口设置违反本法第三十条第一款、第三款规定的,应该通报环境保护行政主管部门依照前款规定予以处罚。

3. 教化功能

"教化"与"教育"虽仅一字之差,但其手段的高明程度却远非教育可比,它既向人们正面灌输道理,又注意结合日常活动使人们在不知不觉中达事明理,潜移默化,其效果要比单纯的教育深刻而又牢固得多。自古以来有见识的政治家都十分重视教化的作用,把教化当作正风俗、治国家的重要国策。西汉贾谊把教化比作阻止洪水的堤防,"夫万民之从利也,如水之走下,不以教化堤防之,不能止也。是故教化立而奸邪皆止者,其堤防完也;教化废而奸邪并出,刑罚不能胜者,其堤防坏也。古之王者明于此,是故南面而治天下,莫不以教化为大务。"①

而新闻媒体在教化方面的影响不仅广泛,而且深入人心。通过信息传播不仅能"通上下之情"还能通"内外之情",上情下达,反馈及时;通过对遵纪守法事件的报道为社会公众树立行为标杆,通过犯罪刑罚的传播,对罪犯、潜在的犯罪分子都有威慑作用,更可以让大多数公民提高法律意识和树立法治观念,自觉抵制违法犯罪活动,,从而实现刑罚的威慑功能和一般预防目的。

通过媒体持续不断地努力,成风化人,凝聚人心,澄清谬误,明辨是非,弘扬主旋律,激发正能量,在全社会树立社会主义核心价值观,尤其是法治观念。

《女子被贴罚单 网上发"是趁放假捞一笔吗"被传唤》就是一篇发人深省的新闻,动动手指在自己微博上发表意见似乎是自己应有的"言论自由",却不知自由是有条件的,有限度的。事件虽小,思想内涵丰富且深刻,新闻传播了"自由是有限度"的思想,明确了减轻处罚的理由。让受众从中吸取教训,树立法治思想。当然,这篇新闻的缺憾也比较明显,如果新闻指出女子违法行为所应承担的法律责任,其教育效果会更好。

女子被贴罚单 网上发"是趁放假捞一笔吗"被传唤

华商报 2017年11月5日

华商报讯(记者 潘京)因不满违停被贴罚单,一女子在微博中两次发不当言论被警方传唤,经批评教育,涉事女子已认错。

9月27日,一女子因车辆违停被西安市公安局高陵分局交警大队的民警贴了罚单,她在微博上发文:"是趁放假捞一笔吗"。10月31日,她再次在同一地方违停被贴罚单,就又发表了不当言论:"同一个地方,同一个交警,MB"。

微博很快引起了民警注意,11月1日,交警高陵大队向公安高陵分局崇皇派出所报案,次日该女子被警方传唤,承认两次发布不当言论。考虑到她能主动将微博删除,并公开道了歉,警方根据《治安管理处罚法》的相关规定,对其进行了批评教育。

---

① 张杰:《浅析墨子教化思想》,内蒙古农业大学学报(社会科学版),2010年第12期

4. 娱乐作用

娱乐对人类来说一如衣食住行,不可或缺;原始社会也有丰年庆典与迎神宾会,因此不能只强调新闻教化功能的重要,而抹杀娱乐所应占有的份量,有人甚至武断地说,娱乐功能至少与教化功能等量。新闻在给受众提供娱乐调剂紧张生活方面也是责无旁贷的。①

法治新闻的娱乐性与别的新闻有质的不同:外表娱乐,内核严肃,在娱乐的背后蕴藏令人深思的法治问题。

法治新闻的娱乐基本上分两种,一是事件本身具有的荒诞性或者巧合性所产生的娱乐性。二是法治事件表达形式的特性所产生的幽默感。

郑州女子骑电动被车门撞 血手掌记下牌号寻司机

郑州晚报 2013年2月27日

出租车的门突然开了

撞到了骑电动车的她

血手掌记下车牌号

找到了逃逸司机

2月26日上午,在郑东新区商务外环路上,郑州一辆出租车在乘客开车门下车时,撞倒了一位骑电动车的女子。

出租车扬长而去,受伤女子忍着疼痛,把车牌号记在了沾血的手掌上。警方依照受伤女子血手掌上记下的车牌号,查到该出租车所在的公司。

昨日上午10点21分,@"河南珍宝馆"发微博称:郑州出租车豫ATV179,你摊上大事了!该车在郑州东区把人撞伤后逃逸。发一张受伤人带血的手。该车快速逃逸后,受伤人忍住剧痛在手上记下逃逸车车号!

豫ATV179,你把人撞伤逃逸,你以为警察就找不到了?微博一经发出便引起了大家的广泛关注。

中午1点多,记者从交巡警六大队了解到,警方已联系到了豫

---

① 张艳:《浅谈新闻媒体在加强党群关系方面的作用》,中小企业管理与科技,2014年第26期

ATV179 号牌的出租车所属的中旅公司,该公司已让肇事司机王某到交警六大队配合调查。王某告诉记者,事发后,他驾车驶离现场 300 米后将车停下,经过一番思想斗争后最终抱着侥幸心理离开。

据交巡警六大队袁警官介绍,在本次事故中双方均有责任,但出租车司机驾车驶离现场,会加重其责任。

该大队崔警官介绍说,受伤女子膝盖软组织擦伤,没有大碍。出租车司机除了面对罚款外,可能还将面临行政拘留处罚,出租车管理处可能还会吊销其营运资格证。

在此,崔警官提醒广大司机,遇到这种事千万别逃逸,出租车是全险,他和开门乘客应该各负一半责任,只要当时拨打 120、110 和保险公司电话就没什么事了。(张玉东)

这桩交通肇事逃逸事件本身不幽默,但是记者新闻语言的特殊修辞手段让新闻生动风趣起来。"你摊上大事了!"是当年春晚引爆的句子,极具时尚感。"你以为警察就找不到了"是从一个春晚小品中"你换个马甲我就不认识你了"仿拟而来,而仿拟修辞手法是制造幽默的有效工具。

广东轿车带着鸡鸭跑高速 网友叹配置高:后置发动鸡和双涡轮增鸭
华西都市报 2016 年 2 月 14 日

13 日,网友微博上爆料,高速路上遇到一辆配置极高的轿车,直接被吓到了。这辆车有着"后置发动鸡"和"双涡轮增鸭",画面极具喜感:轿车的车尾吊着两只鸭,后盖上还趴着一只鸡……这组照片迅速引起关注,还创造了"带着鸡鸭跑高速"的话题。

新闻后面附几幅汽车顶带鸡、后备厢外用编织袋带鸭子的照片,极具滑稽感。加上新闻语言使用了谐音双关的修辞手法,进一步增加了新闻的娱乐色彩感。

必须指出的是,法治新闻里面必须有法治思想,介绍必要的法治知识,否则就成纯属娱乐的社会新闻了。汽车外附带物品交通法规是如何规定的,这是一个涉及法律法规的问题,弄清楚这个问题比只让受众哈哈一笑更有意义。面对同一个汽车外带活禽事件,《都市快报》就处理成社会新闻,杭州网却让新闻增加了法治色彩。

新闻 1

杭州:"双涡轮增鸭"再现高速 开了两千公里被追尾

都市快报 2017年2月4日

今天早上7点,高速交警杭州支队一大队民警王尊川接到指挥中心指令:杭徽高速往杭州方向青山湖收费站出口不到300米有两辆小车追尾,民警刚赶到现场,发现被追尾的浙E牌照小轿车后保险杠右侧有明显被刮擦的痕迹,再仔细一看,差点目瞪口呆:小车后备厢外挂了两个袋子,里面探出四个鸭头,不停地朝外左顾右探,简直就是"双涡轮增压(鸭)"。

车主用这种方式从四川出发,准备把鸭子带到湖州安吉,却不料在杭徽高速上引发后车追尾,后悔不已。

去年10月6日,重庆一司机也干过这事儿,他的理由是怕鸭子被闷死,所以将鸭子绑在后备厢外。高速执法部门提醒,市民携带鸡鸭等活禽时,最好提前宰杀,或者放到后备箱内,以免造成安全隐患。

新闻 2

"双涡轮增鸭"再现高速 浙江轿车开两千公里被追尾

杭州网 2017年2月4日

在去年春节过后,就有网友在网上发布了高速上有司机将鸭子装进袋子、捆在后备箱外,后盖上还趴着一只鸡的图片,这招被网友戏称为"双涡轮增压(鸭)"和"后置发动鸡"。

结果今年在春节假期过后一天,2月3日,有车主就用这种方式从四川出发,准备把鸭子带到湖州安吉,却不料在杭徽高速上引发后车追尾,后悔不已。

据杭州网报道,3日早上7点,高速交警杭州支队一大队民警王尊川接到指挥中心指令:杭徽高速往杭州方向青山湖收费站出口不到300米有两辆小车追尾,事故车辆已经自行撤离到青山湖收费站外广场。

当民警到达现场时,发现被追尾的浙E牌照小轿车后备厢外挂了两袋共4只鸭子,后保险杠右侧有明显被刮擦的痕迹。

后车驾驶员王先生一脸懊恼的说,"我驾驶车子在高速公路上行驶,突然发现前方的越野车后备厢外挂着什么东西,我就加油门追上去想看看,刚看清楚了是几只鸭子,突然前面的车子一减速,我来不及刹车就撞上去了,真是'好奇害死猫'!","幸亏我向右打了一把方向,这几只鸭子才能幸免于难。"

据了解,前车驾驶员姓金,金先生说,这4只鸭子是从2000公里外的老家四川带来的,准备到湖州安吉,他怕路上鸭子被闷死,所以将鸭子绑在后备厢外。

根据规定,载客汽车除车身外部的行李架和内置的行李箱外,不得载物。如果从老家携带的鸡鸭等活禽,最好提前宰杀,或者放到后备厢内,以免造成安全隐患。

5. 商业功能

媒体的商业作用可以分为两个方面:一是"利他性",帮助服务对象实现商业利益;二是"利己性",成就自身商业利益的实现。

一般而言,媒体"利他性"商业利益的实现,可以靠广告服务,也可以通过传播商品供求信息,开拓商品流通渠道来实现。比如,2018年2月5日《大河报》刊发题为《周口一人红薯丰收没卖掉 做成17万斤粉条也滞销》,介绍了周口农民王学全通过流转土地种植的300多亩红薯因连阴雨没能卖出去,做成粉条也滞销的事情。新闻希望通过这条信息帮助这位农民打开市场。

媒体"利己性"商业利益的实现一般靠自身信息传播的魅力获取公众注意力,增加销售量或者收(听)视率,实现媒体的第一阶段的收益;媒体再根据受众注意力的品质通过广告商转化为经济收益,实现二次收益。

就法治新闻而言,自身特点决定了其商业价值主要靠后者来实现。法治新闻,尤其是案件类新闻报道,有突出的故事性、趣味性、刺激性,容易获得公众的注意力。每次出现大案要案的新闻报道,媒体总能受到非凡关注,使媒体销售量(或收视率)大幅攀升。2002年5月23日《汴梁晚报》,因为刊载"5·20"系列强奸杀人案而身价大涨,当天原来零售价5角一份的报纸顷刻之间变成1元一份都买不到。《羊城晚报》因刊登连续报道《出租屋藏污纳垢大揭秘》在广州像引爆"新闻原子弹",报纸一上街即被抢购一空,受众的反馈电话一个晚上就打进600多个,记者接电话接得手软。① 杀害三名同学的凶手马加爵当

---

① 郑杰:《引爆"新闻原子弹"》,新闻记者,2000年第8期

年在天涯海角被捕,昆明全市刊登这个消息的各种报纸全部脱销。央视具有纪录片性质的节目"见证"栏目主编肖同庆也曾在接受记者采访时承认:改版之后的"见证"栏目放弃成就"经典"的梦想,舍掉具有学院风格的"严肃的、纯客观的记录"方式,重新考虑观众定位,寻找故事性强的题材,增加猎奇性和吸引力,比如缉毒、疑案等等,希望能用这个办法拉动沉滞的收视率,吸引广告。①

6. 政治功能

由于"法"在上层建筑中最能体现统治阶级的意志,法治新闻的反映对象是社会与"法"相关的内容,其政治属性尤为明显。在我们建设民主文明法治社会的进程中,法治新闻的功能还有特殊的政治表现:

(1) 维护政治权利的合法性

大众传媒维护政治权利合法性的主要手段是传播统治阶级的意识形态,将自己的思想推广到全社会中去,为公众所接受。社会主义制度的巩固必须以社会主义意识形态深入人心为保证。倡导"富强、民主、文明、和谐",倡导"自由、平等、公正、法治",倡导"爱国、敬业、诚信、友善",积极培育和践行社会主义核心价值观便成为十八大后法治新闻的中心任务。

(2) 参与政治决策

政治参与就是公民或公民团体影响政府活动的行为。大众传媒在提供信息过程中通过议程设置,将重要性信息凸显出来,从而影响人们对时事的判断,进而影响政治决策。公民或社会团体利用媒介宣传自己的主张,以唤起公众的关注和认可,为他们的主张进入政治程序做舆论准备,进而对政治决策施加影响。从下面《大妈摆射击摊获刑案将二审 女儿:希望她能回家过年》一文可以看出,我国公安部在2001年对枪支的认定的相关法规在执行过程中已经显示出不合理性。新闻借"大妈摆射击摊获刑"事件,让律师徐昕、军事专家朱江明、法学院教授杨建顺,以及其他"业内人士"阐明了现行法规的不合理性,希望"该案的判决应引起枪支鉴定标准制定者的重视,重新审视、修改标准或采取相关措施。如果现在执行相关标准没有问题,对标准不进行修改,应把相关理由解释清楚",并强调"这是政府说明理由的责任,相关部门应该重视。"

---

① 郭克宏:《对"绿色收视率"的思考》,现代视听,2007年第4期

大妈摆射击摊获刑案将二审 女儿:希望她能回家过年

新京报　2017年1月25日

新京报讯"天津老太"赵春华摆气球射击摊,却因非法持有枪支罪一审被判3年半。1月26日,该案二审将在天津市第一中级人民法院开庭。律师徐昕将作为辩护人,出庭为赵春华做无罪辩护,其表示,赵春华有望回家过春节。

天津市河北区人民法院认定,2016年8月到10月12日间,赵春华在河北区李公祠大街亲水平台附近,摆设射击摊位进行营利活动。警方在巡查过程中将其抓获,查获涉案枪形物9支及相关枪支配件、塑料弹,经鉴定,其中6支为能正常发射以压缩气体为动力的枪支。

去年12月27日,一审法院以非法持有枪支罪,判处赵春华有期徒刑三年六个月。宣判后,赵春华提出上诉。

昨日,赵春华的女儿王艳玲回忆,3年前她和母亲来到天津打工。晚上遛弯时,母亲发现"天津之眼"下面的"打气球"生意不错。适逢一位老汉想要转让射击摊,她便以2000元的价格,将三轮车、"枪"、奖品娃娃、木板等一并盘下。

"母亲平时晚上八九点出摊,十二点收摊,每月500元摊位费。刨去成本一个月能挣两三千。"王艳玲说,母亲并不知道摆摊时用的是法律意义上的枪,如果知道根本不会去碰。

辩护律师徐昕称,二审中将会为赵春华进行无罪辩护。他认为,涉案枪形物根本不是枪支,枪口比动能与真枪相差百倍,以此作为真枪对赵春华定罪量刑,违背常识。此外,赵春华也不具备非法持有枪支的主观故意。

徐昕分析,基于对案情的分析和与公检法的接触,为赵春华进行无罪辩护的难度大,但无论法院如何判决,除夕前一日开庭,赵春华有望回家过年。

昨日,王艳玲告诉新京报记者,二审开庭的时间选在腊月二十九,自己特别希望母亲能回家过年。

专家学者希望提高枪支认定标准,呼吁司法解释出台

有研究称,根据公安部2001年的规定,鉴定为枪支的临界点为16焦耳/平方厘米。随后,公安部2010年将标准降低为1.8焦耳/平方厘米。

军事专家朱江明称,标准太低,导致模糊了大威力玩具枪和真枪的界限,基本上枪状物体都可以被鉴定为枪,"给小孩买把玩具枪都可能变成买卖枪械。"

据报道,2011年至2015年,公安机关共破获非法制造贩卖气枪、仿真枪等枪支案件9000余起,抓获犯罪嫌疑人8万余名。徐昕认为,这是公安部将枪支认定标准过低并强制适用所致,赵春华也是这8万余人之一。

接手赵春华案件,徐昕的初衷是希望能推动枪支认定标准提高,至少先恢复至2001年的标准。"此外还希望最高法能修订司法解释,将仿真枪犯罪的定罪量刑区别于真枪犯罪"。

也有业内人士表示,管理仿真枪的目的不在于它能实际产生多大的杀伤力,而是因为我国是全面禁枪的国家,防止利用仿真枪实施违法犯罪行为。

对此,人大法学院教授、博导杨建顺认为,该案的判决应引起枪支鉴定标准制定者的重视,重新审视、修改标准或采取相关措施。如果现在执行相关标准没有问题,对标准不进行修改,应把相关理由解释清楚,这是政府说明理由的责任,相关部门应该重视。(新京报记者 潘佳锟 王巍 实习生 武琳悦)

(3)塑造政治文化

政治文化是指关于政治体系或体系之内人们的态度、信仰和感知,也包括关于政治目标的知识和信息。[①] 大众传媒长时间提供信息,对社会及公众态度和信仰的形成产生潜移默化的影响。因此,2016年2月19日习近平总书记在党的新闻舆论工作座谈会上强调新闻工作的重要性:"党的新闻舆论工作是党的一项重要工作,是治国理政、定国安邦的大事。做好党的新闻舆论工作,事关旗帜和道路,事关贯彻落实党的理论和路线方针政策,事关顺利推进党和国家各项事业,事关全党全国各族人民凝聚力和向心力,事关党和国家前途命运。"[②]他对新闻媒体提出明确要求:"党的新闻舆论媒体的所有工作,都要体现党的意志、反映党的主张,维护党中央权威、维护党的团结,做到爱党、护党、

---

① 谭融,邓雯:《论德国的政府间关系》,汕头大学学报(人文社会科学版),2009年第10期
② 刘光牛:《当代中国新闻理论的重要创新与发展——习近平新闻舆论观阐述分析》,中国出版,2016年第4期

为党;都要增强看齐意识,在思想上政治上行动上同党中央保持高度一致;都要坚持党性和人民性相统一,把党的理论和路线方针政策变成人民群众的自觉行动,及时把人民群众创造的经验和面临的实际情况反映出来,丰富人民精神世界,增强人民精神力量。"①

对法治新闻来说,其政治文化的塑造表现在对法治精神的弘扬,对大局意识、政治意识、看齐意识的严格遵守等方面,而不是故意标新立异唱反调。

(4)进行舆论监督

媒介的监督对政府有强大的压力,并不是媒介本身的力量,而是凭借社会公众的影响。大众传媒将公众的监督传达给政府,同时将政府的所作所为呈现给公众,以使政府接受公众的监督。在某些时候,媒介本身就是一种不可忽视的舆论力量。

舆论监督是媒体政治担当的表现,并因此历来为党和国家领导人所重视。比如,毛泽东主席就对舆论监督提出过三字方针:"开""好""管"。② 2016年2月19日,习近平总书记在党的新闻舆论工作座谈会上再次强调,"舆论监督和正面宣传是统一的。新闻媒体要直面工作中存在的问题,直面社会丑恶现象,激浊扬清、针砭时弊,同时发表批评性报道要事实准确、分析客观。"③其实早在他在福建宁德工作期间,就在宁德地区新闻工作会议上的讲话中对如何运用舆论监督武器做出过详细论述:"舆论监督的出发点应该是积极的、建设性的。监督的重点应该针对那些严重违反党和国家重大政策以及社会生活中存在的重大问题,要抓典型事件。揭发的事实,务求准确。涉及党的一级组织和政府的批评,要持慎重态度,不能先入为主。要深入调查,多方听取意见,得出合乎事实的结论。特别要注意不应把批评的矛头对准那些群众有意见而我们工作中因限于目前条件、一时难以解决的问题上。要让人民知道,党和政府正在采取措施,克服困难,解决问题。"④

---

① 张垒:《把握职责目标与方向定位 提高新闻舆论工作质量水平——深刻领会习近平同志新闻舆论工作的重要论述》,中国记者,2016年第3期
② 胡正强:《毛泽东:搞新闻工作,要政治家办报》,人民网,2004年4月23日
③ 张垒:《把握职责目标与方向定位 提高新闻舆论工作质量水平——深刻领会习近平同志新闻舆论工作的重要论述》,中国记者,2016年第3期
④ 张垒:《把握职责目标与方向定位 提高新闻舆论工作质量水平——深刻领会习近平同志新闻舆论工作的重要论述》,中国记者,2016年第3期

第四章

法律事实:法治新闻的事实特征

新闻事实构成新闻的基本成分。我们通过审视法治新闻传播的"事实",可以了解法治新闻的独特一面,这对于做好法治新闻传播,弘扬法治精神有重要意义。

一、法律事实及特点

我们先从一般生活事实入手研究法律事实的特性。

1. 生活事实

罗素就指出:"'事实'这个名词照我给它的意义来讲只能用实指的方式来下定义。世界上的每一件事物我都把它叫作一件'事实'。太阳是一件事实;恺撒渡过鲁比康河是一件事实;如果我牙疼,我的牙疼也是一件事实。……我所说的'事实'的意义就是某件存在的事物,不管有没有人认为它存在还是不存在,大多数的事实的存在都不依靠我们的意愿;……大部分物理事实的存在不仅不依靠我们的意愿,而且也不依靠我们的存在。"①这里所指的事实就是包括自然存在与社会存在,静态事物与动态行为、生活状态等。

事实具有以下几种特征:可靠性,即事实总是真的,不可能是假的;不变性,事实一经发现或创造就不可能更改,事实的发现、创造、理解虽依赖一定的理论,但事实的可靠性、真理性却不会因此而改变;特殊性与不可重复性,任何事实都只能是而且必然是特殊的;事实只能是当前和过去的事实,而不可能是

---

① (英)罗素:《人类的知识——其范围与限度》,商务印书馆,1983年版

未来的。①

2. 法律事实

法律事实,是依法能够引起法律关系产生、变更、消灭的客观情况。

根据上述定义,法律事实有以下构成要件:

(1)客观实在性

法律事实与生活事实具有一样的客观要求,当事人或法官不能无中生有,编造、伪造事实以增加权利或减少义务。法律事实比一般事实在真实性客观性有更严苛的要求,因为法律事实在司法过程中会引发法律关系产生、变更、消灭。法律事实一旦失真,会影响司法公正。所以,客观性是法律事实的首要特征,否则就是伪事实。

(2)法律规范性

法律事实必须符合法律规范逻辑结构中假定的情况。这是与普通生活事实区别的地方。只有当这种假定的情况在现实生活中出现,人们才有可能依据法律规范使法律关系得以产生、变更和消灭。所以,法律事实这一概念在一定程度上体现了法律规范所设计的事实模型,即规范性事实。规范性体现了法律的评价功能。一种事实发生后,是否应当产生法律后果,产生何种法律后果,承担何种责任,要求立法者在设定法律的时候做出权威性的评价,用法律规范固定下来。一旦生活中发生了一定的事实,是否应当产生法律后果,就可以与立法意旨中涵盖的抽象行为模式进行比照,以作出法律上的评价。②

比如《刑法修正案(七)》中有"出售、非法提供公民个人信息罪"的条款,《刑法修正案(八)》有"危险驾驶罪"的罪名。当刑法还未有对出售、提供公民个人信息,醉酒驾驶机动车、在道路上追逐竞驶规定为犯罪行为时,即使行为人的行为给社会造成了严重危害,但仍不能认定其是犯罪行为,仍不能对其给予刑事处罚。

(3)事实的具体存在性

法律事实一定是在现实生活中发生的具体的行为或事件,它并不等同于法律中被立法者所抽象概括的事实,但这种具体的行为或事件一定是被包含

---

① 杨建军:《法律事实的概念》,法律科学. 西北政法学院学报,2004 年第 11 期
② 杨建军:《法律事实的概念》,法律科学. 西北政法学院学报,2004 年第 11 期

在法律中的,否则就不可能得到法律的调整。在一个法律关系的演变中,这种具体的事件或行为可能是一个,如双方当事人签订合同,也可能是多个事实组合,即事实构成。①

(4)引起法律关系的改变性

一个事实,只有它与法律关系的产生、变更或消灭紧密相连,方可称为法律事实。也就是说,由于法律事实的出现,导致了法律关系的演变。

人们一般根据其与人的意志或者意识是否相关,将法律事实分为事件和行为;而行为又可以具体分为民事(法律)行为和事实行为。事实行为又可分为合法事实行为和非法事实行为。

先认识法律行为。要构成法律行为应满足以下条件:首先它必须是人的行为,包括语言与身体行动,但不包括人的内心活动;其次,它必须是人有意识的行为,无意识的举动,精神病患者的举动不应当视为法律行为;再次,它必须是具有社会意义的行动,即对他人或社会产生影响的行为。

行为既包括作为,也包括不作为,还可以分为善意行为与恶意行为(如民法上有善意第三人、善意取得与恶意取得的区分);依据行为的合法性,行为还可以分为合法行为与违法行为,它均可能引起法律上权利义务的产生、变更与消灭。②

再认识法律事件。中国国内大多数教科书认为法律事件是指法律规定的,不以人的意志为转移的能够引起法律关系的产生、变更、消灭的客观情况。法律事件可以分为社会事件和自然事件,前者如社会革命、战争,后者如人的生老病死、地震、洪水等自然灾害。

二、法治新闻对法律事实的选择

新闻事实是一般事实中具有特殊素质的一种事实,即指那些具有新闻价值的事实。只有那些新近发生的,能够引起普遍兴趣的新鲜的事实,才能够成为新闻事实。

---

① 杨建军:《法律事实的概念》,法律科学.西北政法学院学报,2004年第11期
② 杨建军:《法律事实的概念》,法律科学.西北政法学院学报,2004年第11期

对于新闻价值,不同的考察角度给出不同的解读。①

余家宏主编的《新闻学词典》(浙江人民出版社,1988)对"新闻价值"的定义是:"新闻价值是选择和衡量新闻事实的客观标准,即事实本身所具有的足以构成新闻的特殊素质的总和。"通常认为新闻价值要素包括时新性、重要性、显著性、趣味性、接近性。新闻事实所蕴含的新闻价值要素越多,新闻价值就越大。这个定义从新闻事实自身特性考察新闻价值。

新闻价值"功能说"认为:"新闻价值是指新闻事实具有的政治、知识和实用价值,即对群众的启发教育作用,实际工作的指导作用,以及对读者日常生活的参考等作用。"②这个定义是从新闻事实对社会的影响结果考察价值大小。认为新闻价值应当包括获知价值、获益价值、激励价值、借鉴价值、指导价值和娱乐价值。

这些定义都从不同角度反映了新闻价值尺度。

法治新闻传播的是具有新闻价值的法律事实。具有时新性的法律事实具有反常性,能满足受众的好奇心;具有重要性的法律事实对受众来说具有告知信息、获取知识等有用性;具有显著性的法律事实能够满足受众好奇心,具有激励价值、借鉴作用;趣味性的法律事实能满足受众的娱乐需求。

2016年2月19日《成都商报》刊发消息称,内江市东兴区一超市为招揽顾客,以低于成本价销售蔬菜:白萝卜每斤0.1元,莲花白每斤0.1元,土豆每斤0.58元。在被举报后,工商部门认定,超市的这一经营行为构成不正当竞争。2月19日,成都商报记者从内江市东兴区工商局获悉,因构成不正当竞争,工商部门将对其作出1万元罚款的处罚。③

在普通人眼里,这家超市卖自家的商品自愿"赔本赚吆喝",这种行为在生活中似乎司空见惯,并不新鲜。新鲜的是这种不关别人事情的行为却遭到政府执法人员的处罚。这就具有了反常性。另外,通过文中"律师说法"的解读,使受众对《中华人民共和国反不正当竞争法》有所了解,明白了经营者以排挤竞争对手为目的,以低于成本的价格销售商品的行为是违法行为。新闻又进一步对该事件可能引起的误解进行了细致解读:

---

① 高红艳:《面对"新闻价值"本身》,暨南大学硕士论文,2002
② 《新闻专题讲座》,人民日报出版社,1983年版
③ 《超市萝卜每斤只卖1毛 工商局罚了他们1万》,成都商报,2016年2月19日

"《中华人民共和国反不正当竞争法》释义关于该规定的解释中称,经营者在销售新鲜的水果、蔬菜或有生命而存活期短的活鱼、活虾等商品时,可以根据天气、购买力的变化而改变价格。但东兴区工商局相关负责人表示,超市低于成本价销售白萝卜等不是为了解决自身经营的困难和急需处理商品,而是提前谋划,并在开业前印发宣传单,这存在主观故意,目的是为了排挤竞争对手,这扰乱了正常的竞争秩序。所以,工商部门最终认定该超市的行为构成不正当竞争。"

这条新闻中,司空见惯的销售行为引发法律关系的改变,形成了不正当竞争,成为违法行为。这个法律事件对其他人是一种提醒,增加了受众的法治知识,具有很强的借鉴作用。

那些不符合新闻价值尺度的法律事实不会被新闻媒体选择,也就与普通的事实一样不能成为法治新闻。

三、法律事实与证据的关系

需要指出的是,法律事实从认定角度看可分为执(司)法人员认定事实和非认定事实。进入司法程序的法律事实是由法官认定的,没有进入司法程序的案件事实就没有得到法官的认定,也可以成为法律事实。

当法律事实是法官依法认定的事实的时候,特指的是纠纷产生后,当事人就事实的法律后果、法律意义的认识产生分歧并诉诸法院时,交由法官(个别情况下是仲裁机关)依据法定程序认定的事实。这种认定不外乎是关于事实的有无、多少、和规范的联系程度、与后果的因果联系、应当承担的责任等最终进行的权威性法律评价。这里说法律事实是法官依法认定的事实,是从终极性的角度来说的。

"证据是法官认定法律事实的主要手段。但是,法官最后认定事实却并非都靠证据,这是因为,作为法官用以定案的事实,有些并无证据依据,但法官之所以采信,是由于它符合证据法的原理。法官认定事实除了主要依据证据外,还可以依法采用以下非证据方式来认定事实:司法认知的事实、自认的事实、事实推定。"因为"司法认知的事实、自认的事实、事实推定,都是法官认定事实的辅助与补充方式,司法过程中的法律事实认定的最主要的渠道还是依据证据认定事实。但是,其他三种方式有其存在的意义,这是由于,并非每一个案件都有充分的证据,如果要求法官认定事实只能完全依据证据,那么许多案件法官将束手无策。"①

司法认知的基本依据就是"众所周知的事实,无须证明"。司法认知的事实是指法官对于某种待证事实,不待当事人举证,即予以认知,把它认定为真实的事实,作为判决的依据。②

自认的事实是指"在诉讼中当事人一方就对方当事人所主张不利于自己的事实,在准备书状内、言词辩论时,或在本案法官面前,承认为真实的声明或表示"。③

"事实推定产生于下面这种思维过程,即根据已知的基础事实的证明来推断出一个未知的事实,因为常识和经验表明该已知的基础事实通常会与该未知事实并存。"④

这种"经过官府"裁断的法律事实往往是由纠纷引起的,很多具有"看点",容易引发受众的关注,也容易受到媒体的青睐。

在当事人之间产生法律后果的事实,并非都经过了法官的认定,如买卖合同的签订在当事人之间产生的权利义务,依法进行婚姻登记后在当事人之间便产生了夫妻间的权利义务,交通事故发生后肇事方主动救治病人、支付医疗费用等种种权利义务的演变并未经过诉讼途径,这是因为法律的实现大多是靠当事人的自觉遵守。

这种非法官认定的法律事实,责任清楚,当事人在承担义务方面是主动的,双方没有责权纠纷。这种法律事实虽然未有经过司法机关认定,却在整个处理事件过程中遵从法律精神。法治新闻对这里新闻事实的报道,依然能够彰显法律至上、人权保障、和谐相处的法治精神。

特别需要强调的是,新闻传播中对没有经过司法程序认定的事实一定要谨慎对待,有些无法证实的新闻事实一旦传播可能会引发侵权,媒体需要承担侵权责任。1991年北京一家报纸以《魔鬼三兄弟》为题,揭露陈氏三兄弟虐待"珍女",三人"共妻"的行为。陈氏三兄弟以侵权为由提起诉讼。尽管两名作

---

① 杨建军:《法律事实的概念》,法律科学.西北政法学院学报,2004年第11期
② 毕玉谦:《试论民事诉讼中的司法认知》,中外法学,1999年第1期
③ 杨建军:《法律事实的概念》,法律科学.西北政法学院学报,2004年第11期
④ 杨建军:《法律事实的概念》,法律科学.西北政法学院学报,2004年第11期

者辩称作品内容是客观真实的,作者根据妇联的反映,进行了必要的调查核实并走访了各方人员,但法院先后两次审理认为,文中"共妻"及相关情节缺乏旁证,判令作者及相关报刊败诉,承担相应民事责任。本案涉讼新闻"共妻"事件,除非现场有人目击或留下其他物证,事后根本无法证实。新闻中的事实没有得到法官认定,不具有权威性,引发侵权必须承担责任。

下面是一条未进入司法程序的新闻报道,其对新闻事实的选择值得借鉴。

肇事逃逸者上火车轨道被撞身亡 追逃者被索赔60万

新京报　2017年12月2日

新京报快讯(记者许研敏 王煜)12月1日,河北唐山男子朱振彪收到滦南县法院的《应诉通知书》。原告张殿凯在起诉书中称,2017年1月,因为朱的追赶,导致其父张永焕在铁轨上被火车撞击身亡,要求赔偿各项费用共60余万。

朱振彪表示自己"很冤",自己当初"见义勇为"追交通肇事逃逸者,没想到却成了被告。

一段监控视频显示,2017年1月9日中午12时左右,在河北滦南县柳赞镇古柳线鹏胜水产门口,一摩托车驾驶员左转时,将后方驶来的另一摩托车撞倒,随后逃逸,肇事逃逸者正是张永焕。张永焕的儿子张殿凯承认父亲当时肇事逃逸。

朱振彪称,当时正好在场,随后驾车追随该男子,期间多次报警。朱振彪手机录制的视频显示,逃逸男子很快驶向路边一个村庄,而后弃车,进入一户人家并手提菜刀出来,继续徒步逃逸。朱振彪徒步跟随并反复喊话"别跑了,已经报警了",其间两人始终保持几十米距离。

追随约20分钟后,张永焕走上公路,并用身体冲撞来往车辆。手机视频中,一穿制服男子对来往车辆说,"前方有肇事逃逸,请放慢行驶速度"。很快,张永焕从侧面冲向一辆面包车并被撞倒,几分钟后又自行爬起,以正常步速离开,朱振彪则在约20米外跟随并录制视频。

视频显示,张永焕走向附近的滦南铁路区域,翻越隔离网并在铁轨边继续徒步,朱振彪随即翻入并跟随,其间朱振彪多次喊话,告诉对方已经报警,不要再走。

朱振彪称,翻入隔离网约5分钟后他的手机断电。他看到张永焕在铁轨边徘徊,约20分钟后,驶来一辆火车,火车还在百米开外时,张永焕即站到两轨之间,张永焕随后被撞身亡。

新京报记者从张殿凯处证实,铁路警方已介入此事,并有了初步调查结果。10月底,张殿凯起诉朱振彪。起诉状称,被告驾驶小轿车追赶骑摩托车的张永焕,张弃车后被告继续追赶,最终导致张永焕在迁曹线90公里495米处(滦南路段)撞上火车身亡。原告要求被告承担死亡赔偿金、丧葬费、死者父亲抚养费等共计60余万元。目前,滦南县法院已受理此案。

上述新闻中,朱振彪的"见义勇为"追交通肇事逃逸者引发事故的过程,该事实虽然没有经过法官认定,但是整个过程有视频证据佐证和当事双方的确认,具备事实的客观真实性,且这个事实已经引发当事双方诉讼的(法律关系)产生,即属于法律事实。这个法律事实能够成为媒体的法治新闻,是因为"见义勇为"成为被告人具有很强的反常性,能够引起受众的关注。

第五章

法治新闻的灵魂——法治精神

法治精神是法治新闻的灵魂,做好法治新闻传播,一定要在弘扬法治精神方面下功夫。

一、法治精神的含义

有学者把法律意识分了四个层次,分别是公民意识、法治观念、法治理念、法治精神。"法治精神"是法律意识的最高层次。[①]"法治精神"是十七大报告的一个新提法,是继十五大提出"依法治国"之后,又一个具有战略性号召力的新概念。继十八大之后,社会普遍认为十九大报告仍然是"一篇贯穿法治精神的纲领性文件"。报告54次提到"法治"。[②]

关于法治精神的内涵有过多个版本的阐述。

吉林大学张文显教授认为,"法治精神"是一个融法治的善治精神、民主精神、人权精神、公正精神、理性精神、和谐精神等为一体的科学命题。[③]

中国人民大学法学院教授韩大元认为,法治精神的内涵应包括平等精神、宽容精神、民主精神、自由精神与人权精神等,而核心是人权精神,具体表现为维护每个人作为人的尊严,普及人权文化。[④]

郝耀武、孙长春撰文指出,法治精神是社会主体对法以及法治的理性认知和价值确信,是法治价值观;它是法律意识、法制观念、法律素质、法律信仰等

[①] 徐显明:《解读十七大报告推进司法改革》,法制网,2008年1月23日
[②] 杜晓:《"一篇贯穿法治精神的纲领性文件"》,法制日报,2017年10月20日
[③] 《弘扬法治精神三人谈》,法制日报,2007年8月17日
[④] 陈忠禹:《论法治社会的非制度性生成机制》,陕西行政学院学报,2007年第4期

的集合形态,是法治实践的指导思想和精神源泉,也是尊崇法治和尊重法律权威的一种理性的精神状态。①

也有人认为,法治精神对于国家而言,其核心是"良法善治"的治理精神;对于公民个人而言,其核心是自由平等的权利精神;对于社会而言,其核心是公平正义的价值精神。②

虽然上述阐释在文字表述上有所差异,但必须承认它们的共同点,即"法治精神"是对法制的敬畏与尊崇,是对社会人权和秩序的价值追求。

山东大学徐显明教授撰文指出,"法治精神"是一个民主法治社会中所普遍尊崇的法律至上、公平正义、保障人权、权力制约、社会和谐等价值追求的总和。③ 这个概念已经得到学界的认可。另外从概念要求分析,这个概念更具严谨性、科学性。

二、法治精神的历史地位

在法治社会里,法治精神就是社会的灵魂;建设法治社会必须塑造全社会的法治精神。

新华社评论《弘扬法治精神 促进和谐发展》对法治精神在促进社会进步的重要性进行了全面阐述:

只有弘扬法治精神,才能加快法制建设,实现社会主义民主的法律化、制度化。尤其是当前民主法制建设与人民民主不断扩大的客观要求还不相适应,人民的知情权、参与权、表达权和监督权还有待进一步保障,促进人民有序参与国家治理还需要完善法制建设的情况下更是如此。

只有弘扬法治精神,才能巩固党的执政地位。从法律制度上把坚持党的领导、发扬人民民主和严格依法办事统一起来,保证党的基本路线、基本纲领的贯彻落实。靠法治实现党的意志和人民意愿的有机统一,赢得人民的拥护和支持。

---

① 郝耀武、孙长春:《论现代法治精神》,行政与法,2009年第9期
② 吴秀荣:《论法治文化建设的困境及出路》,江苏警官学院学报,2013年第3期
③ 周鹏:《法治政府要有法治思维》,求是理论网,2014年3月24日

弘扬法治精神,才能加强宪法和法律的实施。当前有法不依、执法不严、违法不究现象仍然存在。在涉及群众切身利益的一些问题上,不严格依法办事的现象时有发生。推进依法行政、司法公正,坚持以人为本,切实维护人民合法权益。①

中国社科院法学研究所研究员莫纪宏更是把弘扬法治精神和提升国家治理能力结合起来:用"法治精神"来构建"国家治理体系"和提升"国家治理能力",通过"国家治理体系和治理能力现代化"为实现"工业、农业、国防和科学技术现代化"提供所要求和相适宜的制度土壤。②

三、弘扬法治精神是法治新闻的义务

1. 从认知规律看媒体传播法治精神的必要性

心理学把人类心理活动分为三种基本形式,即认知、情感、意志。认知是人对于客观事物的感觉、知觉和表象,情感是人对于客观事物是否符合人的需要而产生的态度的体验,意志是人根据自己的主观愿望自觉地调节行动去克服困难以实现预定目的的心理活动。认知、情感与意志相互依存、相互联系。认知过程包括感觉、直觉、表象阶段,是情感的基础;情感是在认知事物的基础上对其所产生的态度,与个体内部的需要、动机相关联;意志是人们自觉地进行行动的过程。

建设法治国家,需要全社会积极参与。各种社会组织和全体公民既是法治建设的主体,又是法律适用的对象,人人尊重法律权威,自觉学法守法用法,依法平等参与、平等发展和维护自身合法权益,才能实现人与人和谐相处、人与自然和谐相处。③ 在这个全社会参与法治社会建设的行动中,法治精神是社会主体的普遍的、共同的法律精神、法律情感和法律意识,是整个社会精神、情感和意识的反应和表达。法治建设需要促成法治精神内化为全体公民的公共精神和社会理想,转化为亿万人民的自觉行动,并促进法治精神从理论和文化

---

① 《弘扬法治精神 促进和谐发展》,新华网,2009 年 12 月 3 日
② 陈郁:《"法治精神"是国家治理体系现代化的核心要求》,中国经济网,2014 年 9 月 12 日
③ 《弘扬法治精神 促进和谐发展》,新华网,2009 年 12 月 3 日

形态转化为具体的法律原则、规则、概念和技术,开拓社会主义法律制度建设和法治文化建设的新局面。①

要使社会成员对法律予以自觉认同和主动守法成为可能,则必须以社会成员对法律的信任和法律权威的确立及效力的真正发挥为前提,必须以法治精神、法律情感的培养和提高为前提,否则,会导致法律被社会主体所排斥和否定,最终影响法治质量。②

在从法制权威树立转换为自觉参与法治建设的行动过程中,必然经过公众对法治认知、法治情感、法治意志三个阶段。其中法治新闻传播法治精神,提高全社会法治意识成为参与法治社会建设的起点。这一点已经得到许多有识之士的确认。

最高人民检察院陈国庆认为:"'法治'是观念、制度及运作方式的综合体,……要求所有国家机关及其工作人员,要求各种社会组织及所有的公民,都应当奉法律为基本行为准则,尊崇宪法与法律具有无上的权威。"……依照法定程序解决各种纠纷和争端,从而实现社会的发展、安定与和谐。③ 有专家把"法治"归纳为"三治",即"规律之治"——法治建设必须遵循客观规律;"规则之治"——一切按法律规则办事,"规心之治"——法治的自律表现。"但是,真正的法治,靠的是社会成员的自律。法律只有进入人的内心世界,被人们所信仰所信赖,法治才能有力量,法律才能有权威。"④

最高人民法院胡云腾则具体指出弘扬法治精神的具体内容:弘扬法治精神就是弘扬"两点":一是要格外强调法治的"不得例外"精神,二是要格外弘扬法治的"不得不服从"精神。⑤

从上述可知,树立法治权威,需要公众对法治的内容和法治精神有充分认知,在此基础上产生敬畏情感,然后激发他们参与法治建设的热情。

有人从大众传媒的工作特点出发,认为弘扬法治精神的社会责任媒体责无旁贷。杨悦新指出:准确把握"法治精神"的内涵,需要正确的舆论导向,这就对新闻媒体提出了新的要求。新闻媒体要不断提高鉴别真伪"法治精神"的

---

① 郝耀武,孙长春:《论现代法治精神》,行政与法,2009年第9期
② 郝耀武,孙长春:《论现代法治精神》,行政与法,2009年第9期
③ 《弘扬法治精神三人谈》,法制日报,2007年8月17日
④ 《弘扬法治精神三人谈》,法制日报,2007年8月17日
⑤ 《弘扬法治精神三人谈》,法制日报,2007年8月17日

能力,将善治精神、民主精神、人权精神、公正精神、理性精神、和谐精神等这些"法治精神"的内涵,以鲜活的事例、深入浅出的道理宣传好,同时对那些错误的、庸俗的思想和理论予以纠正和批判,为弘扬"法治精神"营造良好的舆论氛围。①

总之,建设法治社会、弘扬法治精神,是历史赋予法治新闻的神圣职责。我国媒体自觉以弘扬法治精神为己任,为法治社会建设不遗余力。比如新华网"法治"频道给自己的传播定位为"弘扬法治文明、法治精神,强化依法治国、依法执政、依法行政、依法治理、依法维权意识,打造中国最及时、最权威、最有影响力的网络法治新闻服务平台。"

2. 从传播特点看媒体弘扬法治精神的合理性

公民作为现代国家的要素和建设法治国家的基础,他们民主政治素质的好坏、自由平等意识的多少、法治正义理念的强弱、道德水平的高低,都直接影响到依法治国的进程,决定着法治国家建设的成败。公民的法治意识愈成熟,依法治国的主体作用就发挥得愈充分。加强公民法治教育,培育法治意识是推进法治建设的必然要求。

公民法治意识的培育需要长期过程,也需要多途径的参与。可以通过学校教育进行,也可以通过基层社区单位组织学习,但是都受群体分散、组织难度大、文化程度参差不齐、缺乏有效覆盖面等因素的制约。相比较而言,在众多的普法手段中,媒体普法是最合适的大众教育手段。具体原因有以下方面:

一是受众接触媒体的便捷性。如今,传统的大众媒介,特别是电视媒体已经走入普通家庭,使各个层次的群体成为媒体潜在的"影响对象";借助于网络技术,新媒体的普及使更多的人变成一个个信息接收终端。传统媒体的触网打破了以往新闻传播的局限性,"一机在手便可阅尽天下"已经成为现实。无论何时何地,最新的媒体信息随时可以抵达用户。一个重大案件的发生立即就会成为公众街谈巷议的热门话题。因此,传统媒体借助于新媒体进行普法,用满含法治知识的信息长期对公众进行"浸润",使他们会在不知不觉中培养出法治思维,提高法治意识。

二是传播信息的权威性。媒体内容的权威性首先表现在媒体内容选择的

---

① 杨悦新:《"法治精神"内涵需准确把握》,法制日报,2007年10月18日

适当性。传播者了解受众心理和新闻传播规律,能从受众最感兴趣的领域或者角度出发,进行信息选择,能提高信息传播的有效性。比如,媒体在普及法治知识过程中,都尽量避开枯燥的法条解读,而是把法治知识融入百姓身边发生的案例中,使受众在享受案例故事的同时受到法治教育。其次表现在传播效果的有益性控制。我国的新闻传播媒介由于性质的原因,都要求把社会效益追求放在首位,这明显避免了商业媒体经济效益追求带来的负面影响。所以,在案件报道中,凶杀、色情、暴力情节得到有效控制,最大程度避免了对社会,特别是对青少年的不良影响。再次表现在传播的策略性。一般而言,媒体很注意信息传播时机的把握,根据政府工作重点和社会的急切需求有选择地安排普法重点。比如,每次重大立法活动,媒体都会提前做好法治新闻策划,深入剖析立法背景、立法动态以及立法影响等。等到具体法律条文出台,媒体还会请国内知名的法学专家进行解读,使公众对新法律条文有了较为深入的了解。

美国前总统托马斯·杰斐逊说过:如果让我在有政府而没报纸或有报纸而没政府之间做出选择的话,我宁愿选择后者。虽然这话有些极端,却能反映媒体对一个国家政治生活和社会生活的积极作用;就法治新闻传播而言,通过多种途径弘扬法治精神,有利于维护社会秩序的稳定,对于社会和谐及人民群众安居乐业,有不可替代的作用。

3. 法治精神是法治新闻政治属性的体现

媒体都有政治属性,都或鲜明或隐晦地代表特定的阶级立场。正如美国学者赫伯特·阿特休尔在《权力的媒介》一书中指出:新闻媒介看起来确实独立自主,看起来确实在向权势们挑战——俨然成为政府第四大部门。然而,只要进一步深入调查,显然就会看到这种关于新闻媒介权力的信念,只是那些拿它追逐自身目的者手中庞大的武器而已。政府和政治经济权贵们操纵报纸的事实贯穿于整个历史。① (P165)美国批判学派的先驱赫伯特·I·席勒在《思想管理者》一书中也证实了上述观点,他说:美国媒介受到的是双重束缚,一方面要受到来自大广告商和大公司在经济上的控制,另一方面还要受到政府在政治上的严格管理,而且,美国政府和大公司在根本利益上是一致的。因此,

---

① (美)赫伯特·阿特休尔:《权力的媒介》,黄煜、裘志康译,华夏出版社,1989年版

美国媒介只不过是包括财富五百强在内的跨国大公司用以出售其产品、服务和观点的工具,是美国政府用以维护社会规范、社会制度、社会秩序以及推行全球霸权的工具。①

中国共产党从来不避讳媒体的政治属性,旗帜鲜明地要求新闻传播活动体现党性原则。习近平在2016年视察中央媒体时强调:党的新闻舆论的所有工作,"都要体现党的意志、反映党的主张,维护党中央权威、维护党的团结,做到爱党、护党、为党;都要增强看齐意识,在思想上政治上行动上同党中央保持高度一致;都要坚持党性和人民性相统一,把党的理论和路线方针政策变成人民群众的自觉行动,及时把人民群众创造的经验和面临的实际情况反映出来,丰富人民精神世界,增强人民精神力量。"②讲政治、讲导向不仅仅是党媒的义务,也是所有新闻媒体的义务。习近平指出,"新闻舆论工作各个方面、各个环节都要坚持正确舆论导向。各级党报党刊、电台电视台要讲导向,都市类报刊、新媒体也要讲导向"。③

基于此,法治新闻的政治属性无疑是为我国法治社会建设服务,为优化法治环境创造良好条件。媒体弘扬法治精神的信息要覆盖立法、执法、司法、守法、法治监督的方方面面。

四、法治新闻弘扬法治精神的途径

媒体弘扬法治精神要明白两个问题:一是全面反映法治精神的内涵,二是讲究合理的传播策略。

1. 法治精神的内涵

根据徐显明给出的法治精神的概念,认为"法治精神"是一个民主法治社会中所普遍尊崇的法律至上、公平正义、保障人权、权力制约、社会和谐等价值追求的总和。

---

① 徐国源:《"政治媒体化":政治与媒体的双重逻辑》,江苏大学学报(社会科学版),2006年第6期
② 《习近平关于新闻舆论的16条新论》,党建网微平台,2016年2月22日
③ 《习近平关于新闻舆论的16条新论》,党建网微平台,2016年2月22日

(1)"宪法法律至上"是法治精神的第一要义。宪法是由人民的代表制定通过的,是全体人民意志和利益的集中反映。宪法法律至上,就是人民的意志至上,任何人或组织都必须在法律的范围内活动,任何公民、社会组织和国家机关都要以宪法和法律为行为准则,依照宪法和法律行使权利或权力、履行义务或职责,都没有凌驾于法律之上的特权,就是要让全社会明白,权力的获得和行使都应当具有法律上的依据,法律相对于权力,应当具有至高无上的权威,即使是法律的制定实施也不能例外。

宪法和法律的尊严、权威的树立,会形成人们不愿违法、不能违法、不敢违法的法治环境,做到有法必依、执法必严、违法必究。① 十九大报告再次对维护宪法法律权威提出要求:"加强宪法实施和监督,推进合宪性审查工作,维护宪法权威。""加大全民普法力度,建设社会主义法治文化,树立宪法法律至上、法律面前人人平等的法治理念。各级党组织和全体党员要带头尊法学法守法用法,任何组织和个人都不得有超越宪法法律的特权,绝不允许以言代法、以权压法、逐利违法、徇私枉法。"②

在我国树立宪法法律至上的观念需要克服儒家文化观念的障碍。因为我国传统儒家伦理思想作为一种历史文化遗留,以观念方式潜意识地作用于现代社会的法律秩序中,使社会主体产生对法律的异己感、外在感,而不能使法律内化为主体的价值尺度和行为标准;另外,由于我国社会发展的不平衡,在"乡土社会"中,儒家伦理思想还发挥着维持社会秩序的作用。这极易导致体制层面上的人治及文化层面上的主人、义务、被动守法等理念的强化和公民、权利、主动守法等意识的淡化,还可能导致现代民主、法治精神的缺失。③

(2)"公平正义"是法治精神的价值追求。公平正义是法源,是法的追求与归宿。一般而言,公平是指公民平等地享有权利、机会、规则的公平;正义即公平、公正,比如:乌尔比安认为:"正义就是给每个人以应有权利的稳定的永恒的意义",凯尔森认为:"正义是一种主观的价值判断"。④ 正义包括"实体正义"和"程序正义"。程序正义是实现实体正义的前提,实体正义是程序正义追求的目标,两者相辅相成。"公平正义不论是作为价值、原则,还是作为制度、

---

① 《形成不愿不能不敢违法的环境》,云南日报,2013年2月25日
② 《十九大报告中的"法治"之声》,光明日报,2017年11月9日
③ 郝耀武,孙长春:《论现代法治精神》,行政与法,2009年第9期
④ 王豪,梁爽:《公平的尽头》,赤峰学院学报(汉文哲学社会科学),2011年第5期

规则,都是中国特色社会主义内在的本质的要求。只有真正做到坚持公平正义,逐步建立以权利公平、机会公平、规则公平、分配公平为主要内容的社会公平保障体系,法律才是受到普遍尊重的良法,才能真正维护人民的利益,促进社会和谐发展。"①

实现社会公平,一方面需要建立健全公民公平享有和行使权力的体制机制,强化制度政策保障,另一方面也需要拆除不合理的制度"篱笆",使尽可能多的人有机会进入舞台展示自己。在正义实现方面,除了执行必要的程序之外,更讲究实体性正义,即依法解决实体问题的重要意义。在司法案件中实现实体正义的关键是把证据作为保证案件办理质量的生命线,严格执行防止冤假错案的规定,不得把刑讯逼供等非法方法收集的证人证言、供述陈述作为定案的依据;依法坚持疑罪从无原则,确保每一起案件都事实清楚、证据确实充分、适用法律正确、裁判处理公正,让受到侵害的权利得到救济,让违法犯罪行为受到制裁。

习近平曾经对政法工作提出要求:"公平正义是政法工作的生命线,司法机关是维护社会公平正义的最后一道防线。政法战线要肩扛公正天平、手持正义之剑,以实际行动维护社会公平正义,让人民群众切实感受到公平正义就在身边。要重点解决好损害群众权益的突出问题,决不允许对群众的报警求助置之不理,决不允许让普通群众打不起官司,决不允许滥用权力侵犯群众合法权益,决不允许执法犯法造成冤假错案。"②

(3)"约束公共权力"是"保障私人权力"、实现法治目标的重要条件。孟德斯鸠说:"一切有权力的人都容易滥用权力,这是万古不易的一条经验,有权力的人使用权力,一直遇到有界限的地方才停止。""要防止滥用权力,就必须以权力制约权力。"③(P184)

阳光是最好的防腐剂,为了确保权力正确行使,保证人民赋予的权力始终用来为人民谋利益,就必须让权力在阳光下运行,注重发挥制度的作用,建立健全决策权、执行权、监督权既相互制约又相互协调的权力结构和运行机制,增强监督合力和实效等,真正做到有权必有责、用权受监督、违法要追究。这

---

① 刘微鹏:《正确理解法治精神的内涵》,光明网,2007年12月6日
② 邱水平:《坚守政法工作的生命线》,求是网,2014年6月1日
③ (法)孟德斯鸠:《论法的精神》(上册),张雁深译,商务印书馆,2004年版

里让权力透明的"阳光"就是新闻媒体。决策权、执行权、监督权的进行都放在媒体的聚光灯下,能够有效避免暗箱操作。

十九大报告中对中共中央限制公权力的决心进行了清晰描述:"要坚持无禁区、全覆盖、零容忍,坚持重遏制、强高压、长震慑,坚持受贿行贿一起查,坚决防止党内形成利益集团。在市县党委建立巡察制度,加大整治群众身边腐败问题力度。不管腐败分子逃到哪里,都要缉拿归案、绳之以法。推进反腐败国家立法,建设覆盖纪检监察系统的检举举报平台。强化不敢腐的震慑,扎牢不能腐的笼子,增强不想腐的自觉,通过不懈努力换来海晏河清、朗朗乾坤。"①

(4)"司法独立"是宪法对于司法的根本原则,因为"法官的独立是保卫社会不受偶发的不良倾向影响的重要因素。"②(P394)司法机关独立行使职权包含多层含义:司法权独立于行政权、法院和法院之间的独立、法官的人格独立、法官的判断独立和法官的责任独立等。马克思也对司法独立有过经典比喻:"法官是法律世界的国王,除了法律就没有别的上司。"③(P181)我国法律对此也有明确规定,《宪法》第一百二十六条和《人民法院组织法》第四条都有相同的规定:人民法院依照法律规定独立行使审判权,不受行政机关、社会团体和个人的干涉。但是我国司法现状不容乐观,行政权支配司法权现象普遍,媒体监督忽视司法的特性和规律,"越位"现象比较突出。有的案件报道对司法机关正在办理的案件妄下结论,进行所谓的"媒介审判",影响司法公正。

提到自由平等总摆不脱与法制的关系。孟德斯鸠认为,"自由是做法律所许可的一切事情的权利。"④(P184)法国《人权宣言》中明确提到"在法律面前,所有的公民都是平等的。"马克思说:"法典就是人民自由的圣经。"⑤(P176)

这一切都说明自由是法律赋予并保障的公民权利,尽管现在法律条文上的自由平等和法律适用上的自由平等总是存在差距,而且差距的大小,总是在于立法者、执法者、司法者和包括媒体在内的整个社会力量的努力大小的结果。

"平等是社会主义法律的基本属性。任何组织和个人都必须尊重宪法法

---

① 《十九大报告中的"法治"之声》,光明日报,2017年11月9日
② (美)汉密尔顿、杰伊、麦迪逊:《联邦党人文集》,程逢如译,商务印书馆,1961年版
③ 《马克思恩格斯全集》(第一卷),人民出版社,1995年版
④ (法)孟德斯鸠:《论法的精神》(上册),张雁深译,商务印书馆,2004年版
⑤ 《马克思恩格斯全集》(第一卷),人民出版社,1995年版

律权威,不得有超越宪法法律的特权,绝不允许以言代法、以权压法、逐利违法、徇私枉法。"①

(5)"尊重保障人权"是法治精神的精髓所在。保障人权是以人为本的现代价值观的体现,是社会对人的生存发展状态高度重视的体现,也是对人在发展中的主体地位充分尊重的表现,唯其如此,才能确保人对发展的全面参与和对发展成果的平等分享。

自从 2004 年我国在《宪法》修正案中首次将引入"人权",明确规定"国家尊重和保障人权",到 2012 年我国修改后的《刑事诉讼法》将"尊重和保障人权"写入了总则,我国人权法律保护从无到有,从写入国家根本大法到写入实体法律,昭示着我国法治的进步。我们应当把公民能够平等、安全和自由地享受人权作为政府存在的目标。

十九大报告中对人权保障做了具体阐述:"永远把人民对美好生活的向往作为奋斗目标"的论断是推进公民基本权利、自由与合法权益全方位的法律保障的具体体现。科学立法、公正司法、严格执法、全面守法深入推进,法治政府、法治国家、法治社会建设相互促进,公民在国家政治生活中有了更大发言权,在经济社会生活上更有尊严,在司法个案中能够感受到公平正义,在人权法治保障领域的获得感稳步提升。②

中国人民大学人权研究中心主任韩大元教授认为人权法治保障应该是综合性表现,"即在经济、政治、文化、社会、生态文明等方面全面推进人权事业,保持人权发展的平衡性与全面性,保持政治权利、经济权利、民主权利、社会文化权利以及生态权利等一体保护。"③

南开大学人权研究中心主任常健对人权保障在法治精神各要素里的中心地位做了解读:人权法治化保障包含两个维度:一是对各项人权的保障法治化,二是在法治化建设中体现"国家尊重和保障人权"的宪法原则。人权法治化保障就体现在立法、司法、行政执法各个环节对公权的限制。比如,立法方面,明确行政权力边界,实施权力清单、责任清单制度,防止权力越界压缩公民人权的行使空间;严格规范行政执法,依法约束行政权力的行使,防止国家公

---

① 倪邦文:《全面依法治国是治理国家基本方略》,经济日报,2017 年 12 月 7 日
② 齐延平:《人权保障法治化水平是国家强大的重要标志》,人民日报,2017 年 12 月 16 日
③ 韩大元:《加强人权法治保障深化依法治国进程》,光明日报,2017 年 12 月 21 日

务人员滥用行政职权侵犯公民人权;有序推进行政决策民主制度建设,依法保障公民在行政决策中的参与权。对民生领域事项的决策,广泛征求意见,统筹兼顾不同群体的利益;有序推进行政监督制度建设,依法保障公民监督行政权力。①

(6)社会和谐首要的特征就是民主法治。只有加强法治,才能保障社会有秩序地运行,确保社会和谐稳定、国家长治久安、人民享有殷实安康的生活。因此,和谐社会和法治社会的目标是一致的,二者都追求在规则和秩序范围内的社会进步。和谐社会的构建必须弘扬法治精神,达致社会秩序井然、公平公正、人人安居乐业、各得其所、和睦相处的状态。②

2. 法治精神的新闻内容涵盖

法治精神的构成要素是一个相互联系的有机整体。宪法法律至上是限制公权力、实现公平正义、保障公民权利达到社会和谐的基础;权力监督有利于社会形成宪法法律至上的共识,也为公权力的阳光运行、实现公平正义、保障公民权利提供了有利条件。法治精神任何一个方面的实现都不是孤立的,片面的,而是相互成就,相得益彰的;法治新闻对法治精神的弘扬也是整体实现的,而不是割裂的。

(1)为创立"良法"提供支持。法律有"恶法""良法"之分。民主立法、科学立法是创立良法的必要条件。法治新闻传播为民主立法、科学立法提供了得天独厚的条件。

首先,法治新闻是实现民主立法的便捷渠道。近年来,全国两会期间几乎所有传统媒体都会开辟专栏,反映群众呼声。网络媒体更是活跃,利用自身互动方便优势以论坛、博客等方式收集公众的意见,并及时反馈给立法机构。2005年9月,全国人大常委会首次举行的立法听证会在新华网法治频道全过程在线直播,并搜集到大量群众意见。自此以后,越来越多的立法活动都有了公众的参与,确保立法工作具有坚实的群众基础,保证了立法过程的民主性。

其次,新闻参与是实现科学立法的保障。每年两会召开之前,新闻媒体通过对大量著名法学专家,司法工作者和政府工作人员的采访,了解他们对于当

---

① 常健:《中国加强人权法治保障》,人民日报海外版,2017年12月18日
② 刘微鹏:《正确理解法治精神的内涵》,光明网,2007年12月6日

前立法工作的意见和建议,这些专业人士的观点对人大代表科学提案提供不小帮助。从而使立法决策更加科学化,确保立法机关所立之法是"良法"而非"恶法"。

再次,法治新闻可以开阔影响立法群体的视野。这个视野的开阔一是靠媒体对社会日常问题的广泛报道,使许多容易被人忽略的立法领域进入立法视野,填补立法空白;二是靠媒体对国外法治状况的介绍,帮助公众了解国外法治最新变化,为我国立法提供参考。

最后,法治新闻有助于推动法制更新。社会发展变化和法律制度的稳定性之间的矛盾,总是使一些法制在社会管理中出现滞后性。法治新闻以其敏锐的嗅觉发现不适应社会发展的法制规范,通过曝光引起社会关注,推动过时的法律法规的废除或修改。以"孙志刚事件"为例,大学生孙志刚在广州被野蛮收容致死,事件被多家媒体报道后,受到社会各方的强烈关注。在舆论的推动下,生效多年的《城市流浪乞讨人员收容遣送办法》被废止,同时通过了《城市生活无着的流浪乞讨人员救助管理办法》。可以说,媒体对"孙志刚事件"的报道使中国法治建设迈出了新的一步。① 另外,赵作海冤案直接导致了2010年《关于办理死刑案件审查判断证据若干问题的规定》和《关于办理刑事案件排除非法证据若干问题的规定》的出台和五部门会签。清华大学刑诉法教授张建伟接受《21世纪经济报道》记者采访时说:"'两个证据规定'本来有较大阻力,最高法院曾预备单独出台,但赵作海案曝光后,最终由'两高三部'联合出台。"②

(2)对权力运行实行舆论监督。马克思对媒体的舆论监督权利给予积极肯定:"报刊按其使命来说,是社会的捍卫者,是针对当权者的孜孜不倦的揭露者,是无处不在的眼睛,是热情维护自己自由的人民精神的无处不在的喉舌。"③

在我国,舆论监督是宪法和法律赋予公民的基本权利。我国宪法第41条规定:中华人民共和国公民对于任何国家机关和国家工作人员,有提出批评和

---

① 唐杏湘,李志刚,匡映彤:《从孙志刚案看<城市流浪乞讨人员收容遣送办法>的废止》,律师世界,2003年第7期
② 《除涉外等领域政法委不再介入个案 须确保死刑案零差错》,21世纪经济报,2013年11月22日
③ 金伟:《马克思主义新闻自由观及其当代价值》,湖北社会科学,2013年第8期

建议的权利;对于任何国家机关和国家工作人员的违法失职行为,有向有关国家机关提出申诉、控告或者检举的权利。① 我国的刑法、人民法院组织法、刑事诉讼法等法律都对审判公开做出具体规定,方便包括媒体监督在内的社会监督。国务院颁布的《信息公开条例》和最高法的一些司法解释都是舆论监督的法制依据。

从实践来看,媒体监督确实是对抗强大权力失控的有效手段。媒体监督的力量来自我国媒体的文化沉淀。我国媒体的"喉舌"角色赋予媒体权威的力量,传统媒体长期党性原则的坚持获得社会强大的公信力,媒体背后庞大的受众群体更是无数监督的眼睛和嘴巴,这些眼睛和嘴巴是监督对象名誉的砝码。因此,舆论监督在我国有特殊的力量。当前我国网络反腐已经成为舆论监督的重要阵地,其威力已经得到社会的认可。社会上流行这样的说法:"不怕上告,就怕上报","防火、防盗、防记者"等。舆论监督的公开性、快速性和权威性使公共权力部门对媒体心存敬畏。

在网络技术环境下,新媒体的普及,更为舆论监督的有效开展提供便利。在这个人人都有麦克风时代,媒体对政府公职人员的不良行为及时公开曝光和制止,对公权力的监督和制约,保障了公平正义的畅通和公序良俗的维护。

(3)自觉维护司法独立。司法追求的价值目标是公平正义,公平正义的前提是司法人员在司法活动中保持中立;缺乏中立的司法就没有公平正义可谈。因此,我国宪法第一百二十六条规定:"人民法院依照法律独立行使审判权,不受行政机关、社会团体和公民个人的干涉。"②

当前媒体损害司法独立的现象比较严重。浙江省高院院长齐奇曾经披露,有的媒体是受当事人或律师所托,打着"舆论监督"的旗号,向法院提出无理要求,声称如不满足其要求,就要对案件进行炒作。③

在当前国情下,我国的审判的价值追求为媒体干预司法提供了可能。陕西省政法委书记曾经在谈到争议很大的药家鑫死刑案时说,"把法律效果作为基本标准,把政治效果、社会效果作为重要标准,最大限度地做到天理、国法、人情的统一。"④陕西省高院一位副院长就同一个案子接受媒体专访时表示:

---

① 《中华人民共和国宪法》,中国民主法制出版社,2004 年版
② 《中华人民共和国宪法》,中国民主法制出版社,2004 年版
③ 《浙江高法院长:个别人大代表投反对票要挟法院》,新民晚报,2013 年 3 月 11 日
④ 《陕西政法委书记:药家鑫被判死刑不单考虑法律效果》,法制日报,2011 年 7 月 4 日

网络媒体"监督无序,有些信息失实、恶意炒作、误导他人,甚至存在网络审判,影响我们正常的司法审判。"①有学者指出:如果司法政策要求法官在做出裁决时考虑非法律因素,例如民意、社会稳定、社会效果、"人民群众的感觉"等,而媒体言论又被看作测算这些非法律因素的标尺,那么法官(特别是审判委员会)就可能曲迎媒体言论,做出符合主流舆论的裁决。②

在法制完善的国家,媒体侵犯司法独立会受到严厉处罚。英国一个案例就很经典。一个叫黑格的人在被捕后受审之间,《每日镜报》标题以"杀人犯被逮捕归案"进行了报道,报道说,黑格已被指控为杀人犯,已交代了其他人,还供出了据说是被他杀害的死者的姓名。对此,首席法官非常愤怒,采取了严厉的惩罚措施,除了罚《每日镜报》一万英镑,还判了当天的编辑三个月的监禁。③(P48-P49)

为确保司法独立,我国政府立法、司法、行政多部门作出努力,制定多部法律和法规提供制度保障。我国《刑事诉讼法》从1997年到2012年的修订,都在第十二条保留这样的规定:未经人民法院依法判决,对任何人都不得确定有罪。1996年中宣部、司法等部门发布的《关于进一步搞好法治新闻宣传的意见》和2005年中宣部和中央政法委发布的《关于加强和改进案件报道的通知》就分别有这样的规定:"不对正在审理的案件作有倾向性的报道""不得超逾司法程序,不得违反事实和法律,不得擅自对案件定性。"

2009年12月23日最高人民法院下发《关于人民法院接受新闻媒体舆论监督的若干规定》,在要求人民法院应当主动接受新闻媒体的舆论监督的同时,也对新闻媒体行为作出若干具体限制。其中,"对正在审理的案件报道严重失实或者恶意进行倾向性报道,损害司法权威、影响公正审判的",将依法追究相应责任。④

(4)舆论监督能有效保障百姓的基本权利。由于公众知情权和监督权的让渡,媒体作为社会公器被赋予特殊的采访权和报道权,这种权力也得到法律

---

① 《陕西高院副院长谈药家鑫案:网络"审判"影响司法审判》,新京报,2012年3月13日
② 侯健:《媒体介入不会干扰司法公正》,文汇报,2011年09月19日
③ (英)丹宁勋爵:《法律的正当程序》,法律出版社,1999年版
④ 《最高人民法院关于人民法院接受新闻媒体舆论监督的若干规定》,中国法院网,2009年12月23日

的有力支持。执政党也常常把媒介批评作为保障公民权利的有效手段。媒体的介入常常成为保障弱势群体权利、推动问题解决的强大力量。比如,一妇女生孩子后,准备好了所需的所有材料去给孩子落户,派出所民警却告诉她,给孩子落户产妇必须先上环。这并没有法律依据。在家人到公安机关申诉屡屡碰壁后,媒体对公安机关这种做法进行了调查报道。第二天,孩子的落户手续便全部办妥。媒体监督用法治力量否定了这项侵犯人权的"土政策",打破理所当然的逻辑惰性,摆脱由来已久的麻木和漠视。①

3. 媒体功能理论视角下的法治精神

传播学理论中,拉斯韦尔的"三功能说"把大众传播媒介的功能具体为环境监测、社会协调、社会遗产继承。尽管后来其他学者进行了补充,比如娱乐功能、经济功能等,但是,据研究发现,具体到对法治精神弘扬层面,媒体的"三功能说"仍具很强的现实意义。

(1) 媒体环境监视功能与法治精神的弘扬

所谓"环境监视"是媒体以新闻手段不断向整个社会及时报告环境的变动。这有助于受众随时了解生存环境的新情况、新问题,以便思想上和行动上及时作出有效应对。

美国著名报人约瑟夫·普利策曾对此有过形象描述:假使国家是一条船,新闻记者应是站在船桥上的瞭望者,他要在一望无际的海面上观察一切、审视海上的不测风云和浅滩暗礁,及时发出警报。②

法治新闻在法治建设领域的"环境监视"主要有以下方面:

一是完善法制的主动性和敏感性。"有法可依"是依法治国的前提。在我国经济高速发展和社会转型的特殊时期,存在大量法律空白或者法制过时的情况。大量新的社会问题以法律问题的形式表现出来,迫切需要从法律上给出答案或以法律方式解决。一个重大、典型、具有高度新闻价值的公众关注的案件,常常会牵涉立法层面的问题,媒体从发现问题到推动解决问题,都应该发挥建设性作用。有人曾指出,媒体发现问题苗头的敏锐性、及时性和巨大的影响力,总是能使"很多问题已经或正在通过立法层面解决,包括但不限于对

---

① 肖芳:《舆论监督也是正能量》,青年记者,2013年9月(上)
② 申志远:《记者应是船头上的瞭望者》,新闻传播,2009年第5期

法律的创设、修订、废止、解释等活动,有效地解决了法律制度中存在的与现实或发展不相适应的问题。总而言之,媒体已经或正在通过受众实质性地介入到了立法活动中,为法律制度的不断完善发挥着积极的促进作用。"①近年来的媒介实践也证明了这一点:除了前述的"孙志刚事件"导致《城市流浪乞讨人员收容遣送办法》的废止和《城市生活无着的流浪乞讨人员救助管理办法》的出台外,"重庆最牛钉子户"报道引发的舆论热潮促使《国有土地上房屋征收与补偿条例》的出台,云南"躲猫猫事件"的新闻热议引发《国家赔偿法》的修订,农民工"张海超开胸验肺事件"的新闻曝光最终促成新的《职业病防治法》的诞生等案例不胜枚举。

二是守护法制的热情。因为"一切有权力的人都容易滥用权力,这是万古不易的一条经验,有权力的人使用权力,直遇到有界限的地方才停止。""要防止滥用权力,就必须以权力制约权力。"②(P184)事实证明,"如果一个国家的法律处于从属地位,没有权威,我敢说,这个国家一定要覆灭,然而,我们认为一个国家的法律如果在官吏之上,而这些官吏服从法律,这个国家就会获得诸神的保护和赐福。"③(P25)所以马克思积极倡导媒体参与制约权力的舆论监督:"报刊按其使命来说,是社会的捍卫者,是针对当权者的孜孜不倦的揭露者,是无处不在的眼睛,是热情维护自己自由的人民精神的无处不在的喉舌。"④法治新闻法治精神的表现理应包含对掌握公权者违法乱纪行为的勇敢监督和大胆揭露,这样,"能防止国家权力的滥用和腐败,保证国家机关和公职人员正确行使权力,把人民赋予的权力真正用来为人民谋利益。"⑤

当前,新媒体的普及使更多的公民参与到这一行动中来,它天然具有的广泛性、匿名性、便捷性、互动性等特征为舆论监督向更广更深的程度推进提供了有利条件。越来越多的被网络实名举报的违法乱纪高官的落马,证明了媒体护法的有效性。可以说,新媒体使民主进一步走近现实。

(2)社会协调功能与法治精神的弘扬

赖特把这种功能阐释为"解释与规定"功能。怀着聚合社会各团体和个人

---

① 周雪:《论媒体对立法的促进作用》,人大研究,2012年第8期
② (法)孟德斯鸠:《论法的精神》(上册),商务印书馆,2004年版
③ 法学教材编辑部:《西方法律思想史料选编》,北京大学出版社,1983年版
④ 徐光春:《江泽民新闻思想的核心内容》,新闻战线,2004年第2期
⑤ 《弘扬法治精神三人谈》,法制日报,2007年8月24日

对环境采取一致有效行动的"宣传"目的,大众传媒并不是单纯的从事"告知"活动,它所传达的信息中常常包含着对事件有态度的解释,暗示受众所应该采取的反应。简要地说,就是媒体的导向意识。导向性是新闻媒体的基本范畴,媒体通过将新闻事件加工处理,通过一定的宣传手段和表现形式进行信息扩散,突出信息的积极因素,引导人们从传播者希望的角度思考社会现状和政治格局,从而达到其引导群众思想的作用。舆论导向功能是新闻媒体的独具特征,无论是在人们的生活中,还是国家建设中都起着至关重要的作用。① 因此,前国家主席江泽民曾经说过,"舆论导向正确,是党和人民之福;舆论导向错误,是党和人民之祸"。②

媒体的法治精神作为多元价值追求的总和,具有明确的价值指向。媒体在彰显这种精神价值的过程中,舆论导向是必不可少的手段。这些手段可以从两个方面认识:

一是帮助公众建立规则意识。媒体通过传播活动,让公众认识:规则是事先由社会设定的,它为公民的行为划定了边界,……只要不超越法律的边界,就能获得合法权利,享受充分的自由,最大限度地发挥自己的能力,实现自我价值。而一切越过边界的行为,就可能为自己招来不愉快,招来惩罚。③《沈丘女子绿灯亮时过马路 被交警叫住获"奖励"》就是具有鲜明引导意识的典型新闻。对公众规则意识的"引导"除了对违法乱纪现象进行批评监督之外,对守法模范行为进行舆论褒扬是另一种有效方法。新闻通过对不闯红灯的女士的"奖励"向受众强调遵守交通规则的呼吁,事情虽小,却振聋发聩,令人深思。

沈丘女子绿灯亮时过马路 被交警叫住获"奖励"

大河报 2018 年 2 月 12 日

本报周口讯"这位大姐,刚才红绿灯时您能按时等候,这是对您的奖励。"昨日上午,周口市沈丘县街头,面对遵守法规、文明出行的市民王女士,交警刘涛给她送上一副新春对联。春节临近,返乡人员增多,县城通行压力增大,为了用实际行动倡导安全出行,沈丘县交警大队城市中队民

---

① 薄汉斌:《对当前电视新闻媒体舆论导向的思考》,青年记者,2012 年第 14 期
② 李炳孝:《牢牢把握正确政治方向和舆论导向》,求是网,2017 年 3 月 24 日
③ 《把法治精神真正融入到我们的生活中》,法制日报,2007 年 8 月 24 日

警自费购买春联,奖励遵守法规的出行市民。

据介绍,随着春节返乡人员增多,这几天沈丘县城的人流量、车流量增加不少。虽然通行压力增大了,但交通秩序却非常和谐,这与市民们的自觉、交警们的付出密不可分。于是,作为城区交警中队的中队长,刘涛萌发了购买春联奖励市民的想法。

在刘涛的带领下,沈丘县交警大队城市中队的民警们一起购买了200多副春联。昨日上午,在热闹的沈丘县富都大道与吉祥路交叉口,按照信号灯正常通行的市民王女士被交警叫住了。刚开始王女士一愣说"我是按绿灯走的呀",当得知要给自己奖励一副春联后,她有些不好意思地笑了起来。"谢谢交警,你们想得真周到,今后我更得遵守交通法规了。"王女士说道。

短短两个小时,交警送出了90多副春联,这些领到春联的市民们都很高兴。"给我们的交警点个赞,一副春联虽不值钱,但大家心里却感到很暖。今后我们会带动身边的人遵守交通法规,共同维护出行环境。"一路过市民说。(于扬 李玉坤)

二是帮助公众培养理性意识。在感性弥漫的社会,理性很多时候不占上风,尤其是要用规则规范行为的时候。媒体要通过各种新闻手段对各种社会意识和行为加以引导,使公众在浮躁的社会空气中变得沉稳而理性,并接受这样的道理:尊重别人,尊重社会,使人际关系在法律的框架内达到和谐、融合。"弘扬法治精神,也就是弘扬高尚和理性的精神,它将使我们生活于其中的社会,更加充满理性,更加高尚,从而实现社会的和谐。"①

下列"男同"结婚被拒的新闻后附了简短的"法官说法",对被拒的缘由作明晰的法理分析,对新闻可能引发社会情绪进行了理性疏导,避免了新闻可能带来的负面影响。这篇新闻法治理性充分,法治精神饱满。

长沙"男同"申请结婚登记被拒状告民政局法院 一审判决驳回诉讼请求

人民法院报 2016年4月14日

4月13日,湖南省长沙市芙蓉区人民法院依法公开开庭审理原告孙

---

① 《把法治精神真正融入到我们的生活中》,法制日报,2007年8月24日

文麟、胡明亮不服被告长沙市芙蓉区民政局婚姻登记行政诉讼案,并当庭宣判,依法驳回原告的诉讼请求。

法院审理查明,原告孙文麟与胡明亮自称男同性恋者。2015年6月23日,二人到芙蓉区民政局申请登记结婚,婚姻登记处工作人员以孙、胡二人的申请不符合《中华人民共和国婚姻法》规定的结婚登记条件,拒绝为二人办理婚姻登记。孙文麟、胡明亮认为我国法律没有禁止同性婚姻的明确规定,芙蓉区民政局的行政行为侵犯了他们的合法权利,急于履行行政机关应尽的职责,遂向芙蓉区法院提起行政诉讼,请求法院判令芙蓉区民政局为其二人办理结婚登记手续。

法院经审理认为,我国婚姻法对申请结婚以及办理结婚登记的基本程序等做了专门规定,我国相关法律、法规明确规定结婚的主体是指符合法定结婚条件的男女双方。孙、胡二人均系男性,申请结婚登记显然不符合我国婚姻法律、法规的规定。孙文麟、胡明亮的诉请理由不能成立,故依法作出上述判决。

鉴于孙、胡二人明确向法庭表示该案不涉及个人隐私,因此,芙蓉区法院决定公开审理本案,有近200名群众旁听了庭审。(曾妍 李革文)

■**法官说法**■

维护同性恋者作为公民依法享有的权利≠同性婚姻在我国法律中被认可

黄燕

4月13日,湖南省长沙市同性恋者孙文麟、胡明亮诉长沙市芙蓉区民政局婚姻登记行政不作为案在芙蓉区人民法院开庭审理,法院判决驳回孙文麟、胡明亮的诉讼请求。

2015年6月23日,男性同性恋者孙文麟、胡明亮到芙蓉区民政局办理结婚登记,工作人员以二人申请结婚登记不符合《中华人民共和国婚姻法》规定的法定结婚条件,拒绝办理。孙文麟、胡明亮遂以"不服婚姻登记行政行为"为由起诉该民政局,要求法院判令民政局对他们二人予以登记结婚。

这起行政诉讼案从立案之日就受到了媒体的跟踪报道和公众的关注,支持和质疑的声音都很热烈。支持者认为本案是一场具有标志性意义的诉讼,必将载入史册;批驳者认为法院是迫于立案登记制的压力错误立案,启动一场必败的诉讼是浪费司法资源。

纵观本案,法院从立案到审判在程序上均是依法进行的。2015年5月1日实施的新行政诉讼法规定,人民法院在接到起诉状时对符合本法规定的起诉条件的,应当登记立案。同日,最高人民法院出台的《关于人民法院登记立案若干问题的规定》规定:"人民法院对依法应该受理的一审民事起诉、行政起诉和刑事自诉,实行立案登记制;对起诉、自诉,人民法院应当一律接收诉状,出具书面凭证并注明收到日期。对符合法律规定的起诉、自诉,人民法院应当当场予以登记立案。"这些规定将我国法院适用多年的立案审查制变为了立案登记制,这种改变是为了解决人民群众反映强烈的"立案难"问题,保护民众的诉权。

(3)媒体社会遗产传承功能视角下的法治精神

赖特把这种功能称为"社会化功能",即通过"教育"使社会规范和知识等精神遗产代代相传;在传播知识、规范的过程中培育公民正确的价值观念,从而规范其社会行为。

法治社会的实现离不开这样两个条件,一是"硬件"——科学完善的法律法规,另一个是"软件"——公民法治意识的普及。"有了完善的法律和制度,如果人们的法律意识和法制观念淡漠,思想政治素质低下,再好的法律和制度也会因为得不到遵守而不起作用,甚至形同虚设。"①因此,正如应松年教授所言,在具有规则规范的前提下,"使法律精神普及社会、深入人心,对不遵守规则者,从教育到惩戒,刚柔并用,务使法律规则和法治精得到尊重。"②

诚然,公众不可能人人都是法律专业学历,学校的教育不仅有限而且知识也很容易过时,大家更不可能在经历形形色色的生活教训中增长法律知识。这一切都表明媒体对公众传递法治知识,培养法治意识具有必要性和紧迫性。媒体普法的形式多且灵活。有人在谈媒体的普法作用时曾乐观认为,人们通过现代传媒可以更直观地了解各种法律法规,学习法律知识;通过专家对法律事件的分析,可以提升对法律的认识;可以依照他人成功的法律维权经历,在自己遇到类似问题时也诉诸法律。随着普法宣传、法律报道的越来越广泛,知

---

① 江泽民:《江泽民论社会主义精神文明建设》,中央文献出版社,1999年版。
② 《弘扬法治精神三人谈》,法制日报,2007年8月24日

法、守法、用法的法律意识正在越来越多的人们的思想中形成,并将此付诸实践。① 当前自媒体让每个人手中的移动终端都成为随身携带的普法教材,时时伴随的贴身老师。

4. 媒体人主观能动性视角下的法治精神

辩证唯物主义认为,在物质决定意识的前提下,人的主观能动性往往在事物发展运动中起重要作用。可以说,在特定的社会环境下,媒体从业人员的主观努力,对法治精神的弘扬和全社会法治意识的培养起不可忽视的作用。

(1) 树立媒体的法治本位意识

在传播新闻过程中,媒体时刻保持法治意识,利用一切机会宣传法治知识,挖掘法治战线和社会生活中的法治新闻故事,宣扬平等原则,培养公民的民主意识和人权精神。我们把这种积极主动持之以恒地对法治精神的弘扬的执着状态称作媒体的法治本位意识。比如,有新闻报道说,顾客与一家米线店发生争执,女士被打成脑挫伤,丈夫被打断三根肋骨。今年6月法院判决米线店赔偿6.8万元。对方通过律师赔了3.8万之后,8月9日又拉来了整整一车10万个1角硬币,装了8个大口袋。15日,夫妇俩终于找到愿意接收的银行。银行18名员工数了一天,才清点了5000元。许多报道"用事实说话",只简要叙述了这个荒诞事件,缺乏对事件的法律观点。有些媒体法治意识明显,让新闻充满法治精神。比如河南商报的《夫妻被餐厅人员殴打获赔10万1角硬币》没有对这种"又好气又好笑"的新闻事件简单处理,而是让新闻凸显法治知识,指出"赔硬币事件背后的恶意",呼吁"法律应当再次发声,让那些赤裸裸的展露恶意者领罚"。

夫妻餐厅被殴打获赔10万枚1角硬币 律师:属违法

河南商报 2013年8月17日

8月15日,昆明市工商银行西市区支行为市民吴女士办理存款业务,吴女士带来的8袋1角硬币总计有1万元,18名工作人员从上午9点数到下午6点才清点了5000多元。吴女士说,这是她和丈夫被一家餐厅工

---

① 罗艺:《浅析大众传媒对现代法律意识形成的积极意义》,卫生职业教育,2009年第2期

作人员殴打,打赢官司后获得的赔偿款。

事件

8月15日,昆明市工商银行西市区支行为市民吴女士办理存款业务,吴女士带来的8袋1角硬币总计有1万元,18名工作人员从上午9点数到下午6点才清点了5000多元。

吴女士说,这是她和丈夫被一家餐厅工作人员殴打,打赢官司后获得的赔偿款。

银行工作人员将封存的硬币搬到小推车上,准备转移到银行3楼的会议室进行清点。工作人员方女士试图推小推车,结果小推车居然纹丝不动,最后还是由几名男性工作人员把这些硬币搬到了3楼。一名工作人员说,一袋硬币大约有50公斤重。

"不管是信贷科,还是运行内控科或者是个人金融业务科,凡是能抽调的人都调来了。"银行陆副行长说,银行有1元硬币数币器,但角币因厚度不均匀不能用数币器数,只能采取人工清点。

声音

赔硬币事件背后的恶意

用给对方制造麻烦的手段来"恶心"别人,是理不顺心中那一口乌气的表现,也是一种耍小聪明的手段。

其实,用硬币支付赔偿的事已不是首次。最近被曝光的一次是在7月,青岛一位乘公交车时摔破头的乘客得到公交公司3000多元的赔偿——全是硬币。其他的还有:今年4月在江苏,一个被诉欠薪的老板拿1.5万元1角硬币支付欠薪;2008年8月,无锡一位受工伤的小伙领到6.4万元硬币的赔偿,重近1吨,根本无法拿走……

类似的事之所以成为新闻,是因为人们可以从事件背后看出一些意味深长的东西。就昆明发生的"赔万元1角硬币"事件来说,其中既有输官司一方不想赔又不得不赔的纠结心态,又有胜诉方、警方、银行一方被迫花人力、时间应对的无奈心态,还有反思:这种凭空浪费大量人力和时间的不道德行为,该如何防止它再次出现?

其实,在国内之前发生类似事件时,律师已经做出了解读:这种行为属于违法。因为《民法通则》规定"民事活动应尊重社会公德",用硬币赔偿,违反普通人日常民事活动的惯例和公德。在整个社会面前赤裸裸地展露自己的恶意,无疑是一种非理性的冲动。作为调整社会关系的重要手段,法律应当在此事件中再次发声,让展露恶意者领受惩罚。

当前,新闻的法制缺位现象比较突出,"见事不见法"甚至"见警不见法"的现象并不少见。比如,《劫匪主动退还大学生财物:你们找工作也挺可怜》(南方日报 2012 – 03 – 13)只关注那位"狭义柔肠"的劫匪,《山东惠民县:小偷得手担心失主丢失身份证着急 主动联系送还》(中新网 2012 – 10 – 05)只颂扬那个"憨厚善良"的小偷,《鹤壁夫妻洗浴中心洗澡 抬头发现摄像头或遭偷拍》(河南法制报 2013 年 07 月 23 日)只关注了那对当事夫妻的惊恐,至于上述劫匪、小偷和偷拍者所应该承担的法律责任,新闻则只字未提。这种典型的"法制缺位"型新闻,是法治新闻灵魂缺失的表现,丧失了法治新闻应有的社会职责。

(2)报道中的法律专业表现

前边讲过,法律学科的专业性决定了法治新闻是一个专业性很强的报道类别,从词语表述到报道程序,都有严格的要求,新闻传播者必须具有扎实的法律知识的功底。但是,现实中媒体从业者有不少人处于"法盲"或者"半法盲"状态,不少法治报道显得比较"业余",外行话连篇,有些甚至公然践踏法制。这些"法盲"的主要表现有:一是专业术语错误,弄不清"侦查"与"侦察"、"村长"与"村委会主任"的差别;二是不懂办案程序里名称的差异,经常把"罪犯""犯罪嫌疑人"混淆;三是对司法机关主体职责不了解,有报道出现市委书记拍板定罪的现象,也有媒体越俎代庖,搞所谓的"媒介审判";四是新闻侵权现象经常发生,媒体常常陷入侵犯公民名誉权、隐私权的"雷区",不经意成了被告。

这种缺乏法律专业知识的新闻工作者,不仅不能在法治新闻传播中彰显媒体的法治精神,不能贯彻新闻为人民服务、为社会主义服务的方针,相反,他们本身就可能是社会的"麻烦制造者"。

(3)讲究法治新闻传播的策略和方法

让新闻彰显法治精神是一件长期复杂的工作。原因有多方面:其一,受我国长期封建文化的影响,某些陈旧意识(比如对权力的崇拜和宗族观念)一时难以消除,讲究门第出身和官官相护的特权思想依然严重;其二,长期革命斗争中,养成了党组织包办一切的惯性思维,人们习惯于用政策来调整许多本应由法律调整的社会事务,行政组织随意干预执法活动的现象不断发生;其三,法治精神内涵丰富,民众法治意识的培养绝不是一蹴而就的事情。所以,媒体工作者要解放思想,开动机器,用正确的策略和灵活的方法有效开展普法工作。

一是讲究多渠道传播法治新闻。与人们习惯的传统传播环境相比,现实是一个全新的传播环境,对此,中国人民大学新闻学院彭兰教授提出了"全媒体"概念,指出全媒体是指一种业务运作的整体模式与策略,即运用所有媒体手段和平台来构建大的报道体系。她强调,全媒体是在多平台上进行多落点、多形态的传播。[1] 现实中的传统媒体已经变成多媒体的综合体,无论纸媒体或者电子媒体都搭乘上网络的快车,形成"传统媒体+网络"这样的多渠道传播新闻的形态。电脑和网络的普及及手机接收终端的快速推广,更使媒体的影响力如虎添翼。充分利用媒体新技术,积极拓宽法治新闻的传播渠道,是彰显媒体法治精神的重要手段。

二是尝试新的传播法治新闻的策略。我们处在一个日新月异的变革时代,新事物、新思想不断涌现,人们对事物审美疲劳的周期逐渐缩短,不断创新成为个人和组织立足发展进步的必然路径。在法治宣传中,传统媒体过去那种呆板的"我播你听,我登你读"的模式早已过时,利用新媒体,采用新的传播策略是当下不二的选择。

策略一,创新传播形态。当前,为了应对新技术和传媒市场带来的多重挑战,传统媒体纷纷在传播形态上寻求创新,以求保持旺盛的影响力。现在,传统媒体都进行了传播形态的创新,利用二维码、图像识别等技术,将部分稿件由单一的文字形态转化为文字、视频、音频等多媒体形态。不少媒体的成功转型,"两微一端"的新闻关注量已经远超母媒,成为新的舆论传播阵地。

这对传统的专业法治媒体和其他涉法综合媒体有个很好的启示:不改变就死亡!那种认为法治信息以其固有的刺激性稳胜传媒市场,不需要在传播形态方面做出努力的想法是错误的。

策略二,注重新闻策划。在网络时代,很少有媒体能有发布独家新闻的机会了。许多媒体利用受众对新闻求新、求深、求全面的心理,把重点放到新闻策划上来,让同样的信息以全面、深刻、角度新颖而绽放独家光彩。法治新闻

---

[1] 彭兰:《媒介融合方向下的四个关键变革》,青年记者,2009年第6期

工作者也需要在这方面下功夫。《河南商报》《新京报》等媒体在聂树斌冤案平反的推动过程中,许多策划可圈可点。

策略三,在传受互动中传递法治思想。改变传统的"传者中心"思想,树立"受众中心"服务意识,是传统媒体放下身段适应市场的总体思路。加强传受之间的互动是新媒体环境下贯彻"受众中心"思想的一项重要举措。因为互动,传播者更加"知己知彼",增加了信息传播的针对性和有效性;因为互动,受众产生对媒体的信赖感。这不仅有助于把媒体做成市场品牌,也更有利于媒体服务社会。重视受众、注重传受互动也是媒体弘扬法治精神的值得借鉴的方法。比如,不少媒体开辟"记者跑腿"栏目,利用媒体的力量维护公民的合法权益,受到受众的喜爱。

5. 管理层面下媒体法治精神的弘扬

有组织的地方就有管理,有效管理是组织正常运行不可或缺的条件。管理层是行动目标的制定者,是目标实现过程中各种社会关系的调节者,是实施计划的组织者。"千军易得,一将难求"就是说优秀领导者对事业成功的重要性。就媒体行业而言,各级党政宣传部门和行业协会是行业的宏观管理者和指导者,媒体内部的管理层是媒体具体发展目标和规划的实施者。媒体在对朝着法治精神实现的目标前进过程中,亟需各级管理者发挥智慧,在管理中改革创新。

(1)创新管理模式,促进媒体从业者法治思想和业务素质的提高

现实中,"随着商业化和交往网络的密集,随着资本的不断投入和宣传机构组织程度的提高,交往渠道增强了,进入公共交往的机会则会面临着日趋加强的选择压力。这样,一种新的影响范畴产生了,即传媒力量。具有操纵力量的传媒褫取了公共性原则的中立特征。大众传媒影响了公共领域的结构,同时又统领了公共领域。"①(P15)当前,公共服务部门都已经认识到媒体的这种影响力,为顺应形势许多行政部门都设立了"新闻发言人",希望与媒体建立良性关系。但是,由于司法部门的特殊工作性质,媒体对有关部门的活动有"雾里看花"的神秘感,总是千方百计想使办案环节透明化。媒体不恰当的报道方式常常让政法机关忍无可忍又无可奈何,而政法部门由于对媒体活动特点和

---

① (德)哈贝马斯:《公共领域的结构转型》,曹卫东翻译,学林出版社,1999年版

规律不甚了解,常常不能与媒体形成良性互动,结果在社会舆论中常常焦头烂额。

在这种背景下,宣传部门完全可以和司法机关合作,创立"司法与媒体单位相互渗透学习指导"的合作模式,解决当下司法机关和媒体双方互相隔膜的矛盾。具体做法是,政法机关和新闻单位互相派人到各自单位"挂职",好处是,双方的合作不仅方便司法机关学会与新闻单位相处的本领,新闻单位也能弥补自身法治宣传的"短腿",使法治新闻传播更专业,更权威,更理性。

(2)提高媒体从业人员的法制素养

提高员工素养是一个老生常谈的话题。但对于媒体而言,从弘扬法治精神角度谈员工法制素养的提高,具有紧迫而现实的意义。具体可从以下三方面入手:

一是从高校直接将法律专业毕业生引进采编队伍,经过业务培训后从事新闻的采编工作,尤其是法治新闻采编工作。他们的专业素养不仅能帮助媒体在新闻业务上体现法治意识,而且会对同事处理问题的思维和方法产生影响,从传播源头上建立起屏蔽"法盲"行为的屏障。

二是对现有采编人员加强法治知识培训。新闻行业对从业者的知识结构要求是"杂家",不同的学科背景的人都有各自的专长,但有一种素养是必备的:法治素养。媒体有必要为他们提供必要的弥补法治素养"短板"的渠道。具体说来,可以用"请进来"和"走出去"两个办法。"请进来"除了请进司法专业人员给媒体工作者定期或者不定期地传授法治知识外,还可以请法治新闻的专业学者,给媒体工作者有针对性地进行培训。"走出去"就是派新闻从业者到司法机构去学习体验,或者到开设法治新闻专业的高等院校进修。

(3)采取措施提高法治新闻的媒体地位

现在,媒体对法治新闻存在矛盾心态:一边是对法治新闻的热烈追逐,一边不自觉地存在轻视法治新闻的心态。目前除了法制专业报刊,综合性报刊法治专版并不普遍;法治新闻往往与其他社会新闻一样处理;选题上追求凶杀色情之类的刺激性,写作上追求离奇曲折悬念性,而对受众法治教育的责任则被忽略。媒体法治精神的追求可以从媒体对法治新闻的重视开始。

首先,注重法治新闻的绩效考核。对于都市报刊而言,许多社会新闻都是法治新闻的极好素材,比如《男子车窗外吐酒头被撞掉 警察3公里外找到》(郑州晚报,2013年04月23日),报道一个令人极其震撼的离奇事件。新闻结尾记者借警察之口不疼不痒地告诫读者："吐酒时最好不要把头伸出窗外,尤其是深夜或者高速路上行驶,极易发生交通事故。"其实,新闻信息透露,这起惨祸的发生不仅是遇害者的责任,也与司机酒驾有关,这才应该是发生惨剧的根本症结,警告公众请勿酒后驾驶才是新闻法治精神的体现。如果媒体在考核中对法治新闻给予特别权重,多算绩效分值,就会提高记者发现新闻法治意义的积极性。这才是鼓励记者重视法治新闻的有效方法。

其次,在媒体内部诸多奖项中单列法治新闻奖。由于媒体内部奖项与从业人员的经济分配、晋级提拔等诸多利益挂钩,采编人员往往对此很在意。法治新闻奖的设立无疑会引起全体人员更多关注法治新闻。

再次,加强法治新闻的纠错奖惩机制。可以聘请法律工作者或者精通法治新闻的专家作为评阅员,专门挑剔法治新闻的瑕疵;同时内部员工也可以尝试首次发现错误奖励机制。

俗话说:"人叫人动人不动,政策调动积极性。"上述措施能增强法治新闻传播者的责任心。不仅能激发采编人员对法治新闻传播的量的追求,也能激发他们打造法治新闻精品的积极性。这种长效机制的建立能促使所有员工养成重视法治新闻的习惯。如此,法治新闻的法治精神就得以实现。

第六章

法治新闻的"法盲"现象

法治意识是法治社会建设的重要考量。新闻媒体作为公民法治意识培养的重要工具,应该表现出比其他社会组织和个人更敏感的法治思维和更成熟依法行事的手段。然而,现实却不容乐观:在国家强力推进"依法治国"的语境下,我国新闻媒体的"法盲"问题十分突出,违法行为层出不穷。

这里的"法盲"存在两种情况。一是媒体在报道涉法事件时,把法治新闻素材处理成了普通的社会新闻,新闻中不见法治知识,出现"法制真空"现象,大大降低了新闻的"含金量"。二是新闻中存在法律知识的"硬伤",使法治新闻在"法"面前露怯。这两种现象都是媒体法治精神之殇!

一、"法盲"表现一:"法制真空"现象

在全社会大力弘扬法治精神,建设法治国家的语境里,媒体作为推动法治建设的重要力量,理应具有法治敏感,处处利用能利用的案件传播法治知识,提高受众的法治意识。然而,在现实中,媒体践踏优质法治新闻素材的现象随处可见,见案件不见法,把非常典型的法治案件处理成普通的社会新闻,更多时候只是满足受众的娱乐需求。《劫匪主动退还大学生财物:你们找工作也挺可怜》就很典型。这条新闻里,面对劫匪的抢夺行为,新闻不仅没有告诉大家抢夺罪(包括抢夺未遂)的严重性,甚至让人觉得这两个劫匪的"侠义"简直值得大家赞美。

劫匪主动退还大学生财物:你们找工作也挺可怜

新华报业网　2012年3月13日

　　3月11日,大学生小刘在去面试的路上被一个人抢走了挎包。小刘借了朋友的手机拨打自己的手机打不通,但过后却发现收到自己手机发来的短信,劫匪告知了被抢证件存放地点。小刘拿回东西后又接到了劫匪电话,劫匪称"看你们大学生找工作也挺可怜的,手机还给你吧!"小刘借了朋友的手机,一遍又一遍拨打自己的手机,话筒里传来的却总是"您拨打的电话无人接听"。绝望时她却意外收到自己手机发来的短信:"我把毕业证放到哪里你来拿,我不想影响你的前途。"她连忙回复:"谢谢你!我是出来找工作的学生,毕业证对我真的很重要。"很快她就收到对方的回复:"你不要报警,放好会发信息给你,请原谅没家的人。"小刘拿到包后,劫匪竟然还打来电话,问她"手机还要不要"?惊讶的小刘看到包里的毕业证书完好无损,觉得已是不幸中的万幸,慷慨地告诉劫匪,"手机就算了,送给你了。"

　　小刘挂断电话后,执着的劫匪再次打来电话询问他们所在的位置,并称"看你们大学生找工作也挺可怜的,手机还给你吧!"小刘和朋友向劫匪告诉了自己的具体位置不久,身后传来"喂"的一声,一个人骑着摩托车把她的手机丢在地上,还没等他们反应过来,那人就迅速加大油门驾车离去。

二、"法盲"表现二:法治新闻的"硬伤"

　　所谓的"硬伤"就是法治新闻的内容直接与法制规范发生冲突,产生对媒体、法律及社会的三重损害。

1. 法治常识的错误

　　专业术语是相对日常用语而言的,一般指的某一行业的专有名称,一个学科,如果有不规范的术语、模糊的概念,就会引起学科理论体系的混乱,不利于人们知识的学习、应用和学科自身的发展。如果一门学科术语混乱,该学科就无法进行国际学术交流,其科学性也容易遭受质疑。社会上对规范学科术语问题一直也很重视。法律术语是具有专门法学涵义的语词,在法律制度中处于核心地位,这是在长期实践过程中逐渐明确且固定下来的。一个术语有可能表示一个法律概念,也可能表示一种法律制度,甚至会与特定的历史背景相连接。与其他行业术语一样,法律术语具有结构固定、含义确切的性质,不能随意替换字词,更不能对其望文生义。不幸的是,就是这些构成法制体系的基本单位,却成了法治新闻的重灾区。比如,有的新闻把"犯罪嫌疑人"称为"罪犯"或者"犯罪分子"的,有把"拘留"说成"坐牢"的,有把"村民委员会主任"称为"村长"的,有把"侦查"写成"侦察"的,当事人被警察带走问询就称为"抓起来"或者"逮捕"的。更有新闻分不清"起诉书"和"起诉状"、"被告"和"被告人"、"原告"和"原告人"、"议案"与"提案"、"拘留"和"逮捕"、"权利"和"权力"、"定金"和"订金"、"罚金"和"罚款"。

陈力丹教授曾就"庭审"写成"过堂"、把领导干部称为"父母官"现象提出批评,认为把现代法庭审判说成是"过堂",是这些年传媒较为普遍的情形。比如《解放日报》关于张二江受审的报道标题《过堂竟像做报告》,《北京娱乐信报》关于庭审冠丰华案的报道标题《黑老大咆哮公堂拒不认罪》,《广州日报》的《"狂魔"邱兴华今日过堂》的标题都是如此。陈教授指出,"过堂"是指中国古代社会行政官员审案,这些官员多数并无法律知识,也没有一套严格的法律审判规则,"过堂"与现代法庭的庭审的性质完全不同。将古代的这个概念无条件地指代现代法庭,是不严肃的,舆论导向存在明显的错误。我们的传媒曾经热衷于把人民共和国的县长称为"父母官",这在观念上颠倒了公务员与人民的关系。①

有些法治新闻使用法制术语的混乱甚至达到触目惊心的地步。拿"村委会主任""村长"来说,2014年7月13日《新京报》刊发题为《村民打死村长"南霸天"近百村民联名上书求情》的新闻,全文14处使用了"村长"一词,更诡异的是,文中还有4处"村主任"。比如,"侯志强当选了村长,得票数接近全票","在侯志强当选村主任之前""村主任是村民自治组织选出来的"。

在建国初期,我国农村基层组织设有"村长"一职。但是,在1998年修订的《村民委员会组织法》第六条规定:"村一级基层组织设村民委员会,村民委

---

① 陈力丹:《以法治精神报道法治新闻》,"陈力丹的博客",http://blog.sina.com.cn/chenlidan,2007-02-05

员会由主任、副主任和委员若干人组成。"这样一来,从法律意义上说,我国媒体在《村民委员会组织法》生效后,"村长"一词,就应改为"村民委员会主任",或简称"村委会主任"。

2018年2月3日,《环球时报》刊登题为《全国关注的汤兰兰事件中,你们最关心的问题都有权威答案了》的新闻,其中对此前"澎湃新闻"和《新京报》对汤兰兰案件的质疑给出法律解释,新闻指出此前媒体报道的"法盲"现象,其中包括对法律用语的不准确。这篇新闻,法治知识丰富,针对性强,对新闻"扫盲"提供了一个良好的范例。

全国关注的汤兰兰事件中,你们最关心的问题都有权威答案了

环球时报 2018年2月3日

2007年,年仅14岁的汤兰兰(化名)以被强奸为名将包括自己父母在内的亲人、乡邻共计十余人举报至司法机关,导致11人获刑。10年后,高呼冤枉的汤母刑满释放,但却因汤兰兰改名并迁户而一直无法与之联系。汤母转而求助媒体,于是,一则标题为"10年前,14岁的她以性侵等罪名把全家送进监狱,然后失踪了……"的文章与一则标题为"被全家性侵的女孩,不能就这么失联着"的文章相继登上了"澎湃新闻"和《新京报》,两篇报道中还列举多处当年案件证据中的可疑之处,并将汤兰兰现在的户籍信息部分处理后公开。一桩陈年旧案就这样被推上了舆论的风口浪尖。

作为一名检察官,在没有看到原始卷宗的情况下,我无法对案件是否公正办理作出客观判断,但目前已知的关于此事件的信息中,蕴含了几个法律问题,值得探讨。

一、汤兰兰有权"失联"吗?

澎湃新闻和新京报中关于被害人汤兰兰的状态分别使用了"失踪"和"失联"一词。严格来说,认定一个人"失踪"是一个法律上的判断。我国《民事诉讼法》中有关于"宣告失踪"的规定,即被宣告人下落不明满2年,经利害关系人书面提出申请,法院经法定程序可以宣告其为"失踪人"。根据报道中的信息,被害人汤兰兰更名迁户的事实已经得到了证实,仅是本人尚未主动露面,并不符合法律关于失踪情节的认定,所以不能定性为"失踪"。

《新京报》没有使用"失踪",而是用的"失联"。"失联"本身具有相对性,即"某主体与另一主体失去联系"。尽管不是一个法律概念,但不等于不会产生法律后果。如果我们要讨论汤兰兰有无权利失联的问题,需要分情况讨论。

首先,汤兰兰有权和母亲失联吗?如果不考虑本案的其他背景情况,单从母女关系的角度说,作为亲生子女,汤兰兰对父母的赡养义务是法定的,在有能力赡养的情况下,不能出于拒绝赡养的意图而故意与亲生父母失联。但本案显然不属于这种情况,因为就目前的情况看来,汤母找汤兰兰的目的是了解当年的案情,并非要求汤兰兰对其赡养。况且在本案中,汤兰兰和其母亲之间的关系为被害人与加害人的关系,其为了抹掉不堪回首的记忆,决定更改姓名、迁走户籍也完全在情理之中。

其次,汤兰兰有权与媒体"失联"吗?我觉得这是一个伪命题。因为汤兰兰从来没有跟媒体联系过,谈不上失联。并且汤兰兰也没有义务与媒体联系。从另一个角度看,让性侵案件的被害人反复回忆被害经历本身就是对人的再次伤害,媒体并无这个权利。

那么谁有权利让汤兰兰"复联"呢?如果当年的案件确实出现了新的情况,导致司法机关需要重新启动对案件的调查,那么经司法机关传唤,汤兰兰必须出面。如果那时候汤兰兰让司法机关与其"失联",一定会承担相应的法律后果。

二、案件细节能否披露?

人们对公平正义的需求决定了我们对任何一起被媒体曝光的司法案件都有深入探知真相的欲望。所以在相关的报道中,我们看到了汤兰兰案中的一些证据细节、以及汤兰兰的部分身份信息。甚至有声音称,司法机关应当将该案的证据向社会披露。然而,这样做可以吗?

网传汤兰兰交给警方的举报信

有人可能会说:"为什么不可以?案件已经有了生效判决,相关证据已经不是秘密了,完全可以向社会公开。"但是事实并非如此,并不是所有刑事案件的信息都能向社会公开的,有些案件哪怕是在宣判后,相关证据的细节都不能公开。如涉及国家秘密、个人隐私以及涉及未成年人的刑事案件,即便是整个诉讼流程结束之后,案件的实质信息(尤其未成年当事人的身份信息)仍然要对公众保密,这是法律在对隐私权及知情权两种法益权衡之后做出的选择。

本案属于强奸犯罪案件，被害人当年尚未成年，不论从个人隐私还是从涉及未成年人的角度，都不属于可以公开的案件。因此，向社会披露案件证据细节的做法是违法的，这构成了对汤兰兰隐私权的侵犯。

三、汤母翻案，有可能吗？

我国的刑事审判实行"两审终审"制，即一个案件经过两级人民法院审理后，即应得出生效裁判。但这并不意味着生效判决不会被推翻。"再审"制度就是为纠正错误的生效判决而设计的，汤母想要翻案，只能通过这一程序。

然而，为了保持法院生效裁判的既判力，再审程序的启动被法律规定了较高的门槛。我国《刑事诉讼法》第二百四十二条规定："当事人及其法定代理人、近亲属的申诉符合下列情形之一的，人民法院应当重新审判：（一）有新的证据证明原判决、裁定认定的事实确有错误，可能影响定罪量刑的；（二）据以定罪量刑的证据不确实、不充分、依法应当予以排除，或者证明案件事实的主要证据之间存在矛盾的；（三）原判决、裁定适用法律确有错误的；（四）违反法律规定的诉讼程序，可能影响公正审判的；（五）审判人员在审理案件的时候，有贪污受贿，徇私舞弊，枉法裁判行为的。"

从上述条文可以看出，汤母想要翻案，首先要启动再审程序，而要想启动这一程序，要么向法院提供足以推翻原生效判决的新证据，要么提供认为原审判决事实不清或者审判程序严重违法、审判人员存在贪贿等行为的充分理由。如果仅仅是表达不满的情绪或反复提交相同的证据，这样的申诉恐怕难以达到法律规定的标准，自然不会引起再审程序的启动。

四、如果案子真的错了，谁来承担这个责任？

最后，我们在这里假设一种最坏的情况：当年汤兰兰的举报不实，所有被判刑的人员均是无辜的，这就是一起冤假错案。如果真是这样，谁来对此事负责呢？

首先，当然是国家。国家机关及其工作人员因行使职权给公民、法人及其他组织的人身权或财产权造成损害，依法应给予的赔偿。错误的判决导致公民受到了错误的追诉，当事人可以申请国家赔偿。当然，金钱赔偿永远不能完全弥补司法不公给被害人带来的伤害，尽最大可能减少冤假错案的发生才是司法人员不断追求的目标。

其次,汤兰兰是否应当承担责任呢?根据我国《刑法》第二百四十三条的规定,捏造事实诬告陷害他人,意图使他人受到刑事追究的,构成诬告陷害罪。但是,案发当时汤兰兰年仅14岁,依法不对诬告陷害罪承担刑事责任,所以无法以诬告陷害罪对其定罪处罚。因此,即便汤兰兰当年实施了诬告行为,对其也只能以道德加以谴责。

最后,我不愿意相信正值花季的少女会选择用毁掉自己的方式让身边至亲至爱的人陷入万劫不复的深渊。如果这是一场闹剧,那它最终演化成了无人幸免的灾难。希望大家能够少一些猜度,多一分理性,还当事人一个安静的空间,把查明真相和公正执法的责任交给司法机关。(张洋:北京市人民检察院第一分院检察官助理,赵鹏:北京市人民检察院公诉部副主任)

2. 展现作案现场细节

法治新闻报道中的这种违规细节多种多样。常见的有三类:

一是详细描绘暴力犯罪过程,展示血腥场面。这类细节会"给受害人及其亲属的伤口上撒盐,无异于第二次伤害,加重他们的痛苦;这种渲染血腥和残忍的报道方法,会使受众产生恐惧与不安,加重人们的不安全感,引发恐怖效应。"[①]

二是新闻详细披露违法犯罪分子的作案手法可能刺激那些潜在作案者的心理,诱发犯罪欲望。"在当今大众传媒时代,新闻报道是人们重要的信息和知识来源。媒体报道暴力犯罪案件,可以满足人们认知社会环境和增长知识的需要,但是也可能成为潜在作案者学习犯罪的'读本'和'范例'……如果在报道过程中,详细描述暴力犯罪的过程,展示暴力犯罪的细节,则可能扩散暴力犯罪的方法和手段,甚至有可能使新闻报道成为潜在作案者学习暴力犯罪行为的'实用信息'。'跟着媒体学犯罪'的现象曾在国内外出现过不少。"[②]

三是对公安人员对案件的侦破过程和侦破手段一览无余地进行展示,增强违法犯罪人员的反侦察能力。

《刑法》中所说的"传授犯罪方法",是指以语言、文字、动作、图像或者其他

[①] 王勇:《暴力犯罪新闻报道的导向把握》,新闻实践,2011年第9期
[②] 王勇:《暴力犯罪新闻报道可能产生的负面影响》,新华网,2011年11月9日

方法,故意将实施某种犯罪的具体方法、技能、经验传授给他人的行为。传授犯罪方法罪在客观上只要求行为人实施了传授犯罪方法的行为,只要行为人故意地向他人传授犯罪方法,即可构成本罪。至于行为人是否教唆被传授人实施犯罪,也无论被传授人是否实施了传授人所传授的犯罪方法,是否已经造成实际的危害结果,都不影响本罪的成立。① 这样,只要法治新闻中披露违法犯罪行为的细节,客观上就可能构成了传授犯罪方法。

笔者在网络上搜到多条"ATM 机上假币换真钞"的违法犯罪新闻,比如《南方日报》的《男子受报纸启发 在 ATM 机上用假币换真钞被抓》(2008 年 8 月 22 日),《富阳日报》的《ATM 机上假币换真钞》(2013 年 4 月 24 日),《钱江晚报》的《ATM 机上玩"调包"假币换真钞 小伙被拘留 5 天》(2014 年 11 月 19 日),《皖江晚报》的《男子受电视启发 与 ATM 机拼智商用假币换走真钞》(2015 年 4 月 17 日)。据新闻中违法犯罪分子交代,他们的犯罪技巧都是从媒体上学到的。

男子受报纸启发 在 ATM 机上用假币换真钞被抓

南方日报 2008 年 8 月 22 日

在柜员机取款时,用 100 元假钞换掉真币,并故意超时不取款待柜员机自动收回,第二天竟去银行讨钱。"我是从报纸上看到这个'偷梁换柱'的手法,想换取柜员机的真钞,结果被民警抓获了。"昨日下午,湖北人王某向记者讲述其诈骗银行的经过。

南海公安分局有关负责人说,这是南海发生的第一宗这样手法的诈骗案,警方将会依法对王某作出处罚。

据王某交代,8 月 7 日 11 时左右,他拿着信用卡到南海区桂城某银行的柜员机取款。王某按照程序取款 300 元,柜员机吐出 300 元之后,王某拿出一张 100 元假钞,和柜员机里其中的一张对换,等超过默认时间,柜员机自动收回 300 元人民币,然后离开。

第二天,王某来到该银行对前台的服务员说:"我昨天在这银行取款的时候,没有来得及拿钱,钱就被吞回柜员机。"前台服务员叫他过几天再

---

① 杨孟辰:《电视节目"传授"高科技盗窃方法 作案工具网上横行》,人民网,2012 年 5 月 8 日

来,等银行下班之后检查柜员机后再给答复。昨日下午,王某再次来到该银行时,立即被民警抓住。

"王某说自己取钱时下雨,忙着打伞没有来得及取钱。并且要求我们做解释。"该银行职员陈某介绍,8月8日下午银行在清点柜员机的钱时,发现废钞箱有2张100元和1张面值100元的假币,于是银行通过录像资料发现放该假币的人就是王某,立刻报了案。

记者追问王某那张100元假钞从哪里得来时,王某说8月6日他在广佛火车站附近吃晚饭结账时被人换掉的。(作者 海鹏飞 吴学军 肖鹏军)

许多治安案件的信息披露是受法律法规限制的,法治新闻是有"红线"的,如有违反是要受到法律制裁的。比如《宪法》第一百二十五条、《民事诉讼法》第一百二十条、《行政诉讼法》第四十五条都在提倡审判公开的同时做出类似的规定:涉及国家秘密、个人隐私的除外。我国《刑法》第二百九十五条规定"传授犯罪方法的,处五年以下有期徒刑、拘役或者管制;情节严重的,处五年以上有期徒刑;情节特别严重的,处无期徒刑或者死刑。"《出版管理条例》第二十六条明确禁止传播的内容也有"教唆犯罪的"内容。《广播电视条例》第三十二条也有类似禁止"渲染暴力"的规定。

3. 追求低俗内容

媚俗,就是想方设法利用各种方式取悦于人。新闻媚俗就是指媒体在新闻报道中,忽视社会价值,以低级趣味迎合受众需求的行为和现象。有业内人士指出,法治新闻在与受众互动过程中,可能会陷入内容琐碎、报道浮于表面、缺乏深度挖掘而忽视新闻整体的品质和格调的问题中。现在的法治节目受到越来越多的关注和欢迎,这在很大程度上是出于人们与生俱来的好奇心,而不是对于法律知识本能的关注。……如果我们的节目内容琐碎、媚俗,不注意舆论导向,格调庸俗,一味迎合受众的口味,更会带来严重的后果。①

媚俗新闻中,大多热衷传播淫秽色情内容。淫秽信息是指在整体上宣扬淫秽行为,挑动人们性欲,导致普通人腐化、堕落,而又没有艺术或科学价值的文字、图片、音频、视频等信息内容。淫秽信息包括:淫亵性地具体描写性行

---

① 王丽霞:《法制节目媚俗化的表现及危害》,青年记者,2010年第17期

为、性交及其心理感受;宣扬色情淫荡、淫乱形象;淫亵性地描述或者传授性技巧;具体描写乱伦、强奸及其他性犯罪的手段、过程或者细节,可能诱发违法犯罪;具体描写少年儿童的性行为;淫亵性地具体描写同性恋的性行为或者其他性变态行为,以及具体描写与性变态有关的暴力、虐待、侮辱行为;其他令普通人不能容忍的对性行为淫亵性描写。色情信息是指在整体上不是淫秽的,但其中一部分有淫秽内容,对普通人特别是未成年人的身心健康有毒害,缺乏艺术价值或者科学价值的文字、图片、音频、视频等信息内容。①

因为淫秽色情信息容易诱发人的不良欲望,对社会尤其对青少年危害性极大,许多法律法规都对其传播明令禁止。

我国《刑法》第三百六十三条规定:"以牟利为目的,制作、复制、出版、贩卖、传播淫秽物品的,处三年以下有期徒刑、拘役或者管制,并处罚金;情节严重的,处三年以上十年以下有期徒刑,并处罚金;情节特别严重的,处十年以上有期徒刑或者无期徒刑,并处罚金或者没收财产。为他人提供书号,出版淫秽书刊的,处三年以下有期徒刑、拘役或者管制,并处或者单处罚金;明知他人用于出版淫秽书刊而提供书号的,依照前款的规定处罚。"

《出版管理条例》第二十六条禁止宣扬的内容里包含"淫秽""暴力"内容;《广播电视条例》第三十二条禁止传播的内容也含有"宣扬淫秽、迷信或者渲染暴力的"。

然而不少相关媒体对此充耳不闻,视而不见,肆无忌惮追逐色情、凶杀、暴力。尤其是"把关人"不够强大的网络新闻,媚俗性新闻泛滥成灾。郑州大学研究生郭北晨在对商业网站的法治新闻研究中发现"媚俗化"严重倾向。比如,巴山财经网法治新闻样本数据统计结果显示,该网站新闻对凶杀、暴力、涉性类法治新闻的报道比例占法治新闻样本总量的 36.4%,而"360 新闻"网站对凶杀、暴力、涉性类法治新闻的报道比例居然高达 40%,导致在浏览 360"热点新闻"推送时,一眼望去,遍布着"强奸""杀人""卖淫""吸毒"等词汇。研究还发现,法治新闻的"标题党"问题也比较突出。巴山财经网典型的新闻标题有《男子和美女聊天至凌晨四点被判刑,因为啥?》《我在宾馆卖淫,快来把我抓回去》《男子泡吧遇美女酒托,畅聊后美女从良》《离异夫妻滚床单 4 小时,女方突然拔刀就刺……》《一对情侣闹分手竟在酒店裸奔,更离谱的是……》《男子

---

① 《哪些是淫秽和色情内容?》,新桂网,2004 年 8 月 4 日

与妻子两地分居,为找快感居然偷女子内衣》等等。必须指出的是,巴山财经网对这类新闻报道时,除了使用极具诱惑力的新闻标题,为使新闻更加吸引用户,通常给新闻配上色情图片,且图片与新闻内容并无直接关系,导致新闻信息虚假。①

甚至有些党媒居然也置"党性原则"于不顾,不惜突破法律红线,传播媚俗信息。这种现象从国家广电管理部门对一些省级人民台的批评可见一斑。

广电总局批四川电台夜间节目淫秽不堪

新京报　2007年9月6日

本报讯(记者王荟)广电总局昨日通报批评四川人民广播电台和成都市人民广播电台严重违规,制作播出"含性"节目。严禁各级广播电视播出机构播出各类"含性"的低俗下流节目。

广电总局指出,四川人民广播电台经济节目、交通广播和成都市人民广播电台交通文艺频道、经济频道近期在每天21:00以后,"用2-3小时公然谈论、肆意渲染描述性生活、性经验、性体会和性器官,大肆吹嘘性药功能","内容淫秽不堪,色情下流,严重污染社会风气,败坏广播电视声誉"。

《通报》责令上述两台立即停止播出相关节目,并对有关责任人进行认真查处。

广电总局明确要求,各级广播电视播出机构不得策划、制作和播出违背伦理道德、亵渎科学文明的节目栏目。凡涉及性生活、性经验、性体会、性器官和性药功能等的节目栏目,一律不得策划制作播出,正在制作播出的必须立即停止。各级广播影视行政部门和播出机构应深刻吸取四川省广播影视局、四川人民广播电台和成都人民广播电台的教训,时刻保持清醒的政治头脑,摒弃一切低俗、色情、下流内容。

4. 新闻侵权频发

随着我国法治体系的完善和全社会法治意识的提高,公民维权意识空前

---

① 郭北晨:《公共治理视野下我国商业网站法治新闻传播研究》,郑州大学硕士论文,2017年,http://www.doc88.com/p-9748631182105.html

提高,新闻侵权事件不断进入大众视野。当前我国的侵权案件多集中在媒体对公民"名誉权"和"隐私权"的侵犯,对未成年人权益的熟视无睹。

自媒体的普及使侵权信息成为法治新闻的高发区。虚假新闻不断威胁公民名誉权,"人人都有麦克风"使隐私权的保卫更加困难,许多对未成年人犯罪的新闻报道中,都肆无忌惮地越过相关法律的红线。

"女子去丽江旅游被打"事件在2017年2月份颇受公众关注,腾讯网2月23日转载中国青年网新闻《丽江被打毁容女子伤情鉴定出炉:轻伤2级》,报道直接刊登了受害人的照片,未对照片做任何处理,侵犯了受害人隐私权。同样是这条新闻,凤凰网在转载时则对受害人脸部打了"马赛克",表现出应有的法律意识。

以全国瞩目的李双江之子轮奸案为例,当事人作为未成年人,按照《未成年人保护法》规定,新闻报道不能披露他的真实姓名、住址等身份信息。但是国内几乎所有的媒体在报道中都没有遵守有关法规,虽然偶尔有所顾忌地用"李某某",但在标题中或者按语中还是忍不住把他的名字泄露出来。

央视证实李双江之子涉嫌轮奸涉案细节曝光
中国新闻网　2013年2月23日

2013年2月23日,中央电视台《共同关注》以向全世界宣布:北京市公安局海淀分局今天就李双江之子李天一涉嫌强奸女子一事进行了通报。警方透露,2013年2月19日,海淀分局接到一女事主报警称,2月17日晚,其在海淀区一酒吧内与李某等人喝酒后,被带至一宾馆内轮奸。接警后,分局立即开展工作,于2月20日,将涉案人员李某等五人抓获,现该五人因涉嫌强奸罪被刑事拘留。

此前,22日上午,有媒体从业人员"王丰-SCMP"爆料,一名叫"李冠丰"(原名:李天一)的年轻男子被警方以涉嫌轮奸刑事拘留。

李双江之子原名李天一,出生于1996年4月,父母系知名歌唱家李双江和梦鸽。2011年9月,时年15岁的李天一,无照驾驶一辆宝马汽车,和同伴苏楠在北京海淀西山华府小区门前殴打一对夫妇,并损毁他人机动车辆。此后,李双江亲自出山与受伤夫妇会面,双方达成和解。而因李天一尚未成年,故因寻衅滋事罪被政府收容教养一年,并于2012年9月获释。

当前,我国在保护公民个人权利方面已经形成完备的法律法规体系。我国《宪法》第三十七、第三十八、第三十九、第四十条等,都对隐私权保护提供了法律依据;从民法保护来看,我国《民法通则》第一百零一条规定了公民的人格尊严受法律保护,2010年生效的《侵权责任法》第二条明确提出了"姓名权、名誉权、荣誉权、肖像权、隐私权"保护,在我国《民事诉讼法》第一百二十条、第六十六条,在《刑事诉讼法》的第一百五十二条,《行政诉讼法》的第四十五条中,都不同程度地规定了保护隐私权的具体措施,以有效保障公民的隐私权益。在其他的部门法律中,例如《律师法》第三十三条,《治安管理处罚法》中第四十二条,《统计法》第十七条,《妇女权益保障法》第四十条、第四十二条,都有不同程度地规定了对公民隐私权进行保护。

我国在保护未成年人合法权利方面也非常重视。1999年6月全国人大常委会通过的《预防未成年人犯罪法》第四十五条第三款规定:"对未成年人犯罪案件,新闻报道、影视节目、公开出版物不得披露该未成年人的姓名、住所、照片及可能推断出该未成年人的资料。"

2006年12月全国人大通过了修订后的《未成年人保护法》第五十八条规定:"对未成年人犯罪案件,新闻报道、影视节目、公开出版物、网络等不得披露该未成年人的姓名、住所、照片、图像以及可能推断出该未成年人的资料。"新法律将限制披露的主体扩大到了网络新兴媒体。在自媒体时代,普通公民在具有公共传播功能的微博、博客等网络空间,也应受到不得披露未成年犯罪人身份信息法律规定的约束。

1995年《公安机关办理未成年人违法犯罪案件的规定》第五条规定:"办理未成年人违法犯罪案件,应当保护未成年人的名誉,不得公开披露涉案未成年人的姓名、住所和影像。"最高人民检察院2002年颁布2006年修订的《人民检察院办理未成年人刑事案件的规定》、最高人民法院2001年颁布的《关于审理未成年人刑事案件的若干规定》均禁止披露未成年犯罪嫌疑人、被告人的身份信息。

专家认为"未成年人犯罪案件的信息披露限制制度仅仅是禁止披露未成年人罪案中犯罪未成年人的身份信息,而不是未成年人犯罪案件本身。只要媒体对未成年犯罪人的身份信息予以了保密,对于罪案本身报道、评述、分析、研究均是允许的,也是合法的。"①

有学者以隐私权保护为例解读了个人权利保障的原由:"有的隐私,如个人的某些不良癖好、一般的婚外性行为、已成过去的青少年时代的某些劣迹等,如果擅加公开或重新公开,确会遭到社会非议,影响个人社会评价。保护这类隐私,并不在于社会的贬损性评价是不恰当的,而在于这类事情与社会公共生活没有关系或者已经没有关系,不应当由社会加以评价。除非这是出于公共利益的需要,如选拔或监督官员。"②

5. 新闻报道超越司法程序

人习惯把凌驾于司法之上、干预和影响司法的媒体行为称为"媒介审判"。"媒介审判"的典型表现是案件审理过程之中,媒体超越司法程序对案情抢先作出定罪、定刑期以及胜诉或败诉等结论。因为报道的事实往往是片面的,大多使用煽情的语言,极容易对法庭独立审判形成不良影响,从而造成不公正的判决结果。

复旦大学法学院教授侯健对我国媒体影响司法审判的机制做过清晰阐述。他认为:"如果没有体制的压力,法官一般不会理会媒体言论。也就是说,真正影响司法独立审判的,并非媒体言论,而是不合理的司法体制。"他引用英国已故法官丹宁的话来阐明这个道理:"从职业性质来说,一位训练有素的法官不会受到他在报纸上读到或在电视上看到的任何东西的影响"。但是在我国,传媒对正在审理的案件报道可能引起某些领导的重视,批示"依法严惩"或"限期解决",因而给法官造成压力。这种压力并非来自传媒的舆论压力,而是法官所不能抗拒的来自更高层权威人物的政治压力。另外,如果司法政策要求法官在做出裁决时考虑非法律因素,例如民意、社会稳定、社会效果、"人民群众的感觉"等,而媒体言论又被看作测算这些非法律因素的标尺,那么法官(特别是审判委员会)就可能曲迎媒体言论,做出符合主流舆论的裁决。③

上海社会科学院法学研究所夏晓龙又对民意的合理性表示了担忧:民意是理想化的,普通民众不完全懂法律的规定,也无法对证据进行事实还原,只

---

① 姚建龙:《涉罪未成年人身份信息不应违法披露》,检察风云,2013 年 6 期
② 陈绚:《媒体"炒作"会不会导致"新闻审判"》,新华网,2003 年 6 月 17 日
③ 《司法审判中的媒体介入》,文汇报,2011 年 9 月 19 日

主观判断谁是好人谁是坏人,主观愿望就是好人好报、坏人除掉。民意是感性的,舆论监督只可能对程序公正作出监督,而实体公正只能在法律专业人士基于证据分析判断还原案件事实和法律规定的基础上得出,不可能是简单地顺从民意。①

正因为如此,媒体这种超越司法程序的报道行确实为法律所不容。比如,在刑事案件判决之前对涉案人员抢先作出有罪的结论性报道,违反了《刑事诉讼法》第十二条中关于"未经人民法院依法判决,对任何人都不得确定有罪"的条款。在结案之前抢先对案件作出倾向性报道,直接违反了《民事诉讼法》确认的诉讼主体的平等原则。而早在1996年中共中央宣传部、全国人大常委会办公厅、司法部和新闻出版署等部门下达的关于法治新闻的意见,也明确要求"不对正在审理的案件作有倾向性的报道"。②

由于我国媒体存在传统的思维惯性,不顾相关法律法规的禁令,所谓的"媒介审判"在司法报道中不时发生。令人瞩目的诸如张金柱交通肇事案、湖南女巨贪蒋艳婷案、辽宁刘涌涉黑案、云南李昌奎杀人案、药家鑫肇事杀人案等,媒体都以不同的方式介入案件报道,在法院最终未下判决前给案件定性判罪,有些对司法公正带来不良影响。

6. 泄密事件时常发生

国家保密局根据《中华人民共和国保守国家秘密法》制定的《新闻出版保密规定》对媒体新闻传播的保密措施做了详细规定。但是,国家保密局一位领导人曾经透露,媒体泄密是我国保密领域的重灾区,在军事、政治、经济、科技等领域普遍存在。

单就案件报道而言,媒体随意公开举报人信息的事件屡屡发生,给当事者及家人的生命及财产安全带来威胁。比如,有媒体在报道2013年8月初上海高院法官被指召妓案时,毫不顾忌地说:"记者调查得知,爆料者名为倪培国,此前系上海雨捷实业有限公司董事长。"③《沧州日报》也曾经因为泄露举报犯罪嫌疑人而惹来新闻官司。

---

① 《司法审判中的媒体介入》,文汇报,2011年9月19日
② 陈绚:《媒体"炒作"会不会导致"新闻审判"》,新华网,2003年6月17日
③ 李洪鹏:《法官招嫖疑有纪检干部》,法治晚报,2013年8月6日

我国《宪法》《刑法》《刑事诉讼法》《行政监察法》《人民检察院举报工作规定》《人民检察院刑事诉讼规则》等都有类似"为举报人保密""保护举报人合法权益"的规定。

在《信息公开条例》里,第十四条、第二十三条、第三十四条对保密内容做了明确规定。例如第十四条规定:"行政机关应当建立健全政府信息发布保密审查机制,明确审查的程序和责任。""行政机关不得公开涉及国家秘密、商业秘密、个人隐私的政府信息。但是,经权利人同意公开或者行政机关认为不公开可能对公共利益造成重大影响的涉及商业秘密、个人隐私的政府信息,可以予以公开。"

其中第三十五条对五种违反该条例的情形,提出"由监察机关、上一级行政机关责令改正;情节严重的,对行政机关直接负责的主管人员和其他直接责任人员依法给予处分;构成犯罪的,依法追究刑事责任。"

为保障该条例的顺利实施,最高人民法院在2011年8月颁布的《最高人民法院关于审理政府信息公开行政案件若干问题的规定》明确提出了"关于政府信息公开的5类案件,法院应该受理。如果公民认为政府提供的政府信息不准确要求更正被拒的案件,法院应该受理。"[①]

特别需要指出的是,公安侦破案件的技术手段也是媒体泄密的重灾区。这些技术侦查措施通常包括电子侦听、电话监听、电子监控、秘密拍照、录像、进行邮件检查等秘密的专门技术手段。

我国《刑事诉讼法》第一百四十八条、一百五十一条、一百五十二条都明确规定技术侦查是侦查机关为了侦破特定犯罪行为的需要,根据国家有关规定,经过严格审批,才能采取特定技术手段。这说明这些手段是有涉密性质的。有些媒体为了满足受众的好奇心理,不惜以身试法泄露秘密。

正义举报引来祸端 媒体报道成导火索
举报人状告警方媒体泄密索赔百万

中国青年报 2005年11月1日

2003年12月,河北省某县农民刘某(为保护举报人,隐去其真实住

[①] 邢世伟:《最高法明确:政府拒绝信息公开 法院应受理起诉》,新京报,2011年8月15日

址、姓名,下同——编者注)举报了一名犯罪嫌疑人,没想到,其举报行为被当地一家媒体公开报道出来。随后,种种麻烦纷至沓来,刘某不得不举家搬迁,但仍然难以摆脱种种困扰和压力。近日,刘某和其妻子将涉嫌侵害隐私权和名誉权的南皮县公安局、《沧州晚报》及相关记者告上法庭,索赔经济损失26.7万元、精神损失80万元。

蒙面歹徒抢劫杀人潜逃

2003年11月25日,河北省南皮县潞灌乡农村信用社龙堂村代办站会计李天福被蒙面歹徒杀死在家里,7600元现金被抢。歹徒作案手段十分残忍,经尸检发现,李天福身上有20多处锐形伤口,其中左胸和腹部10多处,致心脏破裂死亡。案件发生后,河北省公安厅领导高度重视,要求迅速破案。案发当晚,南皮县警方成立专案组,全力投入案件的侦破当中。

11月28日,办案民警获悉,南皮县焦山寺村村民蔡宝玉曾于25日晚19时30分,带两名外地口音人员到本村的三姐家住宿。第二天离开后,遗留下一件带有血迹的防寒服。紧接着,办案民警又从蔡妻口中得知,26日中午,蔡宝玉去了天津。在天津警方的协助下,专案组对蔡宝玉在天津可能藏身的10余处地点进行监控,最终一无所获。

刘某大义灭亲向警方举报

刘某回忆说,他和蔡某是朋友,2003年12月3日晚上8时许,自己和妻子晚饭后正在看电视,蔡宝玉从外面慌慌张张地进来,一头就扎进没有开灯的房间里。

蔡宝玉战战兢兢地讲述了伙同另外两人抢劫信用社代办站并杀死会计的情况,让刘某给他一辆自行车,准备亡命天涯。刘某被蔡的犯罪行为所震惊,经过思考,他选择了报警。刘某以"外面工人都认识你,你不能这个时候走"为理由,稳住蔡宝玉后,偷偷溜出来,给盐山县公安局打了报警电话。盐山县公安局接报后,迅速派人赶到刘家,并将犯罪嫌疑人蔡宝玉抓获。

蔡宝玉落网后,很快供述了勾结天津人任秀川、山东人王广虎抢劫杀人的经过。蔡宝玉在一审被判死刑后,二审又改为死缓。但另外两名犯罪嫌疑人却至今没有抓获。

举报人被媒体公开报道

2003年12月30日,《沧州晚报》以《"没抓没挠"生恶念抢劫杀人哪里逃》为题,报道了南皮县公安局对蔡某等人抢劫杀人案的侦破经过,其中详细地讲到了刘某的举报。

看完报道后,刘某犹如当头挨了一棒。他所居住的村庄与蔡宝玉所居住的焦山寺村虽分属两个县,但相距却不过几公里,附近村庄的人都知道两家人要好。虽然报道中没有提到刘某的名字,但村名和姓氏足以让周边的人作出比较准确的判断。

先是亲属和朋友指责他多事,接着村里人对他也议论纷纷,一些老熟人见到他,甚至低头躲开。更让刘某担心的是,蔡某的两个同伙还潜逃在外。为了安全和安宁,刘某不得不举家搬迁,在外面租房居住,他办的工厂也不得不停业。

然而,搬家以后,蔡某的一些亲属和朋友还是多次找到刘某的新家,严重干扰了刘家的正常生活。2004年12月28日,蔡家的人又找到刘某说日子没法过了,刘家不得不给了他们1000元钱。

诉至法庭索赔106万

刘某了解到,《沧州晚报》的报道是以南皮县公安局办案人员的介绍为依据的。他找到南皮县公安局及上级公安机关,要求追究泄密民警的责任,赔偿自己和家人的精神损失和搬迁带来的经济损失。今年5月,南皮县公安局答复说,记者稿件没经公安机关审核,泄密责任在记者,公安机关没有赔偿义务。《沧州晚报》相关记者则表示,记者是根据警方提供的情况进行客观报道的,所以不承担责任。

今年7月,刘某向沧州市中级人民法院提起诉讼,将南皮县公安局、《沧州晚报》及相关记者告上法庭,要求被告赔偿其拆迁费3.2万元、租赁费8.5万元、停产费15万元,赔偿精神损失费80万元并公开赔礼道歉。8月29日,沧州市中级人民法院正式受理此案。

此案在当地影响很大,此间一位法律人士表示,举报犯罪行为是每个公民应尽的义务。公民举报犯罪行为,往往冒了很大风险,一旦暴露身份,会给自己带来很多不利因素。依据公安部制定的《公安机关办理刑事案件程序规定》,公安机关有为举报人保守秘密的责任。公安机关在侦破案件的同时,应该妥善保护举报人的利益,为更多公民举报犯罪行为创造一个良好的社会环境。(刘树鹏 许海涛)

7."新闻式广告"泛滥

"新闻式广告"一直作为违反广告法的行为广遭诟病,而"新闻式广告"在法治新闻中较为常见。

所谓"新闻式广告"是在新闻版面上的新闻报道中隐藏着明显的广告内容。

《广告法》第十三条规定:"广告应该具有可识别性,能够使消费者辨明其为广告。大众传播媒介不得以新闻报道形式发布广告。通过大众传播媒介发布的广告应当有广告标记,与其他非广告信息相区别,不得使消费者产生误解。"

当前的"新闻式广告"分为两类:一种是最常见的以新闻面目出现的广告软文,另一种是比较隐蔽的植入性广告,即在报道新闻的时候,把广告元素植入其中。下面两条法治新闻存在的问题就比较典型。

"漂亮的女人爱JJ"雷人广告牌现闹市 被指是情色

中原网 2010年3月11日

9日晚,本地多家论坛出现一条《今天银基广告可雷人》的帖子,"漂亮的女人爱JJ"的大型雷人广告牌现身闹市,有网友留言称这个创意绝对故意。对此,市民建议相关部门尽快撤下这个广告。

网友:银基雷人广告"绝对是故意的"

9日晚8时许,网友"skip001"在多家本地论坛发帖《今天银基广告可雷人》,多张图片都显示银基商贸城楼顶广告牌上有着"漂亮的女人爱JJ"的广告语,这一显著的广告语之下是一行"韩国JJ时尚女装登陆银基二楼韩国时尚中心"的小字。

这一网帖出现后,网友普遍用"雷人"一词评价这个广告。"小刀@中国"认为:"搞这个创意的人,绝对是故意的"。"freeguy"则将这一广告语和之前引起讨论的宜春市旅游广告语放在了一起,认为"真是一个炒作的时代……无语了"。

市民:希望相关部门尽快撤下这个广告

"这广告词太那个了,我们成年人几乎都会想歪,不撤下去会教坏孩子的。"30多岁的市民马女士表示,这个广告牌是近日才换上去的,希望相关部门尽快将其撤下。

本报换客群内不少网友表示,类似的广告语在生活中已经比比皆是,很多商家都在追求语出惊人的宣传效果,而不管是否涉及情色或让市民感觉不适。

"越打擦边球越有人看,商家就这样达到了宣传目的,折磨的却是普通消费者的神经。"网友"王老虎"说,希望有关部门加大对这类广告的监管力度。

市工商局:涉嫌情色的广告没经过审批

昨日16时许,记者拨打郑州银基商贸城有限公司电话,一名工作人员表示,户外广告是进行独立核算的,他们并不知道具体运作的情况,估计是交给广告公司去运作了,而韩国JJ时尚女装可能是刚刚进入银基二楼,具体情况也并不是很清楚。

记者随后与市工商局取得联系,该局广告处一工作人员表示,他们还不知道银基商贸城出现了这样的户外广告,不过将会派人前去调查处理。工作人员基本确认银基商贸城上出现的争议广告牌是未经审批的户外广告,具体怎么处理将会在到场调查落实后再作决定。

在这条新闻里,表面是报道广告商的违法行为,并受到行政处罚,其实变相为广告品牌做了广告。广告文字和新闻图片中都清晰显示出广告客户的经营地址,甚至经营摊位的准确位置都一目了然。

人民币图案印上优惠券招揽生意 公司表示立即改过

广西新闻网－南国早报 2007年07月24日

广西新闻网－南国早报南宁讯（实习生张晓微记者刘治理）南宁一保健公司为招揽生意，在开业优惠券上印制百元面额的人民币的部分图案。当得知此举违反《中华人民共和国人民币管理条例》相关规定后，该公司表示会立即取消优惠券的派发。

7月23日上午，在南宁市教育路五叉路口处，一家名叫宿吧保健的公司门口，一位工作人员正向行人发放人民币大小的优惠券。记者看到，该优惠券的左边上面印着"优惠券"字样，下方印有十分逼真的百元面额人民币局部图样，并加了一行小字："优惠幅度超百元？"右边是该保健场所各项服务的优惠广告。

该公司工作人员告诉记者，优惠券上个月就开始派发了。记者告之对方私自将人民币图样印到优惠券上属违法行为，他们称并不知道有这方面的规定，但表示会立即取消优惠券的派发。

根据《中华人民共和国人民币管理条例》第三章第27条的规定，未经中国人民银行批准，不得在宣传品、出版物或者其他商品上使用人民币图样。

这条新闻在叙述事实过程中把商家名称和详细地址都透露出来，表面是对商家不法行为进行批评，其实也为批评对象起到广告作用。当前这个领域是"法盲"的高发区，违法行为屡禁不止。

8. 以道德标准代替法律裁判

道德准则和法规条文在社会判断系统中分别属于不同的层次，其执行手段也分别属于迥然不同的"软""硬"性质。二者联系密切但是却不能混淆。在媒体报道活动中，以道德判断替代司法裁判的情况屡见不鲜。若干年前，四川省技术监督局由于印制假冒商标一事对一家印刷厂给予处罚。该厂对此提出异议，认为技术监督局属于越权而提起行政诉讼。依照《行政诉讼法》规定，公民、法人具有正当的诉讼权，然而在这个事件中，许多媒体以诸如《打假者怎能有错》《制假者是过街老鼠，谁都该打》《恶人先告状》《制假者状告打假者，咄咄怪事》等新闻标题大肆报道,这实际上是否定了公民、法人的正当诉权。①在 2016 年广受社会关注的江歌一案,因为江歌妈妈和涉事人刘鑫的"出镜",舆论喧嚣。有文章里对刘鑫一方多次出现情绪化的"混蛋""人渣"词汇。文章称,江歌被害之后,刘鑫和她全家内心"没有一丝愧疚""没有一次反思";对于视频里刘鑫把江歌妈妈往自己身上揽,文章称其是"想强行制造一个和解的画面。"更可怕的是,在文章的最后,召大家签名支持陈世峰死刑。并称,"听说之前日本有先例,有人死刑请愿人数多达 33 万,法院就判了死刑。现在支持陈世峰死刑的人,已经有 29 万了。"《新京报》发表评论认为,这属于"偏执一方、绝对化、诛心式的定论",是媒体的道德审判和情绪宣泄,是对法律和当事人人权的不尊重。②

法律人士王陶陶曾经举例说明道德评判代替法律评判的不可靠性:如果媒体在报道上面提到的偷窃案例时,仅仅谈到了偷窃,那么民众就会顺理成章地认为这个人有罪;如果媒体在报道偷窃时,强调这个女人偷盗是为了孩子,那么民众就会对这个小偷产生同情;如果媒体在报道偷窃时,还陈述了孩子的无助,那么民众很可能会给这个小偷捐款;如果媒体在报道偷窃时,还提到了被窃超市的冷漠无情和为富不仁,那么民众甚至就会认为这个小偷是无辜的。③

王陶陶认为,由于大多数知识分子与民众往往对完美的道德充满了不切实际的向往,他们的情感既敏感又脆弱,他们常常因震撼人心的感动瞬间而痛哭流涕,或者为了那些令人愤慨的只言片语而义愤填膺,却极度缺乏对法律规则的基本坚守。"道德审判之所以乱象重重,并非她的本性不善,而在于她的评判标准是如此的多样化,以至于极易沦为被有心者操控的工具。"④

所以,王陶陶说:如果您真正热爱这片土地,那么不如从尊重法律的权威做起,少谈点道德,多讲点法治,一步步改善当前的现实,使之成为一个尊重契

---

① 付松聚:《我国"媒介审判"现象流变探析》,学理论,2011 年第 10 期
② 与归:《江歌案:杀气腾腾的咪蒙制造了网络暴力的新高潮》,新京报,2017 年 11 月 13 日
③ 王陶陶:《道德不能主宰审判:法律的威严比什么都重要》,知乎专栏,https://zhuan-lan.zhihu.com/p/26088250
④ 王陶陶:《道德不能主宰审判:法律的威严比什么都重要》,知乎专栏,https://zhuan-lan.zhihu.com/p/26088250

约、权限分明、不做蠢事的国家。①

9.新闻来源违法

新闻来源违法主要有两种表现,一种是采访手段违法,另一种是转载过程违法。

虽然媒体是社会公器,但我国法律并没有赋予其特殊采访手段的权力。有些记者以采访需要为借口,不惜采用违法犯罪手段进行"体验式采访",赌场、色情场所都留下过记者的身影。南京某报记者钟某曾经打入一盗自行车团伙内部,共同参与盗车15辆并参与分赃。后来在钟某举报下将作案的嫌犯抓获。虽然最后因为报社证明记者的行为属职务行为而未被法律追究,但办理该案的检察官仍然认为,钟某已涉嫌盗窃罪,触犯了刑法。②

发达的网络技术不仅方便了用户新闻信息的获取,也方便了媒体信息的传播。《互联网信息服务管理办法》禁止商业网站传播原创内容,在国家网信办印发《关于进一步加强管理制止虚假新闻的通知》中明确指出:"严禁网站不标注或虚假标注新闻来源"。③ 但是,郑州大学研究生郭北晨在对一些商业网站的法治新闻研究后发现,不少媒体法治意识淡漠,工作作风粗糙,他们都突入传播原创内容的法律禁区。比如,巴山财经网在339条法治新闻样本中发现有43条未标注新闻来源。腾讯网开设的"娱乐"栏目里,90%以上的新闻被冠以"腾讯娱乐",属于网站原创内容。其他诸如"腾讯图片""今日话题""腾讯大家"等自创栏目,选取网友投稿进行新闻推送,打法律的"擦边球"。腾讯网试图通过自创栏目在一定程度上弥补其"二传手"的传播弱势,增加网站的魅力,使网站发出了自己的"声音"。④

事实上,媒体的"法盲"表现远不止这些。

---

① 王陶陶:《道德不能主宰审判:法律的威严比什么都重要》,知乎专栏,https://zhuan-lan.zhihu.com/p/26088250
② 崔洁等:《卧底女记者偷车犯罪吗》,检察日报,2014年3月23日
③ 李晓喻:《中国官方要求严厉整治网络虚假新闻》,中国新闻网,2016年7月4日
④ 郭北晨:《公共治理视野下我国商业网站法治新闻传播研究》,郑州大学硕士论文,2017年,http://www.doc88.com/p-9748631182105.html

三、法治新闻"法盲"现象原因分析

造成媒体"法盲"的因素多种多样,主要分析下面几个方面:

1. 经济利益的诱惑

媒体的市场化运作,新媒体的挑战,使媒介处于"买方市场格局"中,媒体间的相互竞争日趋激烈。媒体作为市场竞争主体不自觉地把经济效益放在首位,从而忽略社会责任。为获得受众注意力,不惜降低道德门槛甚至放弃基本操守的现象见怪不怪。

以2017年2月5日的(网络新闻频道)《今日热点》推送的《女尸被解剖时惊悚复活并掌握超能力 看的人都吓尿了》为例,这条没有新闻来源、图文错位、时间久远、且涉性的虚假新闻,就是靠其惊悚煽情的特点,居然支撑着网页上52条广告。

马克思曾经引用英国工会活动家、政论家托马斯·约瑟夫·登宁说过的话:"一旦有适当的利润,资本就胆大起来。如果有10%的利润,它就保证到处被使用;有20%的利润,它就活跃起来;有50%的利润,它就铤而走险;为了100%的利润,它就敢践踏一切人间法律;有300%的利润,它就敢犯任何罪行,甚至冒绞首的危险。"①(P266)

2. 行业监管不力

我国政府传统的治理存在的弊端有:治理主体单一、"全能与全责"政府职能导致职能"超载";条块分割管理结构导致治理效率低下。尤其是"运动型"治理方法更是广遭诟病。周期性、阶段性的"运动型"治理方法只是"头痛医头、脚痛医脚",事先缺乏全面、科学的规划,强化了治理主体与治理对象在"突击检查"与"灵活应对"策略框架下的博弈行为,对违法者的威慑效用递减,降低了政府治理的整体效益,容易陷入"突击解决—迅速见效—问题反弹—再突

---

① 《马克思恩格斯选集》(第二卷),人民出版社,1995年版

击解决—再反弹"的恶性循环。①

3. 新闻队伍素质不尽人意

近年来新闻队伍急剧扩张,很多缺乏专业训练的人员进入新闻队伍;加上一些学校法治教育的缺失,都是造成新闻队伍法治意识淡漠的重要原因。2014年3月31日,国家新闻出版广电总局通报的查处的8起典型新闻敲诈案件就很能说明这个问题。②

4. 媒体管理者存在短视行为

在媒介行业改革以前,媒体属于党的一个部门,记者的身份是干部,作为党与人民的"喉舌"的角色,新闻单位与社会其他组织一样将"毫不利己、专门利人"视为崇高的精神境界,新闻媒体不存在特殊利益,也不屑于商业利益,记者的职业价值与群众利益高度一致,很少发生媒体行为与社会利益产生冲突的现象。媒介行业改革以后,媒体的企业性质得到确认,其"经济主体"的角色得到加强,媒体的生存压力不可避免地被分解到新闻从业者身上。在社会利益与媒体利益产生冲突时,新闻单位的小团体利益的优先选择便不可避免。有些媒体管理者,由于缺乏长远眼光,只顾眼前利益,不惜以身试法,使媒体饮鸩止渴的违法行为层出不穷。

四、法治新闻"法盲"的危害

媒体作为社会的精神导师,其法盲表现会给社会带来巨大危害。

1. 对社会产生误导

在传统观念中,媒体不仅是信息和知识的传播者,也是人们的精神导师。当媒体传播封建迷信信息的时候,就会使一部分人树立或者坚定唯心主义观

---

① 王洛忠,刘金发:《中国政府治理模式创新的目标与路径》,理论前沿,2007年第6期
② 张贺,郑海鸥:《国家新闻广电总局通报8起违法违规新闻单位》,人民日报,2014年6月19日

念;当媒体为了经济利益不惜突破道德底线,甚至公然践踏法律法规的时候,就会在社会带业恶劣的示范效应。本来是非观正确的受众从媒介的拟态环境中发现很多人在不当得利,且没有得到应有的惩罚,他们原有的是非观就会动摇;当他们发现这样的人和事越来越多,且媒体也失去道德法律底线的时候,这些受众的三观就会被颠覆。

2. 损害法治尊严

法律法规是社会的行为准则,是人们思想和行为的高压线。媒体屡越法治的红线而未受到应有处罚,"法律面前人人平等"就成为一句空话,法治就会被社会视为"摆设",失去人们的敬畏感,从而丧失尊严。

3. 损害媒体声誉

媒体依靠长期的正义行为及严谨的工作态度,在公众中积累起很强的公信力。这种公信力不仅是媒体力量的源泉,也是自身发展壮大的基础。一旦媒体忽视公信力维护,追求商业利益的心情急切,屡屡做出缺德违法的事情,必然蚕食宝贵的公信力,最终会声誉扫地,为受众所唾弃。这种"法盲"式法治新闻传播行为无异于饮鸩止渴、自毁长城,更容易招致治理性"死亡"。

4. 损害政府形象

长期以来新闻媒体,特别是党报党刊扮演着党和政府的"喉舌"的角色,媒体无知的"法盲"行为无疑会损害政府形象,降低政府的权威,消解政府的凝聚力和号召力。

五、应对法治新闻"法盲"现象的建议

减少媒体的"法盲"现象,提高新闻传播者的法治意识,需要采取综合措施,多管齐下。

1. 加强行业监管,建立媒体不当行为监督处罚机制

政府主管部门作为行业政策的制定者和监管者,对行业行为负有领导责

任。针对当前媒体的"法盲"现象,媒体管理部门当务之急应从两方面着手:

首先,在评议机制中对新闻的违法行为进行全面严格的把关。加强审读力量,组织专业程度高的审读队伍,对媒体"法盲"现象细致排查,详细记录,并定时公开,真正让违反法规者"红红脸""出出汗"。

其次,对存在"法盲"的新闻,应追究有关领导的责任。对新闻"法盲"行为的表现,上级主管部门以往的作为常常是"干打雷不下雨",大多是业内通报一下便没了下文,有些连通报都没有。对此大家习以为常。这种"有法不依""违法不究"的做法损害了法制威严,助长了践踏法制的胆子,进而造成恶性循环,败坏了行业风气。行业主管部门要硬起手腕,加大违反法律法规的惩治力度,把媒体违法违规行为记录与有关媒体领导和责任人的职务升迁和经济利益挂钩,在全行业形成对违法新闻传播行为的高压态势,从而培养媒体对法治的敬畏感。①

2. 提高媒介从业人员的法治素养

这是一个老生常谈的话题,却具有紧迫而现实的意义。正如前文所述,培养媒体从业者法治素养具体可从两个方面入手:

一是从高校里直接将法律专业毕业生引进媒体队伍,从源头上建立起屏蔽"法盲"行为的屏障。

二是对现有采编人员加强法治知识培训,用"请进来"和"走出去"两个办法提高从业人员的法治素质。

首先,丰富法律知识,熟悉法律常识。比如明白"起诉书"和"起诉状"的差异:起诉书是人民检察院即公诉机关代表国家为追究被告人刑事责任而向人民法院提起公诉时所用的一种有特定用途的法律文书,而起诉状则是公民、法人和其他组织为维护自己的合法权益而向人民法院提起民事、行政诉讼时所用的诉状。

明白"被告人"和"被告"不是一回事:被告人是在刑事诉讼中被追究刑事责任时,对有犯罪嫌疑的一类人的统称;而被告则是民事、行政诉讼中原告认为其侵犯了自己合法权益而对其提起诉讼的相对方。

其次,明白法律术语的"排他性",减少使用的随意性。法律术语都是表达

---

① 郭克宏:《论新闻媒体的"法盲"现象》,采写编,2015年第1期

一个特定的法律概念,其结构和词义单一且固定。任何情况下任何人对其的解释必须是同一的。比如"罚金"不等于"罚款":罚金是刑罚里的一种附加刑,它的执行是通过法院对犯罪分子采取强制力实现的;而罚款是行政处罚的一种,是由国家行政机关强制违法者执行的。即便有些词语一时弄不明白,也会仔细求证,把错误消灭在写稿工序中。

再次,树立司法的程序性意识,了解一些法律术语的表达对象会随着司法程序的不同而改变。比如,"犯罪嫌疑人""被告人"和"罪犯"三个术语,刑事诉讼分为五个阶段,即立案、侦查、起诉、审判和执行阶段,对当事人有不同称谓:在立案和侦查阶段称之为犯罪嫌疑人,在审查起诉和审判阶段称之为被告人,在执行阶段称之为罪犯(经审判被宣告为无罪的除外)。

当然,媒体从业者需要了解的法治知识有许多,在此不再赘述。只有从业者的法治素养提高了,才能减少甚至杜绝媒体"法盲"的"硬伤"。

3. 在媒体内部树立崇尚法治的氛围

管理即秩序。媒体内部管理层要形成重视法治新闻的思想,在日常管理上形成崇尚法治的氛围。

第五章已经讲过,媒体科学管理有利于法治精神的弘扬。具体管理手段包括:

在量化考核中增加评分权重,提高大家报道法治新闻的积极性。

在媒体内部诸多奖项中单列法治新闻奖,提高所有采编人员的"法治敏感"。

在媒体内部启动对"法盲"新闻的监督机制,聘请法律工作者或者精通新闻法治的专家作为媒体监督员,专门挑剔违反法规的瑕疵;同时内部员工也可以尝试监督奖励机制,提高员工互相监督、互帮互学的积极性。

总之,只要我们给予足够重视,措施到位,在法治新闻传播过程中,必然出现人人重视法治,积极宣传法治,自觉遵守法治的良好氛围。这就会为全社会培养法治精神创造良好条件。

第七章

法治新闻与新闻批评

一、法治新闻是新闻批评的基本力量

舆论监督通常都是通过新闻批评来实现的。

1. 新闻批评≈舆论监督

新闻批评是指新闻传播媒介对不良现象和错误现象作事实陈述和说理评析的报道,目的是为了纠正错误,变消极因素为积极因素。① 在大众话语体系中,人们总是把新闻批评和舆论监督相提并论。比如,有人说:"新闻批评是指社会公众借助报纸、广播、电视、互联网等各种媒体对权力、政策、行为实施的民主监督。它通过对一些腐败现象、不正之风和其他事实的报道,从而起到鞭挞丑恶、弘扬正气、树立新风的作用。""作为舆论监督重要手段,新闻批评是一种流动性极强、正负功能兼备的社会意识形态,拿捏得适度就会给社会带来积极的监督效果。"②有人直接把新闻批评当成舆论监督。"新闻批评是以新闻为手段,通过新闻媒介进行的舆论监督活动。在新闻事业高度发达的今天,它承担了舆论监督最重要的社会批评任务,是实现舆论监督的重要途径之一。"

从上述不同的论断所知,新闻批评虽然不完全等同于舆论监督,只是"实现舆论监督的重要途径之一",却"承担了舆论监督最重要的社会批评任务"。正因为如此,一提到新闻批评,公众总是与舆论监督联系起来。在不严格要求的情况下,公众认为:"新闻批评≈舆论监督"。

---

① 刘艺:《新闻批评的表现方法及其传播效果》,新闻爱好者,2008 年第 8 期
② 马艺,王珩:《新闻批评的适度性》,记者摇篮,2012 年第 3 期

2. 新闻批评的主要工具是法治新闻

从新闻批评的定义可以看出新闻批评本质上是"事实陈述和说理评析的报道",这就说明新闻批评有两种基本方法:一是提供事实,报道事实,用事实说话,通过提供有关被批评对象的事实信息,让读者了解事情的真相,判断事物的是非,从中汲取教训。坚持用事实说话,是贯穿于批评报道始终和融通于批评报道各种方式方法中的一种报道方法。二是提供批判性意见,包括发表评论文章、刊播读者来信、开展专题讨论等方法。因为提供信息是发表意见的基础,由此可知,通过提供信息披露报道对象的"不良现象和错误现象",是新闻批评的主要手段。

在媒体披露的"不良现象和错误现象"中无非有两种情况:批评对象的道德失范或者违法乱纪的行为。通过下列"社会新闻"的概念可以看出,对违背道德行为的批评的新闻属于社会新闻,而对于违法乱纪的事实的报道则属于法治新闻的范畴。

在行业内,大家普遍承认社会新闻反映的是与伦理道德相关的那部分事实。比如,《新闻学大辞典》对社会新闻的解释:"反映社会生活中体现社会伦理道德的社会事件、社会风气、社会问题、风俗民情以及自然界和社会上的奇闻轶事的新闻。"著名报人赵超构认为,"社会新闻是以个人品德行为为重点而具有教育意义的新闻"。[①]

也有人认为,社会新闻包括法治新闻。比如,台湾学者徐永平说:"善人恶人都见报,看破案听绯闻,社会五花八门,消闲谈助,是为社会新闻"。[②] "破案"新闻很明显就是法治新闻。人大教授刘志筠说,"社会新闻反映的是除了政治、经济以外的那部分社会生活、社会秩序、社会风尚、社会问题、社会现象,以及一些影响到社会的自然灾害、影响个人生命财产的事故等"。[③] 这里和"社会秩序""个人生命财产"相关的新闻一般应该是法治新闻。

由此可以看出,对"不良现象和错误现象"批评的新闻报道中法治新闻占很大比重,也就是说法治新闻是新闻批评的重要工具。

---

① 赵超构:《关于社会新闻的一些意见》,新闻战线,1957年第5期
② 易鹰:《党报社会新闻报道研究》,武汉大学硕士论文,2004年
③ 邓庄:《当代报纸社会新闻之研究》,暨南大学硕士论文,2000年

原中纪委书记王岐山在全国政协十二届常委会第七次会议上,肯定了新闻批评在反腐败工作中发挥的重要作用,认为"通过微博、微信、媒体等这些自下而上的监督方式",有效地调动了群众揭露腐败的积极性。针对反腐工作中部分落马官员,请求"别给曝光"的问题,王岐山强调,"就是不处理,也得曝你的光","对腐败问题中纪委坚持一条,就是曝光。"①这里的对腐败行为"曝光"的主要工具只能是法治新闻。我们从中央对媒体提出的反腐要求里,可以看出法治新闻所承担的历史使命。

从实践看,法治新闻在舆论监督中确实是揭露真相,推动舆论的中坚力量。以媒体推动"聂树斌冤案"平反的过程中的表现为例,2005年3月15日,从《河南商报》刊发《一案两凶,谁是真凶?》的新闻,发起对聂树斌案舆论监督的第一篇报道起,到2016年12月"聂树斌冤案"得到平反,近12年里,《新京报》一共发表23篇稿件评论聂树斌案,以及50余篇报道,《南方周末》累计发表聂树斌案报道16篇、评论5篇,媒体多次用整版追踪聂案,质问聂案中正常程序为何失效,呼吁允许查看聂案全部卷宗,复查聂案真相,要对历史负责等。从这些数字中可以看出法治新闻在聂案平反事件中无可替代的角色。

研究新闻批评或者舆论监督,也就是探讨法治新闻在新闻监督领域的工作方法,让法治新闻在舆论监督领域彰显法治精神。

二、法治新闻监督力量的来源

在权力监督系统中,舆论监督有鲜明的特点,这也决定了法治新闻监督效果的特殊性。

1. 新闻传播特点成就了监督的有效性

新闻批评的威力来自新闻传播方式的独特优势及我国媒体文化长期积淀的影响。

(1)新闻传播的公开性和快速性使监督更有威慑力。通常而言,违法乱纪的活动都具有隐蔽性,一旦被媒体曝光,便会使丑行大面积传播,影响范围大;

---

① 《王岐山政协报告传递5个信号 反腐就是要求细求实》,人民网,2014年9月7日

因为传播速度快,丑行一旦被新闻公开,当事人一般的公关手段来不及发挥。媒体监督一旦启动,对监督对象便会产生"覆水难收"的结果。

(2)长期以来我国新闻媒体的"喉舌"地位和"党性"观念,为新闻传播行为赋予极大的权威性。加上新闻传播者具有的专业性,及媒体把关人长期尽职尽责的努力,更是成就了新闻媒体的公信力,其新闻信息更容易被公众信任。因此,一旦某些事件被新闻媒体揭发出来,就更能够起到警示和威慑的作用。

(3)新闻信息的大覆盖使其具有集合社会其他监督力量,合力促进问题解决的功能。新闻批评通过议程设置把工作中的缺点、错误及社会不良现象,通过报道事实、披露真相、深挖背景、追究原因等手段,不断地向社会公众提供监督的目标和根据,这会引起社会各方面的关注,激发更多社会公众的警觉,吸引更多公众广泛参与社会监督,能更充分地发表意见,集思广益,形成解决问题的合力。

(4)新闻批评主要是一种自下而上的社会监督,具有广泛的群众基础,更有利于群众的积极参与,容易发现社会死角的问题,扩大监督覆盖面。

2. 影响力来自法律的支持

新闻批评是法律赋予新闻媒体的权利,具有合法性。具体来说,法律赋权在条文中多以言论自由保障、公民监督权保障、司法机关信息公开保障、行政机关信息公开保障的形式出现。

《中华人民共和国宪法》第二十七条规定:一切国家机关和国家工作人员必须依靠人民的支持,经常保持与人民的密切联系,倾听人民的意见和建议,接受人民的监督,努力为人民服务。第三十五条规定:中华人民共和国公民有言论的自由;对于任何国家机关和国家工作人员的违法失职行为,有向有关国家机关提出申诉、控告或者检举的权利,对于公民的申诉、控告或者检举,有关国家机关必须查清事实,负责处理。任何人不得压制和打击报复。第四十一条规定:中华人民共和国公民对于任何国家机关和国家工作人员,有提出批评和建议的权利。

《宪法》第一百二十五条规定:"人民法院审理案件,除法律规定的特别情况外,一律公开进行。"《人民法院组织法》第七条规定:"人民法院审理案件,除涉及国家机密、个人隐私和未成年人犯罪案件外,一律公开进行。"这些均被认为是关于审判信息公开的法律规定,表明包括大众传媒在内的社会各界(而非仅指审判庭内的旁听观众)有权知悉各种公开的审判信息,大众传媒自然也可以就此进行传播。

2007年1月17日国务院颁布《中华人民共和国政府信息公开条例》,第一条就明确了该法规的目的是"为了保障公民、法人和其他组织依法获取政府信息,提高政府工作的透明度,促进依法行政,充分发挥政府信息对人民群众生产、生活和经济社会活动的服务作用"。其中第三十五条规定,对五种违反该条例的情形要"由监察机关、上一级行政机关责令改正;情节严重的,对行政机关直接负责的主管人员和其他直接责任人员依法给予处分;构成犯罪的,依法追究刑事责任。"

为保障该条例的顺利实施,最高人民法院2011年08月出台《最高人民法院关于审理政府信息公开行政案件若干问题的规定》,明确提出"关于政府信息公开的5类案件,法院应该受理。如果公民认为政府提供的政府信息不准确要求更正被拒的案件,法院应该受理。"[1]法律对公民言论自由、监督权力的保障及政府部门信息公开的要求,是对公民知情权的法律保护。法学专家认为:"知情权包含三层含义:其一,是一种自然权利,是人们为了更好地适应周围的环境而必须具备的一种天赋本能;其二,是一种社会权利,是人们对整个社会所发生的自己所感兴趣的问题或情况进行了解的一种权利;其三,是一种政治上的民主权利,是公民对国家活动、国家事务所享有的依法知道的权利。"[2]正是公民知情权和监督权的要求,为记者采访权的落实提供了合法依据,也为新闻批评提供了法制保障。

2009年12月最高人民法院印发《关于司法公开的六项规定》和《关于人民法院接受新闻媒体舆论监督的若干规定》(两个专门文件),前者从立案、庭审、执行、听证、文书、审务六方面作出规定,要求司法过程对媒体公开;后者对法院自觉接受媒体监督作出具体安排,要求法院"对新闻媒体旁听案件庭审、采访报道法院工作、要求提供相关材料的,人民法院应当根据具体情况提供便利。"[3]这两个文件对司法机关进一步保障法治新闻在舆论监督中的权利,为

---

[1] 邢世伟:《最高法明确:政府拒绝信息公开 法院应受理起诉》,新京报,2011年8月15日
[2] 韩大元、姚西科:《试论行政机关公开信息的理论》,宪法学、行政法学,2001年第5期
[3] 《最高法印发法院接受新闻媒体舆论监督若干规定》,中国法院网,2009年12月23日

弘扬法治精神提供了制度保障。

3. 影响力来自媒体传统文化的积累

柏拉图说过:"如果在一个秩序良好的国家安置一个不称职的官吏去执行那些制定得很好的法律,那么这些法律的价值便被掠夺了,并使得荒谬的事情大大增多。"①马克思主义经典作家和无产阶级革命家对此一开始就有清醒的认识。

马克思曾说:"报刊按其使命来说,是社会的捍卫者,是针对当权者的孜孜不倦的揭露者,是无处不在的眼睛,是热情维护自己自由的人民精神的无处不在的喉舌。"②

1891年恩格斯在一封信中说:"要使人民不要过分客气地对待党内的官吏——自己的仆人,不要再总是把他们当作完美无缺的官僚,百依百顺地服从他们,而不进行批评。"③

1953年1月5日,毛泽东在为中共中央起草的一个文件中提出:"凡典型的官僚主义、命令主义和违法乱纪的事例,应在报纸上广为揭发。"④

党和国家领导人甚至对新闻批评提出了经典的参考原则,这些原则一直指导着我国媒体的舆论引导工作。比如毛泽东认为:"报纸上的批评,要实行'开''好''管'的三字方针。开,就是要开展批评。不要怕批评。不开展批评,害怕批评、压制批评,是不对的。好,就是开展得好。批评要正确,要对人民有利,不能乱批一阵。什么事应指名批评,什么事不应指名,要经过研究。管,就是把这件事管起来。这是根本的关键。党委不管,批评就开展不起来,开也开不好。"⑤

1989年11月25日,李瑞环同志在新闻工作研讨班上发表题为《坚持正面宣传为主的方针》的长篇讲话,他指出:"新闻舆论的监督,实质上是人民的监督,是人民群众通过新闻工具对党和政府的工作及其工作人员进行的监督;是

---

① 宋圭武:《道德社会与法治社会是等价命题》,北京日报,2017年6月5日
② 中共中央马克思恩格斯列宁斯大林著作编译局编译:《马克思恩格斯全集》(第一版)第6卷,人民出版社,1961年版
③ 恩格斯:《致奥·倍倍尔》,《马克思恩格斯全集》第38卷,人民出版社,1972年版
④ 周文彰:《抛弃官僚主义》,人民网,2013年5月29日
⑤ 《报纸上的批评要实行"开、好、管"的方针》,毛泽东新闻工作文选,新华出版社,1983年版

党和人民通过新闻工具对社会进行的监督,不应仅仅看成是新闻工作者个人或是新闻单位的监督。在社会主义市场经济的今天,党不仅依然将舆论监督作为社会主义监督机制的一个重要内容加以强调,而且中央领导也曾多次对新闻舆论监督给予充分的肯定和高度的评价。"①

中共中央在一些重要文件中也对新闻批评提供政策支持。

中共中央于1950年4月19日颁发了《关于在报纸刊物上展开批评与自我批评的决定》,文件规定:"在一切公开的场合,在人民群众中,特别在报纸刊物上展开对于工作中的一切错误和缺点的批评与自我批评。"②1954年7月17日,中共中央再次颁布文件《关于改进报纸工作的决议》,强调"报纸是党用来开展批评和自我批评的最尖锐的武器。"③

1987年,中共十三大正确分析了社会主义民主政治的历史趋势和内在要求,在中国历史上第一次提出"舆论监督"的新概念,并明确表示:"重大情况让人民知道,重大问题经人民讨论。"④

十九大报告在提出深化国家监察体制改革的要求时指出:"构建党统一指挥、全面覆盖、权威高效的监督体系,把党内监督同国家机关监督、民主监督、司法监督、群众监督、舆论监督贯通起来,增强监督合力。"

由此可见,舆论监督的地位不可替代。

4. 来自现实的政治需要

有人从政治的角度认为新闻评判对社会发展有重要贡献:社会舆论监督作为公众表达利益诉求和行使监督权利的重要形式,人民群众参政议政的重要途径,是实现社会功能的重要载体。它不仅可以弥补传统监督机制的缺陷,还可以保障公民真正行使社会舆论监督的权利,因而坚定不移地实行社会舆论监督制度是十分必要的。⑤

有人更是把新闻批评的政治意义细化为五个方面:

---

① 《坚持正面宣传为主的方针——在新闻研讨班上的讲话》,新闻战线,1990年3期
② 中国共产党网,http://cpc.people.com.cn/GB/64162/64165/78561/79766/5606659.html
③ 胡绩伟:《怎样在报纸上开展批评和自我批评》,新闻战线,1979年第6期
④ 赵振宇:《切实保障公民的知情权和决定权》,西南民族大学学报(人文社科版),2006年第1期
⑤ 《对社会舆论监督必要性的认识》,经营管理者,2012年13期

——有利于发扬社会主义民主,密切党和政府与人民群众之间的联系;

——有利于防治腐败、克服官僚主义,改善和加强党的领导;

——有利于激发人民群众当家做主的热情,提高群众议政、参政的能力;

——有利于正确处理人民内部矛盾,有效进行人民内部的自我教育;

——有利于弘扬正气,倡导先进,为社会主义现代化建设创造良好的社会舆论环境。

"随着媒体技术的逐渐成熟,政治学家普遍认为,现代民主如果没有媒体的介入那是不可想象的,当然,媒体介入的前提就是它必须享有真正的自由,否则,媒体与民主之间所有的假设都无法成立。"①(P33)

5. 力量来自社会稳定需要

舆论监督是社会的"减震器""解压阀"。在社会治理的每一个角度,都存在"排压阀",如果没有排泄压力的通道,日积月累,一定会出现危机。这种危机有时候或许是行业性的、片断性的、局部性的,看起来不大,如果仅仅是偶发事件,平息并非难事。然而,倘若此类社会危机事件一而再、再而三地出现,不仅处理危机的成本加重,而且人心也会出现变异。这无疑更具危险性。②"舆论监督是社会的'减震器''解压阀',是社会主义民主政治的重要内容,是公民实现民主权利的一个重要方面,是社会自警自醒机制的重要一环,有利于社会机体的自我修复。"③

三、法治新闻的批评视野

我们从立法、执法、司法、守法四方面存在的客观问题阐述开展新闻批评,培养全社会的法治精神的必要性和紧迫性。

1. 新闻批评是完善法制的必要手段

法分良法和恶法,只有良法之治才能称得上法治,恶法之治只能成为专

---

① 谢岳:《大众传媒与民主政治》,上海交通大学出版社,2005年版
② 《应学会善用一切"排压阀"》,南方日报,2011年6月10日
③ 张海涛:《把握舆论监督的理性维度》,吉林日报,2013年7月9日

制。良法之治必须恪守以民为本、立法为民的理念,应当遵循人类社会发展的"三大定律":人是社会的中心;满足个人利益是治理社会的基础;政府宗旨是保护人民去创造财富的自由。制定出来的法律应当符合宪法精神、反映人民意志,不应该背离人类理性,不应该背离社会发展的客观规律,更不应背离最广大人民的根本利益和集中意志。① 当前我国正处于社会转型期,各种社会矛盾、冲突不断。很多矛盾背后的根源在于部分法律条文的陈旧或空白,法制体系亟待优化。一些陈旧的法律内容在新时期、新环境下已经不能适用,成为害人的"恶法";而部分法律内容的空白则使新的社会争议、矛盾等状况"无法可依"。法治新闻通过"环境监测功能"为公民提供一个法治镜像,将社会中的涉法案件的进展状况及时传播给受众,结合社会舆论的力量,及时废除过时的"恶法",改良部分现有的法律以及创制新的法律,以促进国家的"良法"体系的建设和完善,从根本上解决社会矛盾。正如前面说过的那样,发生在广东的"孙志刚事件"通过媒体的报道,引发《城市流浪乞讨人员收容遣送办法》的废止,同时出台更完备的救助法律文件《城市生活无着的流浪乞讨人员救助管理办法》;云南的"躲猫猫事件"导致《国家赔偿法》的修订;河南农民工"张海超开胸验肺事件"的媒体曝光促使立法部门通过了对《职业病防治法》的制定。"大众传媒对社会热点问题的报道,为立法者提供了众多的有关立法需求的信息,从而在一定程度上促使立法者去关注社会政治、经济领域的影响公众切实利益的社会关系区域。"②

2. 法治新闻是执法监督的有效工具

在众多的监督手段里,新闻监督可谓"无处不在的眼睛"。李鸿忠曾用"三光作用"来评价新闻监督所发挥的积极作用:一是阳光作用,把问题暴露于阳光之下,使问题无处藏身;二是目光作用,把问题置于领导和群众的目光之下,使问题跑不了;三是激光作用,问题经新闻媒体披露后就像医生使用激光治病一样,有利于兴利除弊,低成本解决问题。③ 由于新闻监督是群众监督的具体体现,所以新闻监督与生活更贴近,监督事件更具体。比如,2016年1月13日

---

① 王春晖:《良法与善治是法治实现的前提和基础》,检察日报,2014年11月03日
② 周雪:《论媒体对立法的促进作用》,人大研究,2012年第8期
③ 《李鸿忠VS京华时报女记者》新快报,2010年3月12日

《郑州晚报》第 A07 版《流动抓拍警车"上岗"一个多月 每小时抓拍近 20 起交通违法》就是此类,新闻曝光一批违法警车号牌,对知法犯法进行了大胆震慑。

3. 法治新闻监督是司法公正的有力保障

广义的司法既包括大部分执法活动,又包括法官、检察官、警察等人员的执法活动;目前我国司法腐败的表现形式主要有四大类:一是贪赃枉法,索贿受贿,暗中收取好处费,保护非法经营活动等,当事人、律师与法官相互串通进行权钱交易,又称办"金钱案";二是徇私舞弊,办"人情案""关系案";三是滥用司法权进行创收活动,包括乱收费、乱罚款、乱拉赞助,经商办企业,搞有偿服务和变相收费,如法院办律师事务所等;四是司法中的地方保护主义,为了保护本地利益而不惜枉法裁判、公然偏袒本地当事人或有意刁难甚至阻挠外地司法机关执行判决等。如果说司法腐败的前两种形式在世界各国尚具有一定的普遍性的话,后两种形式则是中国转型期特有的司法腐败形式。① 司法腐败不仅侵犯了普通公民的合法权益,严重危害党和国家的形象,而且更加影响法院、检察院和法官、检察官的公众形象。可见司法腐败已经妨害了我国"依法治国,建设社会主义法治国家"的治国方略的顺利实施,曾经对周宁县公安局长强奸少女案的舆论监督就是一个成功范例。2001 年 5 月,福建省周宁县一年仅 14 岁的少女陈某某被人强奸后报案,身为县公安局副局长的陈长春负责指挥刑警侦办此案。陈长春以了解案情为由,让驾驶员将陈某某接到宾馆房间,不顾她反抗,强行与其发生性关系。2004 年 3 月初,周宁县法院对此案进行一审判决,决定执行有期徒刑 3 年。周宁县法院对陈长春的重罪轻判,经有关新闻媒体披露后,引起了社会广泛关注。在检察机关的抗诉下,经宁德市中级人民法院二审判决,陈长春以犯强奸罪、犯妨害作证罪合并执行有期徒刑 12 年。②

"阳光是最好的防腐剂"。媒体监督一方面可以遏制司法腐败;另一方面也是保障犯罪嫌疑人、被告人权利的需要,当他们在司法程序中受到不公正甚至是非法的待遇时,媒体能够成为他们最有力量的同情者和声援者;媒体监督能有力促进审判(司法)公开。在与秘密审判和任意出入人罪等黑暗司法制度

---

① 陈栋:《司法腐败与司法权监督问题及对策》,法律资讯网,2012 年 12 月 14 日
② 胡杰:《揭底:福建一公安局副局长强奸少女被轻判》,新华网,2004 年 5 月 2 日

的斗争中,贝卡利亚最早提出,"审判应当是公开的","以便社会舆论能够制止暴力和私欲"。①

从下面海南大学法学教授王琳的文章中,可以看出此前媒体报道对司法监督的必要性。

保姆盗窃天价手机案,法院须回应事实

东方早报 2012年7月2日

农村妇女张芸在郑州苏先生家做保姆,干了40多天活,一直没领到工资。她一气之下拿了雇主一部手机。没想到这部手机竟价值6万多元。保姆因此被郑州管城区人民法院一审判决盗窃罪名成立,处有期徒刑10年,并处罚金2万元。此案引发热议。这次舆论压倒性地站在"法院判罚过重"这一方。

这次的保姆盗窃天价手机案中,在众多批评与质疑之外,同样有支持法院判罚的意见。当然,昔日药家鑫案、李昌奎案中,也有认为两犯不该被判极刑的声音。一个多元化的社会里,有分歧本属正常,完全一致才可怕。

这不是"多数人暴政",网民并不是天生暴虐,他们也没有暴虐的权力。他们是受自然正义的支配。网民之所以踊跃跟帖转发,更多是基于"镜中我"的激发。换句话说,舆情源于网民基于自身生活体验和信息积累而产生的自然判断——对于普通公众而言,我们没必要、也不可能要求他们使用法律的思维来分析个案。可是,法学专家呼吁"法院应尊重普通公众的自然正义,并虚心接受舆论监督。因为在道德判断和价值判断外,也夹杂着许多事实评判、司法评判以及立法评判。"从媒体上观察,"保姆盗窃天价手机案"所引发的网络舆情,多在追问两个关键事实:一是保姆是否知道这只手机的真正价值? 二是这部手机何时购买,核价时有无作过折旧? 前者关乎犯罪构成中"主观方面",后者关乎盗窃数额的确定,直接影响最终刑期。从司法判断上来看,这些都是值得法院关注的重要信息。

---

① 《法庭设媒体席是对司法公开的积极回应》,河北法院网,2010年10月28日

如果法院在审理或裁判过程中实际已解决了这两个问题。那么,以及时的信息公开来向批评者解疑释惑就成为必要。而且,在刑事审判的价值依归上,除了惩罚功能,更有面对大众的预防犯罪功能。一宗个案作出裁判之后,多数民众不能理解,这就不能称之为"法律的实现"。

"保姆盗窃天价手机案"的另一个舆论焦点是,雇主拖欠保姆工资是否涉嫌"恶意欠薪罪"?保姆遭遇恶意欠薪在先,而采取拿走雇主手机的方法加以对抗,即便盗窃罪名成立,其可减轻、从轻处罚的情节也颇多。

有人担心新闻媒介不能确保舆论的绝对准确,但是司法机关也应该看到自身也不是完美无缺,他们在司法活动中不时会犯错,甚至造成冤案;出于"兼听则明"的考虑,多一重社会约束,多一层体制外权力的监督,对于法院伸张社会正义只有好处,没有坏处。尽管有时候媒介观点与法院的判决不尽相同,却也能对法院审判工作起一定的促进作用;失去了媒介的声音,法院就少了一面"镜子",正人正己都会受到影响。

4. 法治新闻监督是违法乱纪的"探照灯"

公民守法也是法治新闻实现新闻监督的重点领域。模范的守法案例能给社会树立学习榜样,提高社会正能量。

但从另一个角度看,对于公民的不守法行为,媒体通过新闻曝光施加压力,促进当事人改正错误,也对其他人形成震慑。

"社会越轨"理论认为,任何社会都会依靠一些制度规范人们的行为,在制度规范的指引下去做事就是沿着正确的轨道走,而违反制度规范,就被认为是"社会越轨"。越轨行为除了表现为一切违法乱纪事件及践踏法治文明的行为,更多的是大量的一般性违法乱纪现象。引发社会越轨有很多社会因素,当前有两方面值得重视:首先,在社会发生急剧变迁过程中,旧的行为规范已经明显不能适应社会需要,而新的能有效维护社会秩序的规范却没有建立起来,或者还未被社会广泛接纳,人们的行为失去了规则引导,由此引发一系列越轨行为。社会急剧变迁还能导致社会文化秩序的破坏,引发社会各领域发展的失衡,这也是诱发社会越轨行为的重要因素。其次,其他有关阻碍人们采取遵从行为的社会因素,也会为越轨行为提供便利条件和机会。比如社会的控制能力降低,遵从行为未能得到鼓励,越轨行为未能及时受到惩处,相关制度不够健全等,都能引起越轨行为的产生。这个理论为当下违法犯罪行为层出不穷找到合理注释,同时也为法治新闻在该领域的监督责任提了个醒。

《郑州晚报》刊登整版新闻,《临近春节,河南省反虚假信息诈骗中心发布防骗提醒(引题)16类电信新骗局,看骗子咋设套儿(主题)老人受骗较多 家里有老人的多给他们讲讲(副题)》,新闻对15种常见的电信诈骗伎俩进行梳理,比如:教育退费类诈骗、新生儿出生补贴类诈骗、虚假荐股类诈骗、银行卡类诈骗、贷款类诈骗、假冒房东类诈骗、招工类诈骗、求子、婚介类诈骗、QQ号类诈骗、为淘宝网店代刷信誉类诈骗、出售考试作弊工具或考试答案类诈骗、消费类诈骗、中奖类诈骗等。

难能可贵的是,新闻不仅曝出骗局的手段,还给出破解的方法,服务意识用心良苦:

> 涉案类诈骗——骗局:冒充"公、检、法、社保、医保"等国家机关工作人员,利用来电任意显示功能,以涉嫌"洗钱、电话欠费、包裹涉毒、医保卡信息泄露或医保卡大量购买药物涉嫌套现"等理由,谎称因办案需要,要求事主将钱款转到骗子提供的所谓"安全账户"。
>
> 防范:公检法、社保、医保等国家机关工作人员履行公务,在向公民询问情况时,应持相关法律手续当面询问并制作相关笔录,绝不会通过电话询问。公检法等部门均未以"国家安全账户"为名义设立银行账户。
>
> 救急类诈骗——骗子冒充当事人同学或亲属的领导、朋友等,打电话、发短信联系当事人,以"在外地发生车祸需花钱救人""嫖娼被抓需缴纳罚款""子女在外遭绑架需交钱赎人"等为名,通过银行转账方式骗取钱财。
>
> 防范:当事人首先要保持冷静,及时核实,或通过公安、医院等部门了解对方所说情况的真实性。即使一时无法确认,也不要贸然向对方汇款。[①]

---

① 《16类电信新骗局,看骗子咋设套儿》,郑州晚报,2016年1月5日

四、新闻批评中的"媒介审判"问题

提起新闻批评,许多人都会想起"媒介审判"。从国外到国内,许多学者对"媒介审判"投入大量精力进行研究并提出了各自的看法。但大家一致的观点是"媒介审判"是一个带有贬义的概念,是指新闻媒介超越法律规定,抢在法庭判决之前作出有罪、无罪、胜诉、败诉等结论,形成某种舆论压力,以此干预和影响司法的独立与公正的行为。①(P209)

但笔者对"媒介审判"的概念存在疑义。审判权通常指法院依法审理和裁决刑事、民事案件和其他案件的权力,是国家权力的重要组成部分。媒介在现行体制下没有审判权力,严肃地讲,"媒介审判"是个伪命题。

1. 媒介的"审判权"缺乏合法性。

我国相关法律将审判权赋予了人民法院,人民法院是司法体系中唯一的合法审判机关。它的审判权合法性来自以下几个方面。

其一,人民法院的审判权是法律授予的。合法的审判机关只能是人民法院,新闻媒体和其他组织都没有获得法律授予的审判权。

《宪法》第一百二十三条规定:"中华人民共和国人民法院是国家的审判机关。"

《中华人民共和国人民法院组织法》第一条规定"中华人民共和国人民法院是国家的审判机关。"

媒体机构没有获得审判权的授权,不是司法机关,也就没有"审判"资格。

其二,人民法院的司法人员的审判资格也是法律授权的。《宪法》第六十二条、第六十三条规定,全国人民代表大会的职权包括选举最高人民法院院长,罢免最高人民法院院长。

《宪法》还明确规定:"根据最高人民法院院长的提请,任免最高人民法院副院长、审判员、审判委员会委员和军事法院院长"。

《中华人民共和国人民法院组织法》第三十四条重申"地方各级人民法院

---

① 魏永征:《新闻传播法教程》,中国人民大学出版社,2002年版

院长由地方各级人民代表大会选举,副院长、庭长、副庭长和审判员由地方各级人民代表大会常务委员会任免。"

"在省、自治区内按地区设立的和在直辖市内设立的中级人民法院院长,由省、直辖市人民代表大会选举,副院长、庭长、副庭长和审判员,由省、自治区、直辖市的人民代表大会常务委员会任免。"

由此可见,司法人员的身份认定有严格的法律程序,他们的审判资格是国家权力机关人民代表大会认定并授权的。通过授权程序的完成,法律赋予了法官审判权,这就意味着法官如何运用审判权,法官运用审判权的具体表现形式是法律的解释权和裁量权,法官应在适当的范围内对法律进行解释,并在合法的范围内对案件进行公正裁决。

而媒体从业者只要通过相关考试取得从业资格证就可以了,而从业资格的认证是在政府机关职权内进行的。国家新闻出版和广电部门无法赋予新闻工作者司法权力。

其三,法院的审判权具有独立性,媒介评判是权力体系外的评判。司法独立,包括独立审判和独立检察,是我国司法工作的一项基本原则。《宪法》第一百二十六条规定:"人民法院依照法律规定独立行使审判权,不受行政机关、社会团体和个人的干涉。"《人民法院组织法》第四条规定:"人民法院依照法律规定独立行使审判权,不受行政机关、社会团体和个人的干涉。"在法院的审判权之外,没有别的审判权力的存在。新闻媒介始终在充分满足公民的审判信息知情权,即使他们对于诉讼活动作出有罪、无罪、胜诉、败诉等结论,也只是权力体系外的评判,虽然代表舆论,却不能对法院施加权力层面上的压力,一旦出现差错,也不会直接伤害到法律的公正——即使法院和法官碍于舆论的压力,"自动"放弃独立审判权,作出与法律规范相悖的判决,法院主观上的差错也是很明显的。①

2. 新闻批评与司法审判对"事实"的认定存在差异

前文说过,司法机关对事实的认定是有严格要求的,需要合法手段获得证据的证实才进入司法采信事实的范围,所以,司法中使用的事实是"法律事

---

① 庹继光,李缨:《"媒介失语"比"媒介审判"更可怕——以一个典型的个案为例》,新闻界,2005年第4期

实";新闻事实是记者通过采访获得的,不需要通过法律规定的程序进行认定,也缺少严格的技术性证实或证伪。在可靠性上无法和法律事实的严谨相提并论。在对事实的处理上,传播中为了让新闻吸引读者,扩大传播范围,在叙述事实的过程中,语言表述很容易采用煽情手法,带有浓厚的感情色彩,这些失去客观性的表达手段容易对受众造成先入为主的误导。特别需要指出的是,使用事实的主体对事实处理采用的评判标准不同。"传媒主要是唤起公众内心的道德准则进行评判,而不是依法律程序来审判,因此有时无法恰当地过滤公众所宣泄的与法治要求并不完全一致的社会情绪,理性地得出法律意义上的正确认识。"①

3. 新闻判断不具有强制效力

在我国,新闻批评的力量在于权威性。这个权威性的根源不是出于法律的保障,而是来自体制的力量。首先是长期以来树立的强大的公信力。我国媒体的公有性质决定了媒体行为长期坚持社会效益第一的原则,工作作风严谨,态度认真负责。新闻机构对批评报道所涉及的人和事通常经过十分审慎地调查、核实,以保证材料真实、准确,这就使得新闻批评真实、可信,在群众中享有威信,容易得到群众的认可和支持。其次是新闻媒体尤其是各级党报党刊和各级政府部门主办和主管的新闻媒体都具有的"喉舌"角色,赋予新闻批评的特殊身份:新闻批评的权威性被视为新闻机构作为党和政府机关报这一地位和身份权威性的自觉让渡。

但必须指出的是,新闻批评的舆论影响力是有一定限度的,因为它并不具备执法意义上的制裁性和强制力。因此,要达到好的新闻批评效果,新闻单位要注意同行政、执法机关和纪检、监察机关协作与配合,要注意舆论监督同党内监督、行政监督、司法监督,以及群众监督的其他形式结合起来,依靠法律及全社会的力量来发挥新闻批评的舆论影响力。②

4. "媒介审判"本质上是媒体监督越位

(1)有些新闻工作者常常有这样的误区,以为舆论监督具有某种惩罚功

---

① 《浅论媒体监督与司法公正的冲突及对策》,中国法院网桂林频道,2013年10月18日
② 郑保卫:《新闻批评与监督原则(节选二)》,采写编,2014年第3期

能,拥有包治社会百病的强制力量。这是我国社会长期"人治"的思维惯性所致。长期的封建专制主义政治结构和墨守成规的思维方式,淡化了人们尊重法律、依法办事的现代法律意识。虽然新中国建立之后,中国的法治建设开始起步,但在相当长的一段时间内,新闻媒介被当成阶级斗争的工具直接用来发号施令指挥政治运动和经济工作。新闻批评被直接等同于进行阶级斗争,新闻批评成为"新闻宣判"。新闻直接发号施令,判断一些人和事的是与非,并且往往"言出法随"。在方法上讲究"上纲上线",攻其一点,不及其余,任意推论、夸大、渲染,甚至以讽刺、挖苦、羞辱对方、贬低对方人格为时尚。"新闻宣判"的影响之深,可以说已经进入我国新闻界的潜意识。①

(2)"媒介审判"是媒体监督越位的违法行为。人民法院的审判权是法定的,新闻媒体没有法律授予的审判权力。从人们给出的"媒介审判"的定义看,"媒介审判""超越法律规定"是媒体监督越位的行为,是对自身社会角色的迷失,其后果有可能"干预和影响司法的独立与公正",给社会带来负面影响。之所以说是"有可能"而不是"必然"影响司法公正,是因为媒体的报道对司法者不一定产生大的影响,"从职业性质来说,一位训练有素的法官不会受到他在报纸上读到或在电视上看到的任何东西的影响"。② 媒体的影响来源于新闻报道首先对体制内的官员产生影响,官员再用权力干预司法。也就是说,如果司法独立原则得以坚持,媒介的越权报道也就难以产生"审判"的效果。

综上所述,从各个方面分析发现,所谓"媒介审判"就是不合时宜的陈旧思维定势的延续,是媒体违法的传播行为,这种行为甚至不能称为"舆论监督";如果勉强冠以"舆论监督",也是违法的"舆论监督"。这与社会上提倡的合法舆论监督完全是南辕北辙。因此,"媒介审判"的命题是不成立的,是个伪命题。充其量就是个比喻,而且这个比喻也是不严肃的。

5. 新闻批评的常见问题及原因

(1)新闻批评容易出现的问题。由于新闻传播时效性特点、新闻事实的暴露程度、采访人员素质高低等多种因素的影响,监督别人的新闻也不都是没有

---

① 刘慰瑶:《论法制新闻的负面报道》,暨南大学硕士论文,2002年,http://www.docin.com/p-1116585039.html
② 《司法审判中的媒体介入》,文汇报,2011年9月19日

问题。北京大学朱苏力教授(笔名苏力)就曾提醒说,司法执法机关的活动还是应与社会舆论保持一种恰当的距离,不能过多地强调社会舆论对审判机关的司法活动的监督。理由主要有五个方面:①社会舆论的观点并非必然公正,我们曾确信为正确的公正的社会舆论后来被证明并非正确和公正。从统计学角度看,"好人"和"坏人"在社会中的分布是均衡的,新闻舆论也并不总是公正无私的。②法律专业性强,过多强调舆论监督的作用,有"外行领导内行"之嫌。③社会舆论倾向在特定社会历史条件下具有明显的不确定性和流动性,以不确定的流动的东西作审判基础或准则,必然出现相同事实得出不同结论的荒谬现象。④社会舆论关涉的案件常常涉及到政治性的、道德性的问题,这会引发公众舆论用政治性的、道德的标准评论法律问题。⑤现实生活中的涉法案件,媒体大都是依据新闻报道的事实和历史社会背景,依据社会道德意识及实体法常识来评价法院的最终判决结果。而司法判决所依据的必须是现行的法律,依据法律事实,不仅要考虑实体法,而且要考虑程序法,因此有些司法判决不可能令舆论界满意。① (P149-152)

(2)新闻批评出现的问题都有一定的根源。有学者从不同角度对新闻批评容易出现问题的原因做出分析。

有人从五个方面证实媒体与司法的"天敌"关系,用来说明新闻传播与司法活动之间矛盾存在的客观性:其一,新闻的本性就是对新奇刺激事件的天然兴趣,这与司法的客观、冷静的处世态度截然相反;其二,新闻有追求速度的本性,要求尽可能以最快的速度传播信息,而司法审判则强调程序的正当性,需要在规定过程里解决问题,在此过程中也使得原有激化的矛盾得到冷却;其三,新闻的言语讲究新异,而司法表述却讲究严谨;其四,新闻事实是记者的见闻,只讲究所反映内容的客观存在,而法律事实则需要证据的支持;其五,舆论监督的法律定位不够明确,而司法则是国家强制力和终局裁量权的行使。

另外,我们可以从另一个角度——传媒的宏观生态社会环境探讨新闻批评滥用职权的原因。

一是"人治"的文化环境和媒体的行为惯性。中国社会曾经是一个"人治"色彩非常浓郁的社会。崇尚权力而淡漠法治。新中国建立之后相当长的一段时间内,新闻媒介被当成阶级斗争的工具,直接用来发号施令,指挥政治运动

---

① 苏力:《法治及其本土资源》,中国政法大学出版社,1996年版

和经济工作,新闻批评成为"新闻宣判"。在批评方法上讲究"上纲上线",攻其一点,不及其余,任意推论、夸大、渲染,甚至以讽刺、挖苦、羞辱对方、贬低对方人格为时尚。"新闻宣判"的影响之深,可以说已经进入我国新闻界的潜意识。这让新闻记者也常常错误认为舆论监督可以拥有某种强制力量,可以具有某种惩罚的意味,可以直接解决问题。在报道刑事案件时也喜欢以"道德审判"的形式对当事人"量刑定罪"。①

二是媒体的特殊地位赋予的权威性。前面说过,我国舆论监督力量实现的前提是首先影响体制内的权力,再通过权力的干预解决问题。我国传统媒体(尤其是党媒)的喉舌地位赋予媒体特殊的地位,新闻批评常常被视为同级党委的表态,对于媒体监督,政府部门普遍比较重视,对涉及问题都会积极出面快速解决。这种现象会慢慢给媒体养成一种优越心理。

三是官员的求稳心理。稳定压倒一切是政府部门比较重视的问题,也是上级部门考核官员能力的重要指标。尤其是随着用人民主制度的加强,官员民主推荐官员选举,公示考查成为不可忽略的环节,新闻批评无疑会给当地主官的社会评价带来负面影响,对政治地位和发展前途构成威胁。这也是社会上流传的"不怕上告,就怕上报""防火防盗防记者"的根由。一旦由自己治理的领域的事件受媒体批评,就会被当成头等大事解决。这也会让一些从业人员滋生出特权心理。

四是传媒"经济人"角色的逐利本能,可能给新闻传播带来问题。在当前的传媒生态中,媒体传统的"事业单位"色彩几乎完全褪尽,"企业角色"尽显突出,作为市场主体媒体有自己特定的经济利益,它们必然会依据其利益基点发出自己的社会见解,包括对司法审判活动的见解,这些见解可能背离公平正义,践踏当事人的正当权利。

(3)新闻批评违法的危害。新闻批评违法的表现在"新闻的法盲现象"一章已经介绍,这里不再赘述。重点谈一下违法新闻批评的危害。

首先,侵犯当事人合法权益。由于媒介审判通常都是站在一个盲目的、非理性的角度上对案件进行大肆渲染,干扰司法机关的正常审判,这就极易发生错判、误判的情况,这样的案例不胜枚举。

---

① 刘慰瑶:《论法制新闻的负面报道》,暨南大学硕士论文,2002 年,http://www.docin.com/p-1116585039.html

几年前发生在深圳的杨武事件中,媒体无视当事人尊严和隐私,对施暴过程细致入微地描述,对受害方冠以"最怯懦丈夫"的不恰当判断。杨武妻子屡次说自己不想再回忆相关情节,求记者出去,但是记者还是把话筒伸到受害者嘴边,询问"你怎么被强奸的"。柴静在其博客中指出,受害者夫妇来自农村,可能不知道媒体强行进入私宅涉嫌违法,不知道报道中对性犯罪的受害人必须给予隐私保护,避免二次伤害的新闻伦理,也不知道即使在庭审阶段也需要对此类案件进行非公开审理。这样一个新闻,被毫无尊严地,粗暴地曝光于他们的邻居,父母,孩子面前。令人震惊的不仅是施暴者的暴力,还有媒体的暴力。①

其次,妨害司法公正。我国宪法明确规定,司法审判具有独立性,不受行政等其他第三方势力的干预。但是如果媒体在判决尚未出结果之前就对刑事案件做铺天盖地的报道,并超越自身的职能和角色对其进行是非评判,掀起"群情激愤"的舆论氛围,这无疑会干扰司法系统的正常审判,从而挑战法律的公正性和独立性。

在药家鑫一案中,在司法机关没有对其作出最后判决结果的时候,媒体就大张旗鼓地报道药家鑫"军二代""官二代"的身份,即便是这个猜测并没有得到确定。表面上看是媒体对强权力和官势力的监督,但是,在这个案件中却存在明显问题:一是关于药家鑫的身份并没有明确地证实,仅是猜测;二是媒体在不自觉中对公众舆论造成了压力,也对司法审判造成了压力。媒体显然误读了其监督职能。②

再次,危害媒介生态,损害媒体公信力。新闻媒体仰仗长期积累的公信力占领社会道德高地,成为公众了解社会、学习知识、判断是非的重要依据。媒体上频繁出现的侵权事件,不断上演令人热血喷涌的"反转剧"会让公众对媒体信息的可靠性逐渐产生怀疑,使媒体公信力下降。尤其是网络媒体网络把关人的缺失,海量的网络信息未经证实就迅速传播开来,大量的谣言更让网友对网络信息的真实性心生疑虑,加上不负责任的传统媒体的助推,这会对整个媒介生态环境的健康发展产生不良影响。

---

① 《柴静:媒体"暴力"报道杨武事件已成为新闻的羞辱》,人民网,2011年11月10日
② 岳珊:《媒介审判个案研究——以药家鑫案为例》,新文的博客,http://blog.sina.com.cn/u/2397787582

"尤其是在刑事案件报道中,鉴于事件的严肃性,涉及个人自身权利,媒体在报道这类事件中更应坚持'客观性''真实性'原则,不偏不倚,忠实记录。而若滥用自己的权力时,就会损害媒体在受众心中的地位,造成媒体公信力的下降。"①

五、做好新闻批评的注意事项

做好新闻批评是法治新闻发挥影响力弘扬法治精神的必然要求。这些要求具体体现在以下几个方面。

1. 要出于公心,要对党对人民负责

由华中科技大学新闻与信息传播学院和中国网络传播学会共同组织编撰完成2014年12月7日发布的首部《中国新媒体社会责任研究报告》(以下简称《报告》)披露,视频网站通过对国家机关和国家机关公职人员的客观性监督报道,对依法行政起到了宣传和推动作用;通过披露腐败丑恶现象,为司法机关惩治腐败提供了线索。但是,低俗化和泛娱乐化倾向依然存在,主要有以下表现:

很多视频将硬新闻软化,并往往以谐谑风格改头换面,以社会关怀、舆论监督之名满足网民猎奇偷窥心理的视频司空见惯,如大量偷拍情侣光天化日之下寻欢、偷拍三陪小姐受辱,或是偷拍电梯、写字楼里的不雅行为,"实拍"妓女、吸毒者、乞丐、农民工等社会边缘群体的视频泛滥。

一旦明星出现绯闻,各网站更是争先恐后大肆炒作,比如,在文章出轨、黄海波嫖娼被抓后,视频网站上铺天盖地的报道即是明证。

低俗化表现为情色、暴力和恶俗三大元素。许多视频虽然并不以色情讯息为重点,在实际运用中却出现了很多与性有关的语言和笑料,以增加点击率,这可以称为软色情。许多影视剧、网络自制剧中粗口不断,一言不合就拔

---

① 岳珊:《媒介审判个案研究——以药家鑫案为例》,新文的博客,http://blog.sina.com.cn/u/2397787582

枪弄刀,血腥暴力镜头比比皆是。①

2016年习近平视察人民日报社讲话指出,在新的时代条件下,党的新闻舆论工作的职责和使命是:"高举旗帜、引领导向,围绕中心、服务大局,团结人民、鼓舞士气,成风化人、凝心聚力,澄清谬误、明辨是非,联接中外、沟通世界。要承担起这个职责和使命,必须把政治方向摆在第一位,牢牢坚持党性原则,牢牢坚持马克思主义新闻观,牢牢坚持正确舆论导向,牢牢坚持正面宣传为主。"尤其对舆论监督提出明确要求:"舆论监督和正面宣传是统一的。新闻媒体要直面工作中存在的问题,直面社会丑恶现象,激浊扬清、针砭时弊,同时发表批评性报道要事实准确、分析客观。"

下面这条新闻是对当时频繁的警察违法执法事件的曝光,与其他同类型新闻一道引发社会对警察执法侵权问题的讨论,最终使问题得到解决,保护了当事人的合法权益,也用鲜活的事例为社会上了普法课,提高了受众对该问题的法治认识。

男子在家下载1部淫秽视频被网警罚款1900元

大河网　2009年3月24日

昨天(17日),河南省南阳市民任超奇手持一张1900元的罚单,表示将申请行政复议。罚单是网警9月12日开具的,原因是"电脑上复制下载有一部淫秽视频"。

电脑里发现淫秽视频被罚

28岁的任超奇和同为南阳市民的李晋是生意伙伴,二人在南阳光彩大世界开了一家汽车配件店。8月18日,南阳市公安局直属分局的网警来到店里,称李晋的电脑涉嫌传播反动(不良)信息,要进行检查。为做生意方便,今年4月任超奇把自己的电脑从家中带来,当时也放在店里。

任超奇说,网警当时顺便也检查了他的电脑,发现了他下载的淫秽视频后,就扣押了电脑主机。任超奇称,这部视频是他2007年11月从网上下载的,长约30分钟。当时自己还没有结婚,既没有传播,也没有让别人看,完全是为了好奇,事后忘了删除。

9月12日,任超奇收到了警方的处罚决定书,称"进行日常检查时发

---

① 张红兵:《视频网站反腐作用 低俗化泛娱乐化倾向存在》,法制网,2014年12月10日

现其中一台电脑上复制下载有一部淫秽视频",决定对任超奇"警告并处1900元罚款"。对此,任超奇表示将申请行政复议,他称自己看淫秽视频虽然不对,但只是他一个人观看,没有传播也没有造成严重后果,类似夫妻在家中看黄片,是否违法值得商榷。他说:"罚得太多了,如果罚500元,我也能接受。"

警方认定罚款有据

南阳市公安局直属分局出具的处罚决定书称,对任超奇的处罚,有本人陈述、检查笔录和淫秽物品鉴定为证,处罚的依据是《计算机信息网络国际联网安全保护管理办法》第五条第六项和第二十条。

记者查阅《计算机信息网络国际联网安全保护管理办法》,其中第五条第六项规定:任何单位和个人不得利用国际联网制作、复制、查阅和传播"宣扬封建迷信、淫秽、色情、赌博、暴力、凶杀、恐怖,教唆犯罪"的信息。第二十条规定:违反第五条所列行为之一的,由公安机关给予警告,有违法所得的,没收违法所得,对个人可以并处五千元以下的罚款,对单位可以并处一万五千元以下的罚款。

南阳大为律师事务所毕献星律师认为,虽然警方发现了任超奇个人电脑里有淫秽视频,但如果没有找到任先生将淫秽视频非法传播、聚众观看的证据,而对任先生进行行政处罚,显然缺少法律依据,且《行政处罚法》没有就个人下载浏览淫秽视频的处罚进行明确规定。"只要任先生没有面向社会公众传播,警方要追究也应追究提供淫秽视频的网站的责任。"毕献星补充道。(记者 张定有))

2. 批评标准要有法律依据

虽然我国法律法规对媒体批评权利提供了很多法制保障,但是,也对新闻传播行为做出明确的限制,需要新闻从业者严格遵守。我们要认识到传媒报道和监督中享有的自由是相对的,其行为底线依然是人人都得遵守的法律,不能违背法律法规而我行我素。

司法独立,包括独立审判和独立检察,是我国司法工作的一项基本原则,这也应该是舆论监督的原则。《宪法》第一百三十一条规定:"人民检察院依照法律规定独立行使检察权,不受行政机关、社会团体和个人的干涉。"《宪法》第一百二十六条规定:"人民法院依照法律规定独立行使审判权,不受行政机关、社会团体和个人的干涉。"《人民法院组织法》第四条规定:"人民法院独立进行审判,只服从法律。"媒体的新闻报道不应该凌驾于司法之上、干预和影响司法行为,对于正在审理的案件避免超越司法程序抢先对涉案人员作出定性、定罪、定刑期以及胜诉或败诉的结论。否则,不仅是对司法独立原则的不尊重,同时也违反了《刑事诉讼法》关于"未经人民法院依法判决,对任何人都不得确定有罪"的"罪刑法定"原则,践踏了诉讼当事人的平等权利。

在公开报道时,媒体还应该遵守相关法律的保密原则。这不仅是对他人权利的尊重,也是对法律的尊重。同时,这也是媒体活动法治精神的自觉彰显。当初媒体对湖南落马女官员报道的新闻事实就涉及与法律事实不符的情况,超越了司法程序。

2001年2月14日,湖南某报发表《一定要看到女贪官的下场》一文,对此,当事人蒋艳萍的辩护律师要在媒体上发表"律师声明":"蒋艳萍案尚未开庭审理,法院尚未对蒋艳萍作出有罪判决。该文有关蒋艳萍是贪污1000余万元的'女贪官'的结论是不合法的,这不仅侵犯了当事人的人权,而且有碍司法公正。"但"律师声明"几乎没有媒体愿意刊发。随着开庭日期的临近,某些媒体就对蒋艳萍作出了"审判":有的称蒋为"犯罪人员",有的"指控"蒋用肉弹轰炸40多个厅级以上领导干部,有的称蒋为"三湘头号巨贪",有的竟以"枪毙还少了"为标题等等。①

3. 立场客观公正,事实准确无误

约翰·密尔认为:"一切意见是应当许其自由发表的,但条件是方式上须有节制,不要越出公平讨论的界限",且"个人的自由必须约制在这样一个界限上,就是必须不使自己成为他人的妨碍","即使是意见,当发表的情况足以使意见的发表成为指向某种祸害的积极煽动时,也要失去其特权的。"②约翰·密尔的这些话告诉我们,媒体的批评权利也不是为所欲为的,也不能对其他人的权利造成危害。真实客观公正被认为是新闻传播应该坚持的基本原则,在新闻批评中也应该奉为圭臬。

媒体介入司法,首先要保证新闻的真实性、准确性。真实性是新闻的生

---

① 束光明:《浅议"媒介审判"的危害及规避》,新闻世界,2011年第12期
② (美)约翰·密尔:《论自由》,商务印书馆,2008年版

命,也是把握正确监督,防止不正当干预的基本原则。司法裁判坚持的原则是实事求是,这与新闻媒体对案件报道的真实性是一致的,只要都尊崇这一原则,就会减少新闻侵权现象。尤其要强调媒体司法报道要坚持法律事实报道,这是因为新闻报道者获取信息的渠道与裁判者不同,视角和认识的方法也有所不同,这都有可能导致报道者与裁判者判断的差异。

坚守报道的客观性原则,禁止添加报道者的主观色彩,改"诉诸感情"为"诉诸理性"。长期以来,新闻媒体在报道案件时往往采取"诉诸感情"的方式,是"感动人",而不是"说服人"。而司法是高度专业化的工作,任何主观感情因素的添加都有可能带来天平的倾斜,进而影响司法公正。因此,媒介在进行法治报道时,应该主要采用冷静的摆事实、讲道理,运用理性或逻辑的力量来达到说服目的的方法,即"诉诸理性"。①

坚持报道的公正原则,改"一面提示"为"两面提示"。"在新闻报道中,只要遇到冲突,遇到矛盾,遇到人们有不同看法、不同观点的地方,就一定要倾听双方的意见,报道双方的真实态度和观点,要给冲突、对立的双方以表达自己看法的平等的机会。"②这是新闻报道的基本规律。"'两面提示'由于包含着对相反观点的'说明',这种'说明'就像事先接种牛痘疫苗一样,能够使人在以后遇到对立观点的宣传时具有较强的抵抗力。"③这是新闻传播学的重要原则。因此,无论从尊重司法工作的公正原则,还是从遵循新闻报道规律来看,法治新闻的报道都应该采取"两面提示"的做法,给双方以充分发表言论的机会。

笔者认为,新闻对审判过程和结果的评论应当谨慎。尤其在案件的审理过程中,最好避免主观评论,以免引起舆论误导。在审判过程中尽量避免直接采访审判人员,不要求审判人员对正在审理的案件发表意见。在坚持新闻的客观、准确、全面、公正性的同时,还应当注意对隐私权、商业秘密的保护。现在常常见到传媒对案件进行法庭直播的情况,更应该注意这些问题。

4. 新闻批评要与时俱进

2016年2月19日,习近平总书记在党的新闻舆论工作座谈会上,对媒体

---

① 吴秋余:《对"媒介审判"现象的分析》,新闻战线,2007年第5期
② 高钢:《新闻写作精要》,首都经济贸易大学出版社,2005年版
③ 郭庆光:《传播学教程》,中国人民大学出版社,1999年版

做好新环境下的舆论工作提出要求:"要适应分众化、差异化传播趋势,加快构建舆论引导新格局。"4月19日,在网络安全和信息化工作座谈会上他再次强调:"建设网络良好生态,发挥网络引导舆论、反映民意的作用"。

互联网化发展,正在催生信息社会、信息经济的到来,网民或受众获取信息、加工信息、运用信息及互动交流的方式、方法等都发生了革命性变化。与此同时,各种互联网新媒体层出不穷,形成了多元化竞争新格局。传统媒体的传播模式已不再适用了,网民或受众中的很多人变成"自媒体",网民与媒体开展即时互动沟通交流,媒体可向网民精准送达个性化的新闻产品和信息服务。因此,随着互联网化发展和传播趋势变化,新闻舆论工作必须创新理念、内容、体裁、形式、方法、手段、业态、体制、机制,增强针对性和实效性。要适应分众化、差异化传播趋势,加快构建网络舆论引导新格局。要推动传统媒体与互联网新媒体融合发展,积极主动借助新媒体的传播优势,增强舆论引导的影响力、公信力。①

与时俱进符合马克思主义的基本观点。新闻批评要适应舆论环境的变化,做到与时俱进。比如,利用网络技术拓宽新闻线索渠道,传播多文本的监督作品,获取并传播更多权威层面对相关问题的意见,集纳更多同类问题信息等等。这不仅大大增加了监督面,提高监督作品的可信度,也更增加了监督的权威性和影响力。

5. 新闻批评需要良好环境

做好新闻批评需要全社会的支持,需要良好的舆论生态。

(1)新闻批评应该得到司法机关的全力支持。让司法在阳光下运行,满足广大公民日益觉醒的知情诉求与参与意识,为舆论监督创造更加有效的条件与途径,使新闻舆论成为促进与保障司法公正的一支更加重要的力量,发挥其更大的作用。司法公正无疑是一切司法机关与司法人员追求的最高目标,然而,司法公正的实现却有赖于一系列切实可行的措施与制度。因此,应当进一步强化舆论监督,让新闻媒体对审判活动进行及时、全面、客观、公开的报道,杜绝"暗箱操作",司法机构应给予媒体某些特殊便利,配合媒体适时报道进展情况。只有这样,这时候的法治新闻是全时的,全面的,专业的。

---

① 卓尚进:《与时俱进 开拓创新 做好网络舆论引导工作》,金融时报,2016年5月7日

(2)司法机关要"主动出击",发起"宣传攻势",引导媒体监督。近年来,全国各地各级司法机关都十分注重对司法工作人员宣传素质方面的锻炼,通过多种形式、多种渠道、多种措施不断加强新闻宣传工作,取得多方面明显效果:一是司法机关培养本单位本系统的新闻宣传人员,这有利于及时有效地进行报道本单位新闻;二是司法机关内部人员能接触第一手资料和信息,使报道更具客观性和真实性,也使新闻与司法工作的主旨更为贴切,能够有效地避免外界媒体监督中出现的报道失实,减少重"眼球效应"而忽略"证据作用"等不良现象的产生,避免相应的冲突和麻烦;三是司法机关自身加强宣传工作是对促进与媒体合作的有力互动;四是司法机关发挥主观能动性加强宣传报道工作,对公众而言展示出的是司法机关接受媒体监督的诚意,对促进司法公正具有良好的推动作用。

(3)司法机关应当对媒体监督持宽容态度。司法机关要充分认识媒体监督的积极作用,主动寻求与媒体的配合与互相支持,对媒体监督存在的不足要持"宽容"态度。司法机关需要明白由于客观条件的限制,新闻报道不可能与客观事实完全一致,司法机关不能太过严格地苛求报道的真实性,对媒体的一般过失应予宽容;限制被监督的司法机关和司法人员的起诉权利,只要新闻媒体不是故意捏造、歪曲事实,恶意损害司法机关及司法人员名誉,就应当大胆对媒体监督给予支持。

(4)从管理层面强化新闻批评的地位。在当前社会环境中,新闻批评在行业内是个出力不讨好的工作,是个"捅娄子""捅马蜂窝"行为,极容易为自己和媒体带来麻烦。这需要社会的支持,尤其是媒体管理层面的支持。政府管理部门对新闻批评的支持,不仅反映在制度建设上,还应该采取有效措施,不仅在物质上也要在精神上给予支持鼓励。比如在法治新闻奖里专门设立"新闻批评奖"或者"舆论监督奖"。在行业管理中,大力提倡新闻批评,尤其是引导媒体进行健康的新闻批评,帮助媒体树立新闻批评中的社会责任,减少新闻伤害。在具体的媒体管理中,在媒体内部大力营造重视舆论监督的氛围,把新闻批评作为贴近受众、提高经济收益的有效渠道,探讨新闻批评的科学方法,始终让这类法治新闻在新闻批评领域发挥正能量。

第八章

负面法治事件彰显新闻正能量的策略

法治新闻素材里,很多内容充满戾气,容易诱发公众对社会悲观失望的情绪,甚至可能激发有些人反社会的违法犯罪行为。这与我们长期倡导的新闻传播要帮忙而不添乱的宗旨背道而驰。2013年8月,习近平在全国宣传思想工作会议上的讲话中指出:"坚持团结稳定鼓劲、正面宣传为主,是宣传思想工作必须遵循的重要方针。我们正在进行具有许多新的历史特点的伟大斗争,面临的挑战和困难前所未有,必须坚持巩固壮大主流思想舆论,弘扬主旋律,传播正能量,激发全社会团结奋进的强大力量。"① 正确处理负面新闻素材,写出彰显正能量的新闻,让法治新闻充满正义的阳光,让法治新闻成为人们建设法治社会的动力,是一个极有价值的课题。这个课题有助于法治新闻弘扬法治精神。

一、正能量和法治新闻

法治新闻与正能量没有必然的联系,相反,不少法治新闻素材有明显的负面影响。如何把负面倾向的新闻素材做出充满正能量的法治新闻,需要从业人员高度的社会责任感、深厚的专业功底。

1. 关于"正能量"

知名语言文字刊物《咬文嚼字》2012年岁末曾经评选出当年"十大流行语","正能量"位列其中。"正能量"本是物理学名词,出自英国物理学家狄拉

---

① 杨振武:《做好新形势下舆论引导工作的科学指南》,人民日报,2014年5月28日

克的量子电动力学理论。物理学意义上的"正能量"与"负能量"是相互抵消的,遵从能量守恒定律。"正能量"一词的流行源于英国大众传播心理学教授理查德·怀斯曼的专著《正能量》(湖南文艺出版社,2012年版),其中将人体比作一个能量场,通过激发内在潜能,可以使人表现出一个新的自我,从而更加自信、更加充满活力。现在"正能量"指的是一种健康乐观、积极向上的动力和情感。一切积极奋进的、鼓舞人不断追求的、赐予力量让生活变得圆满幸福的人和事,都被贴上"正能量"的标签。这个词已经成功的上升成为一个充满象征意义的符号,深深系着我们的情感,表达着我们的渴望与期待。[1]

　　研究者通过检索发现,"正能量"一词在我国最早进入官方权威话语体系是在2012年3月,《人民日报》首次使用这个词语。随后在2012年12月13日,习近平在会见美国前总统卡特时也使用了"正能量"一词。他说:"新形势下,中美双方要不畏艰难,勇于创新,积累正能量,努力建设相互尊重、互利共赢的合作伙伴关系,开创中美构建新型大国关系新局面。"[2]党和国家最高领导人和权威媒体的使用是对该词语的积极认可,进一步推动该词语的流行。

　　这个词语的高频使用,应和了当下社会的需要。人的社会能量的方向和大小与价值观、人生观、处世观有关。概括地说,凡是追求"真善美",对集体、民族、人类、地球创造和贡献正价值的动机和行为,都代表"正能量"。而那些自私自利、损人利己、谋权贪利之徒,显然是"负能量"之源;为了少数人的利益而损害大多数人利益、为了眼前利益损害子孙后代利益等行为,都会释放极大的"负能量"。[3]

　　从功能上看,社会能量场方向为正时,人善的本性会被激发出来,强化正能量场;而能量场为负时,人恶的本性会被诱发和传导,导致社会生态环境更趋恶化。

　　从社会生活看,当社会实现了公平正义,百姓安居乐业,人们和谐相处,享

---

[1] 曹国军,岳康:《"正能量"一词流行现象及原因分析》,语文教学与研究(教研天地),2014年第4期
[2] 吴姣:《习近平会见美国前总统卡特 强调为中美关系积累正能量》,中国日报,2012年12月13日
[3] 《正能量:一个很有"能量"的流行语》,思想乐园的博客,http://blog.sina.com.cn/u/2476265303

有充分的民主自由权利,民众对政府具有较高的满意度,人们对生活具有较强的安全感,就表明社会正能量场压过负能量场;反之,如果社会充满动荡,群体冲突加剧,社会缺乏有凝聚力的正向价值观,人们普遍缺乏安全感,遍布危机感,就表明社会负能量场占了上风。

这就是我们研究法治新闻能量性质的依据。

2. 法治新闻的正能量

法治新闻的正能量是什么呢?是法治精神的光芒。法治精神是法治社会的价值追求,其中"尊重保障人权"是法治精神的精髓所在。十九大报告充满着"尊重保障人权"的信念。报告提出:"中国共产党人的初心和使命,就是为中国人民谋幸福,为中华民族谋复兴……永远把人民对美好生活的向往作为奋斗目标"。在各项工作中,"坚持以人民为中心。人民是历史的创造者,是决定党和国家前途命运的根本力量。必须坚持人民主体地位,坚持立党为公、执政为民,践行全心全意为人民服务的根本宗旨,把党的群众路线贯彻到治国理政全部活动之中,把人民对美好生活的向往作为奋斗目标,依靠人民创造历史伟业。"①这些论断的提出是基于党中央对我国当前主要矛盾作出新判断:"中国特色社会主义进入新时代,我国社会主要矛盾已经转化为人民日益增长的美好生活需要和不平衡不充分的发展之间的矛盾。人民美好生活需要日益广泛,不仅对物质文化生活提出了更高要求,而且在民主、法治、公平、正义、安全、环境等方面的要求日益增长。"而最终促成这些矛盾的解决的重要手段就是依靠法治。

建设法治社会实现法治精神所追求的公平正义、自由平等、法律至上等价值理念,保障人民权利的实现,需要社会精神的塑造工具大众媒体的帮助。法治新闻,正是发挥媒介优势手段之所在。

3. 法治新闻正能量的策略探讨

如果新闻素材是"好人好事",法治新闻的正能量显而易见。如果新闻素材明显不是"正面"的,而是反映社会阴暗面,新闻该如何处理呢?

---

① 《习近平在中国共产党第十九次全国代表大会上的报告》,新华网,2017年10月27日

(1)"不闻"的困境

毛主席曾经提出过传统的处理新闻的策略:"新闻""旧闻""不闻",即"报道什么或不报道什么,要根据实际需要而不单纯是新闻价值来取舍。有些新闻需要抢时间,及时地第一时间报道;有些新闻就要暂时放一放,有了合适的好时机,再放出去;还有一些新闻,则是不发为好。这就要求报纸、通讯社、电台电视台对新闻要有所选择地报道,根据革命斗争需要或急、或缓、或舍。"①很明显按照这个策略,对于负面新闻,传统的解决策略是"不闻",将其屏蔽。

但是,在当前网络环境中,自媒体高度发达,"人人都有麦克风",对于负面新闻,传统的"打墙"屏蔽的方法已经失灵。对于突发事件,权威官方媒体的失语只能为谣言的流行提供便利,进而使社会产生恐慌。"不闻"已经不适应现代传播环境的需求。2007年国务院颁布的《中华人民共和国政府信息公开条例》规定,除了一些涉嫌机密事项、个人隐私信息之外,政府信息都要对外公开,条例就是针对过去政府信息"捂盖子"的弊端而制定的。司法信息公开的各种规定也是为了避免不恰当的"不闻"可能造成更大的负面影响。

(2)"排气阀"式宣泄的副作用

社会学家刘易斯·科塞形象地把"排气阀"应用于社会学,指出:社会存在着矛盾和冲突,而对于这些矛盾和冲突,社会主体会产生一些不满情绪,如果这种情绪长期得不到释放,不断堆积,便会带来许多社会问题。一个社会,需要设置一类经常化的、制度化的通道,以实现不同社会主体之间的沟通,以及发泄不满情绪,它将保障社会运转的安全,及时排泄累积的不满情绪,有利于社会的稳定。② 陈力丹教授引用"社会排气阀理论"指出保障舆论渠道畅通的重要性。他以网络新闻管理为例阐明了传统做法的缺陷:"网络往往是敏感话题的集中地,我们以往的惯用办法是强力监管,十分紧张。其实,对于网络意见现象不必过于惊慌,管理网络应重在疏导而不是封堵,可以有一些灵活的应对办法。不妨换一个角度去考虑,使网络充分扮演好'排气阀'的角色,将网络视为一个适当的出气渠道,允许网民的一些意见存在,将各方的意见都予以释放。最安全的意见环境是多种意见并存的环境,较为极端的意见在这种环境

---

① 哲远:《关于新闻舆论工作毛泽东的两大教益》,新华每日电讯,2017年1月13日
② 陈力丹,宋子婧:《从传媒"排气阀"作用看网上意见现象》,陈力丹的博客 http://blog.sina.com.cn/chenlidan

中往往被稀释,其作用的发挥变得非常有限。"①

在这里,他对社会上的负面情绪的处理建议是"疏"而不是"堵"。这个建议也对法治新闻传播有借鉴意义。需要指出的是,舆论的情绪疏导常用的方法是事实曝光和意见批评。这要求做好"度"的把握。过度的批评和过多的负面信息,容易使受众感觉压抑,对社会悲观失望。让负面信息发挥正面作用是媒体正确的选择。

(3)正面引导的科学性。塞翁失马,焉知非福,这就是媒体处理负面新闻信息的经典观点。从辩证唯物主义立场看,任何事物都有两面性,表面看我们面对的是负面信息,换个角度观察,就能发现其中的积极意义。媒体应该是帮助受众发现积极意义的引导者。面对可能带来的悲观失望和怨气,媒体通过新闻角度的恰当选择巧妙地让受众看见事实背后的亮光,使他们产生奋力前行的力量。

总之,面对客观存在的负面法治事件,不是"不闻",也不是自然主义的"有闻必录",而是如何让该"负面新闻"对公众产生正面影响的报道策略问题。

二、常见冤案报道模式分析

研究冤案报道的传播策略,对于解决负面新闻素材的传播问题有很好的借鉴意义。

1. 冤案报道:负面信息的典型

什么是负能量信息？根据正能量的含义可以推知,负能量是让人感到悲观失望的一切事物。就法治新闻来说,一切让人悲观失望的新闻就是负能量新闻。这类新闻具体表现为鄙视法律法规,践踏公平正义、漠视基本人权等一切违法犯罪行为,具有损害社会和谐的严重危害。

实践中,负能量法治新闻主要反映的领域有：

一是有损执政党和政府形象的新闻,包括执法和司法丑闻及其他类别的

---

① 陈力丹,宋子婧:《从传媒"排气阀"作用看网上意见现象》,陈力丹的博客 http://blog.sina.com.cn/chenlidan

公务员丑闻。

二是弱势群体合法权益横遭践踏的新闻信息。社会上弱势群体是个权利极易遭受侵犯的群体,也是社会神经的敏感区。能否有效保护这个群体的合法权益是衡量社会治理的重要依据。这个群体权益遭受侵犯,最容易牵动社会的神经,引发群体情绪。

三是破坏社会秩序的一切违法犯罪行为。小到小偷小摸的屡禁不止,束手无策的交通违法,大到骇人听闻的杀人放火,贪污受贿,卖官鬻爵,这类新闻信息都会引发人们悲观失望的负面情绪。

下面我们就以冤案报道为例分析负能量信息的传播策略,以期去除戾气,使新闻呈现正能量,给受众信心和力量,让他们充满战胜邪恶困苦的勇气。

这种策略不是普通意义上的"新闻漂白"。"漂白"是对事物本质的歪曲,是造假,是对公众的欺骗。我们探讨的这个传播策略,是在确保新闻客观真实的前提下处理问题的技巧。

众所周知,一个阳光下的事物人们从不同角度观察会得出不同的结论:有人看到的可能是阴影,有人看到的则是阳光。我们不能说谁对谁错,但是可以肯定的是,从不同的角度看问题,会产生完全不同的感受,同一个事物,有的人从中感受的是正能量,而有些人却感受的是负能量。

我们之所以选择冤案报道作为主要研究对象,是因为冤案新闻素材有以下特点:

首先,冤案是负能量信息的典型。冤案报道属于不折不扣的负面新闻,这类案件的背后往往存在公检法机关的执法司法缺陷,媒体对这些国家机关不当办案信息的曝光会严重降低政府机关的社会评价,给政府形象带来不可避免的损害。

其次,这类新闻具有强大的传播力。冤案事件新闻性极强,事件的反常性、发展过程的曲折性、数量的稀少性、关涉行业的神秘性等特点决定了冤案新闻是媒体追逐的热点;另外,冤案的生成常常对当事人合法权利进行了粗暴的剥夺,给他们的身心带来极大伤害;这类信息极易引发公众对当事人的同情和对办案人员的痛恨,具有很强的人情味(或者说煽情性)。冤案信息一经媒体披露便会在短时间内形成舆论热点,成为百姓街谈巷议的话题。以2016年12月平反的河北聂树斌案为例,在百度输入"聂树斌",可以得到1380万条信息,仅新浪新闻网推送的一篇题为《聂树斌案再审判决全文公布 九方面认定证据不足》的报道,就有2.5万人的阅读量。冤案报道常常引发舆论热潮,给社会舆论带来巨大影响。

再次,案件曝光率提高。随着我国法治建设力度进一步加大,我国司法机关敢于正视"家丑",越来越多的冤假错案得到纠正。国新办发布的《2013年中国人权事业的进展》白皮书显示,仅2013年一年,各级法院就依法宣告825名被告人无罪。这些人都是在司法过程不同阶段的受冤者。资料显示,仅十八大以来,人民法院纠正了包括呼格吉列图案、聂树斌案、陈满案等重大冤案37件。①

如何让冤案报道趋利避害,成为弘扬社会正能量的载体是新闻工作者值得重视、也值得研究的课题。

对于媒体而言,由于媒体性质、目标受众、编辑方针、采编人员素质及生存环境的差异,不同媒体对冤案报道呈现不同的特色。我们通过媒体报道角度、写作方法、立意指向等要素的考察,发现五种"冤案报道模式"——"煽情宣泄模式""主旋律模式""客观理性模式""冷静反思模式""混合模式"。通过对这些报道模式的分析,有助于解决法治新闻的价值导向问题。

2. 冤案报道的五种基本模式

(1)"煽情宣泄模式"

从立意指向看,煽情宣泄模式要么立足对违法办案人员恶行进行无情揭露,声讨他们滥用公权践踏公民合法权利的罪行,要么站在时代主流价值观高度,对蒙冤者遭受的种种令人发指的不公正待遇表达人文关怀。

从报道角度看,这种模式往往有这样两个选择:一是从司(执)法人员违法办案角度切入,详细介绍办案人员的违法证据获取手段——残酷的刑讯逼供和非人的精神折磨,展现公平正义被邪恶任意践踏时的微弱和无奈。《新京报》的《浙江劫杀案蒙冤者详述逼供:不堪折磨咬掉舌尖》(2013年6月25日)、《京华时报》的《赵作海披露刑讯逼供细节:喝催眠药水昏迷又被鞭炮炸头》(2010年5月12日)就属这类情况。另一个报道角度是是从受害人入手,详尽披露蒙冤当事人所遭受的种种身心伤害的过程,而对司法人员刑讯逼供非法取证手段则采取"少闻"或"不闻"态度。《新京报》的《安徽蚌埠男子坐17

---

① 侯梦菲:《百万余人慑于信用惩戒主动履行义务》,大河报,2017年11月2月

年冤狱 无罪释放后嫌疑人落网》(2014年5月29日)当属此类。

煽情模式有以下几种鲜明的写作特点：

一是注重细节呈现,刻意情节设置,努力渲染悲剧气氛。以上述《新京报》报道的浙江冤案为例,描写受害人遭受的非人待遇时,细致入微:用一捆细竹片,抽打腿部。每抽一次,就是一条条血痕。……在收审所,首先是"喝啤酒",牢头要求田伟冬喝下两碗"啤酒":洗过衣服的脏水;接着吃"红烧蹄膀",用膝盖直接顶胸脯;吃"辣子鸡丁",用手指敲头,大家都来敲……当时正值冬季,他的衣服裤子被脱掉,只剩下一条内裤,他被铐在椅子上。实在难以忍受,他用牙齿咬掉舌尖,把咬掉的舌尖吞进肚子。咬掉的舌尖大约1厘米。①

二是用词上态度倾向性明显,注重情绪宣泄。新闻中借用受害人或者他人的口,倾诉所遭受的不公,对违法办案的人充满愤怒和仇恨。新闻情绪饱满,立场鲜明。

三是讲究故事化叙述手法,注重悬念和情节设置,追求新闻的可读性。在冤案的形成和昭雪过程中,司(执)法人员的恶行总是在人们期待被拦截时顺利突破一个个关口,正义却没有在关键时刻得到彰显,本该避免的冤案一步步成为现实。这类冤案报道悬念丛生,情节曲折,扣人心弦。

(2)"主旋律模式"

从立意看,这种报道模式立足以正面宣传为目的,着力塑造政法战线的美好形象,营造邪不压正的舆论氛围,着力提高公众对政府、对社会的信任感。这类报道基调积极昂扬,让人热血沸腾,能为生活受挫者鼓起克服困难的勇气,为懦弱和失望者激发战胜邪恶的斗志。

从报道角度看,这类报道总是选取案件中正面人物为切入口,着力记述司(执)法领域和其他的为阻止冤案发生,或者在冤案纠正过程中作出不懈努力的个人或者群体的事迹,展现社会"正义守护神"英雄谱。《法制日报》的《"浙江叔侄冤案"三名纠错检察官记二等功》(2013年6月5日)和《南方都市报》的《河北隆尧:一农民被羁押八年 四判死刑终获无罪》(2006年3月1日)属于此类。前者记述三名检察官对案件认真负责,为素不相识的蒙冤叔侄奔走呼吁,表现出强烈的职业精神;后者则报道河北省高院对下级法院不适当判决结果多次拦截,多次裁定发回重审,最终由省高院裁定被羁押8年的当事人无

---

① 刘刚:《浙江劫杀案蒙冤者详述逼供:不堪折磨咬掉舌尖》,新京报,2013年6月25日

罪,重获自由的过程。新闻彰显了人间正气,弘扬了法治精神。

这种报道模式突出的写作特点是:

从繁简策略上,新闻概括性地叙述甚至直接略过司法人员非法刑讯逼供诱供的手段,把笔墨重点放在维护正义和公理的司(执)法人员及其他社会人员身上,详细介绍他们在阻止冤案和冤案昭雪过程中做出的种种努力。

注重细节呈现也是这种模式的常用手法。通过相关人员冲破重重阻力洗冤的言行使受众感受浩然正气的存在。比如,"浙江叔侄强奸杀人案"洗冤过程中检察官张飚在接受记者采访时说:"如果在案件中发现了问题却没有纠正,那是我的失职,而纠正它是我的职责。"①掷地有声,令人敬佩。

值得指出的是,这种模式要注意洗冤功臣的群体性。洗冤过程的长期性和复杂性,决定了这个活动决不是一个人或者一个部门所能为,而是群体提供支持的结果。比如,在河南"魏清安冤案"的洗冤过程中,新闻记述了省检察院检察长、参与调查的两位检察官、中央政法委和"两高"派出的调查人员等作出的积极努力。②

(3)"客观理性模式"

这种模式的报道旨在多角度观照冤案形成的来龙去脉,包括洗冤的过程,使受众对一桩冤案有全面的认识。

这种模式从制造冤案和推动平反的相关司法人员、受害人及亲友等方面多角度切入,立场客观,叙述冷静,符合新闻"客观、全面"的报道要求。比如新闻有对当前司法腐败现象的呈现,有冤案纠错过程中正义对邪恶的顽强对抗,有受害人遭受的各种不公正待遇的介绍等等。

这种报道主要有以下写作特点:

一是报道态度客观理性。把冤案的产生放在特定社会背景下(比如技术局限、相关司法人员素质不高)观照,力求多维度透视,避免倾向性引导,避免片面化可能给司(执)法机关带来的"污名化"。在报道度的把握上,揭露司法腐败有度,不回避也不渲染;在描述正义时,力避人为拔高和片面夸张。

二是表达方式上多使用概括性语言。新闻尽量减少煽情性细节,避免情

---

① 潘从武:《"浙江叔侄冤案"三名纠错检察官记二等功》,法制日报,2013年6月5日
② 郭国松:《男子被当强奸犯枪决后真凶落网 媒体揭洗冤录》,法治周末,2010年7月21日

绪化表达。严肃性媒体在这方面的做法值得借鉴。比如《中国青年报》在"萧山冤案"平反前后的报道中都注意新闻语言的概括性。在平反前,《浙江再审18年前命案"张氏叔侄"错案或现翻版》(《中国青年报》,2013年5月24日)一文,介绍冤案原因时写道:"当年,警方认定均系萧山籍青年陈建阳、田伟冬、王建平、田孝平、朱又平等5人所为。……在缺乏作案工具、指纹证据,主要依赖口供的情况下,1997年12月浙江高院作出终审判决,其中4人被判死缓,1人被判无期徒刑。"新闻没有纠缠于刑讯逼供的细节和法院违法判决的过程。

《南方都市报》根据新华社稿件编发的题为《劫杀女的士司机真凶终审判死缓》(2013年6月28日)一稿,简要地对"浙江萧山五青年冤案追踪"后,列了个"萧山案时间表",清晰介绍冤案的形成和平反的各个时间节点,使新闻表现出应有的严肃、客观、公正立场。

(4)冷静反思模式

这种反思模式新闻属于深度报道,旨在通过对冤案的形成原因进行深入剖析,帮助公众看清冤案形成的根源,推动相关部门从制度设计层面入手,杜绝冤案的继续发生。

从报道角度看,"冷静反思模式"避开对冤案形成过程的纠缠,着眼于对冤案形成的社会生态进行深度探究,考察政法机关领导方法的缺陷,反思公检法相互制约制度失灵的深层原因。与"客观理性模式"的报道相比,这类报道不一定注重"全面",但以"深度"见长。比如,《对刑事冤案纠防机制的拷问》(《光明日报》,2010年5月20日)、《萧山冤案是怎样酿成的》(《中国青年报》,2013年7月5日)、《冤案难昭雪的制度性障碍》(《南风窗》,2013第10期)都属于此类。以《萧山冤案是怎样酿成的》为例,新闻对公检法办案过程各个环节进行剖析,查找漏洞,揭示冤案发生的具体原因。最后以法院领导的道歉与对冤案的诚恳表态结束。受众从这类报道中可感受到社会对司法进步的热望,树立对中国司法的信心。

这种模式的报道在写作手法上有以下突出特点:

首先,轻情节表达重理性分析。放弃常见的情节性安排,不追求报道的趣味性和煽情性,用概括性语言简要介绍案件事实,深入细致地分析案件的形成原因,论证比重明显多于其他模式的新闻。

其次,在选材上从三个方面凸显办案的专业性。

一是重视专家学者对案件的意见。由于司法行业专业性强,行业外受众很难全面准确把握法制精髓,新闻通过法律专业人士对具体案件的权威解读,使受众产生信服心理,有助于法律知识普及,提高公众的法治意识。

二是注意记录司法行业人内部士的意见。行业内部人士的观点能帮助众多"隔行"的受众从另一个视角认识司法行业的特殊运行规律,有利于受众全面客观地认识行业内部问题。

三是引用和链接相关资料,在旁征博引中表明新闻立场,帮助受众对案件获得正确明晰的判断。

以《萧山冤案是怎样酿成的》为例,"刑讯下的冤案"部分在介绍办案人员刑讯手段时,用概括性语言代替细节性描写,比如"吃尽刑讯逼供的苦头""被打得实在受不了,只好按照他们的意思在口供上签字""被连续审了8天9夜"等。具体怎么打的,则没有细说,避免激发公众对司法人员的仇恨心理。在《最高法:冤假错案往往奉命行事 不苛求命案必破》(《新京报》2013年5月7日)中,甚至有"叔侄冤案法院功大于过"的说法,这种看似荒诞的表述方式,是司法队伍管理者把冤案放在特定历史背景下对司法制度缺陷的坦诚告白,引导受众理性看待冤案,而不是对司法机关的简单否定。文中"冤假错案往往'奉命行事'""不要过于苛求'命案必破'"部分,则是对权力干扰司法做法的批判,以及对"命案必破"这种违背辩证唯物主义观念的警告。

(5)"混合模式"

现实中的许多冤案报道常常不是单纯采用上述中的单一模式,而是不同模式中若干报道手法的综合。比如主体采用"主旋律模式",局部借用了"煽情宣泄模式"的某些表达手法;新闻主体是"煽情宣泄模式",却含有"冷静反思模式"的某些成分。《一个4次被判死刑的人8年回家路》(《法制与新闻》,2006年第4期)就是一篇典型的"混合模式"报道。文中案件惊悚的煽情情节不仅有凶杀和两性及破案中草菅人命的刑讯逼供的细节("煽情宣泄模式"),也有省高院始终对正义的坚守("主旋律模式"),同时还有对冤案现象的深刻反思("冷静反思模式")。

3. 五种报道模式的价值评判

2013年8月,习近平总书记在全国宣传思想工作会议上的讲话中指出:"坚持团结稳定鼓劲、正面宣传为主,是宣传思想工作必须遵循的重要方针……必须坚持巩固壮大主流思想舆论,弘扬主旋律,传播正能量,激发全社会团结奋进的强大力量。关键是要提高质量和水平,把握好时、度、效,增强吸引力和感染力,让群众爱听爱看、产生共鸣,充分发挥正面宣传鼓舞人、激励人的作用。"①

人民日报社社长杨振武在论及舆论引导追求的境界时,对新闻的"时""度""效"进行了解读:"时",解决好"说不说、什么时候说"的问题;拿捏好"度",解决好"说多少、说多久、怎么说"的问题;求最大"效",解决好"说了要管用"的问题。②"时"与"度"是舆论引导的手段,"效"才是舆论宣传追求的目的。新闻报道不仅要追求效果显著,影响力强,更要注意正面效果,做到帮忙而不添乱。

"法治精神"应该是法治新闻追求的价值目标,即新闻传播以法制至上、公平正义、人权实现、权力制约、社会和谐等为价值目的。冤案报道作为法治新闻的重要组成部分,价值目标理应与此相一致。我们从传播的"时"和"度"两方面对上述不同报道模式加以分析,对冤案报道的"效"进行评估,借此对冤案报道的常见模式建立正确的认知,对该类新闻传播有所借鉴。

"煽情宣泄模式"聚焦司法机关违法办案过程,让本来隐蔽的不法行为大白天下。新闻通过细致入微的描写手法对违法现象无情揭露,令人震惊。这种报道模式具有独特的"揭秘"性质,能满足受众的好奇心理,容易引起受众心灵共鸣和社会的关注。新闻革除现实积弊、实现治理公平的良好愿望可能会在公众注意力的聚焦中得以实现。此为这类新闻的长处。但是,这种煽情方式在引发公众愤怒的同时,容易造成整个司法行业"污名化",严重损害政府机关形象,引发社会对执政党的信任危机。这种模式没有把握好报道的"度",揭露假丑恶力度有余,发现真善美力度不足,视野存在以偏概全的缺陷。

"煽情宣泄模式"中,部分新闻弱化司法机关刑讯逼供手段,而以冤案给当事人带来身心伤害为报道重心,让受众与被害人一起感同身受地经历了草率执(司)法对当事人带来的巨大痛苦。这类新闻既避开了对司法机关的直接否定,从另一角度对知法犯法的行为进行了批判,这种方式只是对司法机关的批评稍显温和。但是这并不影响新闻引导受众对法治建设存在的问题进行反

---

① 徐京跃,华春雨:《习近平强调:努力把宣传思想工作做得更好》,中央政府门户网站,2013年8月20日
② 《跟人民日报社长学习习近平舆论引导重要论述》,人民网,2014年6月15日

思。另外,对受害人不幸遭遇的关注使新闻充满人文主义情怀,符合现实社会的价值主流。不过,对受害人痛苦的渲染,仍然容易激发公众对司法机关的敌对情绪。

总的来说,"煽情宣泄模式"情绪化有余,理性不足,限制了受众客观全面看待问题的视野。

"主旋律模式"本着正面报道的宗旨,歌颂社会公平正义。这是新闻媒体"以正确舆论引导人"的传统观念的表现。这种模式的长处是有利于树立政府形象,团结鼓劲的目的明确。但是,不足之处也很明显,比如,忽略对受害人的人文关怀;缺乏自我揭丑,削弱了对执(司)法队伍违法犯罪行为的批判力量。这种过于注重"赞颂"的模式由于刻意回避社会矛盾,容易引发受众的逆反心理,使新闻不能充分实现传播者弘扬正能量的心理期待。因此,这种模式的使用也需要慎重选择。

"客观理性模式"的"理性"表现在记者对传播效果社会效益最大化的自觉追求。比如,对于案件报道,记者理智地使用概括性手法介绍犯罪分子的作案手段和作案现场。以强奸案报道为例,记者就不能简单照搬公检法机关的办案卷宗,因为办案需要记录犯罪分子的作案细节,而新闻报道在此就不适宜过细,以免对受众心理带来负面影响。"客观理性模式"的"客观"也是对新闻报道手法的基本要求。记者要用冷静客观的表达手法,不夸大,不缩小,实事求是地反映事件原貌。客观理性报道模式的追求是注意传播效果的积极性,也注意在新闻素材选择方面的自我约束。

必须指出的是,这种模式也体现出媒体对受众的尊重。随着公众文化水平的整体提高,受众接触新闻信息时,是非曲直更愿意相信自己的判断。受众需要的是信息,而不是强加的观点,更不想充当情绪宣泄的对象。他们对于新闻的煽情性表达,容易产生反感。

据此,"客观理性模式"避开情绪宣泄的煽情,直面社会问题,采用客观理性的报道策略反映冤案的形成过程及对当事人带来的痛苦,追求尊重受众、取信受众的传播目标。所以,这种新闻模式容易获得受众的好感。

"冷静反思模式"是一种偏重说理的报道模式,也属于严肃新闻的范畴。这类新闻以深刻反省为新闻的追求目标,借助于案例帮助受众全面认识现实社会问题,查找问题的症结,探寻解决方法。这类新闻往往以其深刻的思想性和思辨性成为受众提高法治意识、培养法治精神的良好素材。同时,深刻剖析问题也传递了政府部门勇于面对现实,坦白自身错误,敢于担当责任的决心,有助于树立政府形象。这种法治新闻充满了正能量。不过,这类新闻存在故事性差、趣味性不强的特点,对普通受众缺乏吸引力,减少了影响受众的力量。

综上所述,我们要做好法治新闻报道,要从不同传播模式中取长补短,让新闻的积极作用充分发挥。

三、消解法治新闻负能量的策略

在新闻实践中,将负面法治事件写成充满正能量的法治新闻,不仅是党和政府对新闻媒体的政治要求,也是对新闻传播者综合素质是否合格的考验。面对负能量的新闻素材,通过巧妙的写作技巧,能够实现新闻的"华丽转身"。

1. 赋予新闻一个积极主题

一个积极的新闻主题必须要符合国家意识,即政府提出的精神价值目标。党的十八大提出的"二十四字"社会主义核心价值观,就是新时期国家意识的集中体现,也是我国新闻媒体价值弘扬的主导方向。中央要求"新闻媒体要发挥传播社会主流价值的主渠道作用。坚持团结稳定鼓劲、正面宣传为主,牢牢把握正确舆论导向,把社会主义核心价值观贯穿到日常形势宣传、成就宣传、主题宣传、典型宣传、热点引导和舆论监督中,弘扬主旋律,传播正能量,不断巩固壮大积极健康向上的主流思想舆论。"[①]

一般来说,在成就宣传、典型宣传中,提炼积极的新闻主题比较容易;但是对于负面新闻素材要弘扬正能量就要求记者有深厚的专业基础和高超的引导艺术。对此,我们要用辩证的眼光去审视所谓的负面素材,除了看到事件的负面成分,也要学会换个角度看问题,发现其中包含的积极因素。正如前面所言,冤案都是司法机关失职甚至违法办案造成的,负面特性比较明显,报道不当不仅会给整个司法行业脸上抹黑,损害政府形象,而且容易引发受众的悲观情绪,使他们对社会的公平正义失去信心,这与中央"团结稳定鼓劲"的宣传要求相背离,这是负能量。

---

① 《关于培育和践行社会主义核心价值观的意见》,新华网,2013 年 12 月 23 日

可是冤案的昭雪反映的却是舆论监督力量的加强、民主法治建设的进步、政府部门知错即改的工作作风等正能量。

冤案的平反昭雪能让公众明白这样一个不容否定的事实：中国法治建设在经历着由不完善走向完善的过程，司法环境的"人治"色彩逐步淡化，"法治"意识正深入人心；不断引入的高科技使司法手段不断提高，冤案会越来越少；政法行业有一大批人在为守护公平正义呕心沥血、兢兢业业地工作。正是这些因素的综合，才使冤案最终昭雪。从这个角度看新闻主题是积极健康的、主流的，是正能量。

记者要认清社会的主流，选好新闻表达的重点，避免被支流蒙蔽，把局部的制度缺陷和个别人极端不良行为当成社会的主流表现；要让积极健康向上的主流思想占领舆论阵地，提高社会信心，激发公众的创造热情，积极投身到美好生活的建设中去。

2. 选择积极的报道角度

一个新闻事件常常有多个报道角度，记者要对多角度反映的主题进行比较，确定一个最有积极意义的角度切入，撰写正能量最强的新闻作品。以一件冤假错案为例，存在多个报道角度：记者可以从执（司）法者违法办案的角度，向社会曝光少数人令人震惊的办案手段，揭露当下一些执（司）法人员素质低下的社会现实，彰显媒体的批判力量；也可以从受害人蒙冤所遭受的痛苦角度去写，表达媒体对受害人的同情和关怀；也可以从社会正义力量入手，介绍冤案昭雪过程中正义与邪恶的较量，向社会昭示邪不压正的天理。

很显然，在这三个角度的比较中，第三个角度的新闻主题最积极。因为第一个角度虽然突出揭黑和批评，但容易把公众引向执（司）法机关的对立面，损害政府形象；第二个角度虽然对受害者显示人文关怀，但容易引发公众对社会的悲观失望情绪。

表现积极的报道角度，在写作上要注意以下几个方面：

一是选材要求。在冤案所涉及的众多事件里，要重点选取维护公平正义的新闻元素——围绕冤案拦截或者昭雪做出努力的人和事；这不仅是执（司）法人员及其职务行为，也包括其他行业善良人们的言行。让受众感受到每时每刻，在社会各个角落，都有正义力量的存在。同时，新闻要特别注意背景资料的合理运用。每一桩冤案的昭雪背后，往往会有司法制度的完善或者司法理念的转变。突出强调这些社会背景是体现社会进步的有效方法，也是冤案报道在戾气中给人力量和希望的重要所在。

《新京报》的《安徽蚌埠男子坐17年冤狱 无罪释放后嫌疑人落网》（2014年5月29日）就是一篇传播正能量的冤案报道。从选材上看，新闻着力体现司法进步对冤案昭雪的作用。文中有两处背景引用很是振奋人心：一处是安徽省高院公开宣判于英生无罪，"这是中央政法委《关于切实防止冤假错案的指导意见》出台后，安徽首次执行'疑罪从无'"。另一处是国新办发布的《2013年中国人权事业的进展》白皮书，"白皮书称，2013年，全年各级法院依法宣告825名被告人无罪，并对在申诉中发现的冤假错案，依法予以再审改判。"这两个资料的使用让新闻传递出积极信息：中国法治建设不断取得进步，公民人权从此有了制度的进一步保障，让受众产生生活在这个国家的安全感和自豪感。

二是繁简要求。繁简要求是突出新闻报道角度的另一个主要方法。具体地说，就是对能突出主题的新闻素材详细叙述，以期给受众留下深刻印象；对那些不利于主题表达的素材就"少闻"或"不闻"。

以《南方都市报》的《河北隆尧一农民卷进凶杀案，被羁押8年后恢复自由身》（2006年3月1日）为例，新闻报道了一个普通农民8年间在看守所蒙冤被羁押，先后四次被判处死刑（含死缓）的经历。故事离奇惊险、悬念丛生。新闻分四部分，小标题分别是"麦地惊现女尸村民被拘""邢台中院四审四判死罪""再次上诉获得法律援助""羁押八年终获自由之身"。在第一部分叙述警方刑讯逼供、第二部分一审法院草率办案新闻事实时，都采用略写策略；而在第三和第四部分介绍律师和上级法院尽心尽责、最终避免冤案发生的情节，则用了详细叙述的策略。整篇新闻弱化了司法机关不良的职业行为，强化了正义的力量，在关键时刻总能看到正义的身影，听到正义的声音。新闻读来惊心动魄，结果令人欣慰。

三是突出报道对象的群体性。一个冤案的昭雪，是许许多多不同岗位善良正直的人们共同努力的结果，报道要突出这个群体的"正义合力"，才能使受众避免好人"身单力薄""邪不压正"印象，最终起到伸张正义、弘扬正气的效果。大河报的《丈夫蒙冤入狱 夫妻接力告状13年》（2008年12月30日）里就有一个正义的洗冤群体：在受害人申诉无门时，管教人员帮助指路；最高人民法院、河南省高级人民法院面对明显的误判发出再审的指令；当相关法院对自身错误采取拖延方式不肯纠正时，省人大常委会信访室积极介入进行督办。

面对处处存在的正义力量,受众内心会产生一种安全感。

现在一些记者习惯于"水落石出"的报道方式,即"突出个体,不顾其余"。这种写法不利于冤案报道对正义的声援。以《法制日报》的《"浙江叔侄冤案"三名纠错检察官记二等功》(2013年6月5日)为例,本来在昭雪这个震惊全国的冤案中受表彰的检察官有三名,但是新闻为了突出检察官张飚,根本不提另两位检察官的所作所为。只一笔带过地说一句"在张高平叔侄错案纠正过程中,……石河子市检察院监所检察科检察官魏刚、高晨也在纠正此案中发挥了举足轻重的作用。"这样处理不仅与新闻标题产生偏差,也削弱了新闻作品弘扬正气的力度。

下面这条新闻的角度处理就比较恰当。

"新疆版聂树斌"周远:新的一年想组建自己的家庭

澎湃新闻　2018年2月20日

曾被认定犯故意伤害罪、强制猥亵妇女罪的周远,开始越发渴望安定的生活。他希望在新的一年,国家的法制建设能够越来越完善,不再有冤假错案发生。

【编者按】

"爆竹声中一岁除,春风送暖入屠苏",又到新春共语年话时。

在迈入新时代的中国,回望过去的丁酉鸡年,展望戊戌狗年,这片土地上生活的人们有何心语心愿?

时值新春佳节,澎湃新闻(www.thepaper.cn)聚焦近年新闻事件或日常场景中的家庭和个人,听听他们的"年话"。

【人物名片】

周远:曾被认定犯故意伤害罪、强制猥亵妇女罪入狱15年,经过母亲李璧贞20年申诉,2017年11月30日,新疆高院在再审判决中改判周远无罪。

年龄:48岁

职业:在新疆打工

家庭成员:母亲李璧贞

居住条件:在乌鲁木齐租住一套约70平方米的房子

2017年11月30日,在被新疆高院改判无罪后,周远的生活发生了一些微妙的变化。曾被认定犯故意伤害罪、强制猥亵妇女罪的周远,在洗刷掉"流氓"的恶名之后,开始越发渴望安定的生活,他在春节期间接受澎湃新闻(www.thepaper.cn)采访时,说出了许多新年愿望:"想组建一个家庭,想有份稳定的事业,想带母亲去旅游,也希望我们国家的法制建设越来越完善。"

春节礼物:他塞给母亲1000元

除夕当天,周远与母亲、姐姐和弟弟在小区门外划出一片空地,他一面给过世的父亲烧着纸钱一面在口中不断重复着"对不起"。这是自2017年11月30日他被改判无罪后,忆起父亲时说的最多的一句话。

从1991年开始,新疆伊宁市不断发生有人潜入民宅或学校宿舍侵害女生事件。周远随后被认定为犯罪嫌疑人,自1997年被抓,经历两次重审、一次再审,周远被判处的刑罚从死缓改判无期,再改判15年。

在长达20年的申诉之路上,周远的父亲因为身体原因不幸离世,改判无罪后,周远通过烧纸钱的方式,将这个消息告知父亲,当时的情景与除夕夜一般无二,多数时间,周远都在重复着那句"对不起"。

自2012年刑满释放后,周远一直与母亲李璧贞租住在乌鲁木齐,春节前,他拿出1000元塞到母亲手中,后来有人告诉他,应该给母亲买件衣服或吃的用的作为新年礼物,这让他有些不好意思。他说,入狱多年让他在这方面有点跟不上潮流,他始终觉得送钱比较实在。

对于新疆当地与春节有关的习俗,周远记忆仍停留在小时候放鞭炮和贴对联这两件事上,他说,自从1997年被认定为强制猥亵妇女案的嫌疑人被抓后,这些事情就不再关心了,也少有接触。

新年愿望:想找个对象组建家庭

除夕当天,周远的姐姐、弟弟带着弟媳、外甥女和侄女来到周远家中与他们一起过节。周远说,自他出狱后,每个春节都是这样过的,"过年讲究的就是一个团圆,但我们家现在只剩下我跟母亲两个人,难免显得冷清。"

说到家中的冷清,他沉默几秒后,说出了自己的第一个新年愿望:"在新的一年里,我希望能找个对象,组建一个家庭,给家里添点人气,来年再过春节,家里也能热闹一些。"

周远说,经历了这么多大起大落,他比任何人都了解一起冤案对一个人一生带来的影响,他希望在新的一年,国家的法制建设能够越来越完善,不再有冤假错案发生,"我非常感谢那些曾在我困难的时候,给予我帮助的人,尤其是母亲李璧贞,20多年了,她因为我的案子没有过过一天好日子,现在我的案子也平反了,我最大的心愿就是能让母亲安度晚年,春节过后,我想带母亲回一趟湖南老家,想带她出去旅游,到各地走走看看。"

对于自己未来的生活,周远目前仍没有具体的规划,他此前曾提出想开一个养牛场,但遭到母亲李璧贞的反对,"在这件事上,我们分歧很大,母亲怕我社会经验不足,做生意风险太大,她希望我能找一份稳定的工作。"

关于以后如何讨生活,周远与母亲的意见始终没能达成一致,但他表示,能够理解母亲,"不管是自己创业,还是找份工作,这是今年必须解决的问题,我得有一份稳定的事业来立足安身,我和母亲都希望生活能够尽快安定下来。"

这条新闻充满正能量:没有细节煽情,"不闻"制造冤案细节,"不闻"当事人痛苦的经历,简单交代案情来龙去脉后,着重写当事人对新生活的美好期待。

虽然描述冤案的制造过程和当事人痛苦的感受有助于煽情,满足人们的好奇心和窥私欲,引发受众同情心,有助于提高媒体市场效益,但是,降低司法部门公信力,损害政府形象却是不争的事实。

现在这种写法,虽然读者会感觉不解渴,却能降低负面影响,让读者与当事人一道对未来充满希望。

新闻传播一直强调"三贴近",贴近是有度的,把握不好就成了"迎合""媚俗"。受众的低级趣味的不健康需求是不能去满足的。尤其是法治新闻,有时候有必要和受众保持适当距离。

3. 注意新闻内涵的深度开掘

所谓新闻深度是指除了社会现象的反映,还有现象背后更多的社会意义。对一般新闻而言,没有揭示本质的必然要求。但对于牵涉司法体制全局的法治事件,揭示事件本质就成为媒体的重要责任。冤案报道作为社会瞩目的问题新闻,媒体有必要告诉公众事件背后的潜在原因。这些原因不能单从个别司法人员身上寻找,而是从司法体制、社会文化等深层次查找各方存在的缺陷。这不仅能帮助受众开阔视野,增长知识,也对推动法治建设、提高司法质量起积极作用。如果新闻只关注事件本身,热衷对违法办案细节"揭秘",热衷对蒙冤者遭受痛苦的生动再现,就只会有煽情的嫌疑,不仅不利于受众客观冷静地看待冤案事件,而且会引发对抗政府的情绪,不利于社会稳定。

《21世纪经济报道》刊登过一篇题为《消息称除涉外等特殊领域 政法委将不再介入个案》(2013年11月22日)的深度报道,新闻结合案例从不同维度介绍了国家司法机关预防冤案发生,确保司法公正的种种措施。比如,新闻介绍了2013年最高法院《关于建立健全防范刑事冤假错案工作机制的意见》提出"确保死刑案件'零差错'"的要求及具体审理意见;在审判证据方面,新闻透露了2010年"两高三部"联合出台"两个规定"提出的非法证据排除措施;特别强调"政法委今后将不会介入个案"的历史意义等等。新闻还透露,这些措施的深层背景是不久前十八届三中全会对避免冤假错案的重视:健全错案防止、纠正、责任追究制度,严禁办案机关刑讯逼供、体罚虐待,严格实行非法证据排除规则。

这篇报道全面深刻,知识性强,读后发人深省。

4. 确保报道的合法性

当下新闻媒体的行为往往不能令人满意,有偿新闻、新闻侵权、新闻泄密等违法行为司空见惯。比如,在法治新闻报道中,对于司法机关尚未定性的"疑似冤案",就容易出现"媒介审判":在司法机关作出定性之前,媒体常常根据自己掌握的证据对案件自行作出定性结论。从南方周末《"聂树斌冤杀案"悬而未决 防"勾兑"公众吁异地调查》(2005年3月24日)一文看,当河北聂树斌被执行死刑10年后,疑似真凶出现,"此事经《河南商报》披露后,舆论顿时哗然。在河北官方和司法机构尚未作出调查结论之前,多数媒体和网民初步判断后达成'共识'——聂树斌被无辜错杀。"该报道使用了大量倾向性明显的语句,言之凿凿证实"冤案"的成立:"广平县公安局副局长郑成月……曾对友人说起心中愿望:聂树斌翻案那一天,他要到下聂庄那棵百年古槐下和聂树斌父母照一张相,以此告慰聂树斌的冤魂。"报道在"编后语"用了《愿"聂树斌冤杀案"成为上收死刑核准权的加速器》的标题,再次明确将案件定性为"冤杀案"。

我国1997年修订的《刑事诉讼法》历经2012年的再次修订,都在第十二条保留这样的规定:未经人民法院依法判决,对任何人都不得确定有罪。人民法院是法定的案件审判唯一合法机关,媒体给案件定性(就是常说的"媒介审判")属违法行为。

其实早在1996年,在中宣部、司法部等部门发布的《关于进一步搞好法制新闻宣传的意见》中就有明确规定:"不对正在审理的案件作有倾向性的报道。"2005年中宣部和中央政法委《关于加强和改进案件报道的通知》也作出要求:"不得超逾司法程序,不得违反事实和法律,不得擅自对案件定性。"但"媒介审判"却屡禁不止。

为了正确处理司法机关与媒体的关系,规范二者的行为,2009年12月23日,最高人民法院下发《关于人民法院接受新闻媒体舆论监督的若干规定》,要求人民法院应当主动接受新闻媒体的舆论监督。同时,也对新闻媒体行为作出若干具体限制,比如,"对正在审理的案件报道严重失实或者恶意进行倾向性报道,损害司法权威、影响公正审判的",将依法追究相应责任。①

总之,新闻工作者要脚踏实地提高自身素养,以高度的社会责任感对待新闻事业,把负面法治事件做成教育人、引导人、弘扬正能量的优秀法治新闻。

---

① 《最高人民法院关于人民法院接受新闻媒体舆论监督的若干规定》,中国法院网,2009年12月23日

第九章

量刑报道中的法治精神

在法治社会里,法治的基本内容是权利和义务。从权利的特征看,法律权利是由法律规范所决定的,国家法律认可或保障,当主体的权利受到不法侵害时,主体有权要求国家保护其权利,国家也有义务予以保护。从法律权利与义务的联系看,在结构上,权利与义务紧密联系、不可分割,它们的存在和发展都必须以另一方的存在和发展为条件。在数量上,权利与义务的总量是相等的。当一个人非法侵害别人的权利时,他的一些权利也将会被剥夺。这在民事诉讼和刑事诉讼的判决结果都能看到这一点。公民要充分享受自己的权利,就要以尊重别人的权利为前提。

在新闻实践中,媒体通过传播侵犯他人权利受到法律处罚的案例,提醒公民正确处理权利和义务的关系。由于司法案例包括民事侵权、刑事侵权、行政侵权等多种多样,为了研究方便,我们选择刑事案件报道为切入口,从量刑报道中管窥法治新闻中贯彻相关司法原则,彰显法治精神。

一、量刑报道及传播意义

量刑报道是法治新闻的重要组成部分,是媒体在案件进入司法程序后,法院对审判对象量刑的过程和结果的信息进行的传播行为。

由于量刑是刑事案件的重要组成部分,刑事案件由于其特有的悬念性刺激性成为媒体追逐的热点。从破案环节来看,量刑作为刑法归责的重要组成部分,是对当事人责任和义务在司法方面的判断,是法制平等、体现公平正义的重要环节。因此,新闻媒体的量刑报道具有多方面的社会意义。

1. 传播法治知识

法院司法过程中的量刑是"以事实为根据,以法律为准绳"。媒体的量刑报道除了报道案件事实以外,还要告诉公众当事人依法应该承担的法律责任。这就是刑法知识归责认定的普及。事实上,法治新闻对归责认定的过程就是向公众普法的过程。比如责任的成立与否,取决于当事人的行为及其后果是否和对应的责任构成要件相符合。在责任归结原则方面,必须体现"责任法定",即法无明文规定不为罪,不得溯及既往的要求;必须体现"因果联系"原则,即行为与损害之间的关系性质,行为人主观意志与行为之间的关系的把握;必须体现"责任与处罚相当"原则,即行为人责任的性质及其违法行为的性质要相当,责任轻重和违法行为的情节要相当,责任的轻重与主观恶性要相当等;还有归责中的"责任自负"原则,即禁止株连的法律要求。

根据具体案件,量刑报道还牵涉更多的具体的法律原则和法治知识。每一条法治新闻都是公众学习法律知识的教材。尤其是在人们的潜意识里的不认为是违法犯罪的习以为常行为,更应该是这类法治新闻的报道重点,一篇法治新闻可能从犯罪的边缘挽救许多"法盲"的人。下面这条新闻,就为关联犯罪者敲响了警钟。

湘一粮官情妇以受贿罪一审被判有期徒刑10年

法制日报 2008 年 8 月 14 日

湖南省常德市鼎城区人民法院日前对该省首例"特定关系人"受贿案作出一审判决。中央储备粮湖南常德直属库原主任吴命勋的情妇周峥峥为请托人谋取利益并收受贿赂,法院认定其具备"特定关系人"的身份,以受贿罪判处其有期徒刑 10 年。

周峥峥系湖南省宁乡县医药管理局下岗职工,2003 年与吴命勋相识并发展为情人关系。2005 年至 2006 年期间,吴命勋担任常德直属库主任后,广州美莹粮油购销有限公司法定代表人李某先后四次找到周峥峥,托周请吴帮忙,并送给二人钱物折款共计 27 万余元。周每次收受李的钱财后,均告知吴命勋,并转达李的请托事项,事后吴命勋利用担任常德直属库主任的职务便利,为李某某谋取利益,为请托人的粮库成为常德直属库收购点给予了帮助。

检察机关指控认为,周峥峥作为国家工作人员的特定关系人,与国家工作人员通谋非法收受他人钱财,其行为已构成受贿罪,是受贿罪的共犯。法院采纳了检察机关的指控意见,对周峥峥作出了上述判决。另吴命勋因犯受贿罪和国有企业人员滥用职权罪被判处有期徒刑12年。

相关链接

2007年7月8日,最高人民法院、最高人民检察院发布的《关于办理受贿刑事案件适用法律若干问题的意见》中规定:特定关系人与国家工作人员通谋,共同实施前款行为的,对特定关系人以受贿罪的共犯论处。本意见所称"特定关系人",是指与国家工作人员有近亲属、情妇(夫)以及其他共同利益关系的人。(记者 赵文明)

量刑报道能帮助受众树立正确的权利义务观。由于权利和义务在总量上是相等的,任何人享受任何权利的同时,都要承担义务。因此,公民对自身的行为要负责任,不负责任的"任性"一旦对他人权利构成伤害,都要承担法律责任。因此,量刑报道有助于公众培养责任意识,有助于遵纪守法习惯的养成。

量刑报道帮助受众提高法治意识,获得法律知识。在生活中遇到同类法律问题的时候,这些从媒体上获得的法律知识就成为受众处理问题的指南。

下面新闻告诉受众,许多动物不是有钱就能吃的。

广西富商爱吃虎肉　收购宰杀十余只老虎获刑

燕赵都市报　2014年6月7日

据新华社电6月5日,广西钦州市钦北区人民法院对"南宁富商涉嫌非法收购运输濒危野生动物"一案进行公开审理。以徐某为首的15名被告人对近年来收购宰杀十余只老虎的犯罪事实供认不讳,并当庭认罪。

法院审理查明,今年3月14日晚,警方在广东雷州市城区一民宅内当场抓获正在宰杀老虎的多名涉案人员。3月17日,广东湛江警方宣布侦破一起非法猎捕杀害珍贵濒危野生动物大案,抓获广西籍涉案人员多人,现场缴获刚被宰杀的老虎一只、虎制品一批。

此案经森林公安部门侦查终结后,广西壮族自治区高级人民法院指定由钦北区人民法院进行一审审理。

公诉机关称,南宁富商徐某是南宁的房地产开发商,同时还从事物业管理、酒店经营及建筑施工业,并在境外有投资项目,他有烤虎骨、剔虎爪、藏虎鞭、啖虎肉、喝虎血酒的特殊嗜好。去年3月至5月间,徐某先后3次组织人员驾车前往广东雷州花巨资购买了3只老虎,每次均现宰现卖,当场交易。

庭审中,徐某交代称,他是到湛江走亲戚时认识了已经从事宰杀老虎犯罪行为长达9年的涉案人员陈某,并开始从陈某处购买老虎展开交易。广东湛江警方查明,徐某所宰杀的老虎均是陈某从境外通过走私偷运至雷州后进行宰杀销售。

据证人在法庭上证实,徐某等人将老虎关在铁笼子里用电击杀死后分解,并将虎骨、虎肉、虎血分装在泡沫箱和塑料桶内运回南宁;徐某还常常邀请好友到家烤虎肉,喝虎骨酒。

2. 震慑违法犯罪

量刑报道中对责任追究的描述会对有过犯罪念头的人敲响警钟,形成震慑。在心理学上,影响人们态度改变的传播策略是"唤起恐惧",量刑追责的新闻传递的"法网恢恢疏而不漏""莫伸手,伸手必被捉"等法治理念容易引起"关系人"危机意识和紧张心理,在反思中打消违法犯罪的念头。

"高晓松酒驾入狱"的新闻对爱喝酒的人敲响警钟:无论谁喝酒驾车,都会受到法律的制裁。据2011年8月31日《人民日报》报道:高晓松醉驾判刑事件极大震慑了久禁不止的酒后驾驶,大幅降低了此类案件的发案率,据称自"高晓松醉驾入刑"至当年8月底,全国醉驾同比下降了39%。

高晓松今日凌晨获释 此前因醉驾被判6个月拘役

中国广播网　2011年11月08日

今日(11月8日)凌晨0点,因醉驾被判六个月拘役的高晓松从北京东城区看守所获释。他由一辆白色轿车接走直接驶出看守所,未理睬蹲守在看守所外的媒体,驱车直接离开。0点15分,沉寂了半年的高晓松微博再度开始更新,他发微博称:"11月8日,立冬,期满,归。184天,最长的半年。大家都好吗?外面蹉跎吗?"

据今年8月31日的《人民日报》报道,高晓松醉驾判刑事件极大震慑了久禁不止的酒后驾驶,大幅降低了此类案件的发案率,据称自"高晓松醉驾入刑"至今年 8 月底,全国醉驾同比下降了 39%。因此,算是一件成功的执法警示案件。据悉,与高晓松被顶格判罚的同时,各地某些相似的醉驾情况却获得了轻判,甚至还出现了几起判缓刑、广东三起不判刑的案例,高晓松也成为"醉驾入刑"的第一例被顶格判最高刑期案例。判罚标准的模糊,引发了"法律面前是否人人平等"、"名人是否应重判"、"运动式执法是否可取"的社会争论。当年"醉驾入刑"提案的提交者、全国政协委员施杰对此发表看法称:"高晓松案虽然完全符合定罪条例,但被以"危险驾驶罪"拘役 6 个月的上限量刑确实相对较重。在事故没有造成严重后果的情况下,高晓松在事发后第一时间迅速报警、且认罪态度好、事后积极赔偿受害人经济损失,其行为符合我国司法酌情定罪规定,理应从轻处罚。"

虽然法律上讨论未停,但从高晓松妻子今年中秋节探视归来所发的微博看,高晓松本人并未感觉不公,他说他"认罪也认刑,与别人无关"。从法庭上"酒令智昏,以我为戒"到判决后不上诉,到得知全国只有极少数被判最高刑时说"与别人无关",到最后服满 184 天刑期,未谋求任何提前释放,都说明高晓松是真诚地在认罪反省。作为社会名人,高晓松曾获取比普通人更多的社会资源与利益,在犯错时他也付出了比普通人更多的代价。

3. 树立法治威严

法治的威严来自"良法"与"善治"。量刑报道在案件追责中体现司法公平,让人们感受"良法"的存在;将庭审、量刑过程、裁判结果公开,让受众了解法庭上控辩双方在各自的立场上提出合理的量刑建议,这会减少公众对法院量刑存在的暗箱操作的质疑,最终提升司法公信力,这是"善治"。法治的威严来自司法公信力,来自公众对法治的信任。

4. 推动司法改革

量刑报道是司法公开的重要环节,也是群众监督的重要表现。通过案件公开,有利于发现量刑环节存在的问题,有助于量刑规范化的加强。"量刑规范化改革改变了过去法院、检察、公安三机关只有法院重量刑、'唱独角戏'的工作模式,将各政法机关的相关工作有机地衔接起来,并促使各政法机关的工作方式由'粗放型'向'精细型'转变:调查取证工作向量刑证据延伸,审查起诉工作向量刑建议延伸,法庭审理工作向量刑释明延伸,律师辩护工作向量刑辩护延伸。几方合力,共同促进刑事案件办案质量进一步提升。"①

二、量刑报道的主要内容

我国刑事案件的量刑依据是刑法第六十一条,条文规定:"对于犯罪分子决定刑罚的时候,应当根据犯罪的事实、犯罪的性质、情节和对于社会的危害程度,依照本法的有关规定判处"。有人把该量刑原则简单概述为"以事实为根据,以法律为准绳"。法律通过对犯罪主体的刑罚来体现法治的公平正义。对于量刑报道而言,上述条款也决定了量刑报道的基本内容。

1. 违法犯罪事实是报道的基础

法治新闻中的新闻事实与其他新闻类别的事实有不同要求。对进入司法程序的案件报道,法治新闻的新闻事实是具有一定法律关系的法律事实,即有确凿证据证明且被司法部门认定并采纳的事实。这在前面已经说过,不再赘述。

在《河北承德一官员受贿160万退赃220万:"想和人家两清"》的新闻中,多次出现这样的语句:"邢台市中级人民法院审理认定""河北高院的《刑事裁定书》上如是表述""裁定书上显示""史某供述""时任承德市双桥区冯营子镇党委书记的马某证明",等语句以此表明新闻事实来源都经过了司法部门的权威认定,可信度高。这符合法治新闻报道法律事实的选择要求。

河北承德一官员受贿160万退赃220万:"想和人家两清"
法制日报 2017年11月26日
一辆车里两个人,一个袋子装着140万元现金。
"现在形势挺紧的,别给你添麻烦也别给我添麻烦,就当咱们之间送钱的事儿没有发生过,你把这钱拿回去。"

---

① 张景义,余建华:《规范量刑,刑事正义的另一半》,人民法院报2012年9月6日

说这话的是时任河北省承德市政协副主席、市统战部部长周义强,把钱拿回来的是行贿者某房地产公司负责人史某。彼时,2014年10月。5个月后,河北省纪委对周义强立案调查,2015年4月,检察机关对其涉嫌受贿案立案侦查。

周义强生于1957年6月,2003年4月至2007年2月任承德市双桥区委副书记、区长,2007年2月至2011年8月任双桥区委书记,2011年10月至2012年1月任承德市委统战部长,2012年1月起任承德市政协副主席、市委统战部部长。

邢台市中级人民法院审理认定,2007年至2010年,被告人周义强利用其担任承德市双桥区区委书记的职务便利,为多人在项目承揽、职务调整以及人员招录等方面谋取利益,共收受贿赂人民币161.9万元,一审判决周义强犯受贿罪,判处有期徒刑5年,并处罚金人民币40万元;周义强受贿所得人民币161.9万元(检察机关已扣押)予以追缴,上缴国库。

周义强不服提起上诉。今年6月,河北省高级人民法院作出终审裁定,驳回周义强上诉,维持原判。

《法制日报》记者注意到,周义强受贿160多万元获刑5年并处罚金,法院在量刑上属于有所从轻。河北高院的《刑事裁定书》上如是表述:周义强在案发前退还全部受贿款项,在组织调查期间如实交代办案机关不掌握的同种受贿犯罪事实,依法可从轻处罚。

戏剧性的是,裁定书上显示,周义强担任承德市双桥区区委书记的3年时间里,共收受贿赂人民币161.9万元。由于2013年和2014年曾被纪委调查过,心虚的周义强于2014年下半年先后将受贿款退还给了行贿人,总退款金额达220万元。

2009年正值河北省"三年大变样",旧城改造项目众多,唐山某房地产公司承德分公司也想从中分一杯羹。该公司负责人史某分两次送给周义强各50万元,并在相关节日前送给周共计11万元。作为回报,经周义强协调,承德市某村旧村项目交由该公司开发,并协调相关部门加快拆迁进度,使史某资金周转期缩短,降低了开发成本。

此外,史某供述,周义强的女婿吕某及吕某的哥哥,购买了他们公司开发的别墅,他都给了优惠。

在被纪委调查过后,周义强心理压力很大,想把以前收受史某等人的钱都退回去。吕某证明,他共筹集了230万元现金给了周义强。2015年3月,周义强被"双规",吕某还给史某打电话通报消息,并让史某说退的钱是买别墅优惠的钱,这样周义强的责任会小一些。

2014年10月,周义强退还给史某140万元。之所以退140万元,周义强表示,"拿这些不该拿的钱很后悔……是不想沾人家的光,只能多退不能少退,想和人家两清"。而在此之前,周义强已经退回了另外三笔受贿款。

2008年,周义强接受时任承德市双桥区冯营子镇副镇长蒋某的请托,利用担任区委书记的职务便利,在职务晋升上为蒋某谋取利益,蒋某为表示感谢于2009至2012年先后5次共送给周义强24万元。

时任承德市双桥区冯营子镇党委书记的马某证明,2008年4月底,双桥区乡镇换届的组织谈话时,周义强告诉他,区委决定由他担任冯营子镇书记,蒋某接任镇长。马某告诉周,蒋某群众基础差,和村干部的关系不好,按照组织程序选举有难度,周义强就让他去做村干部的工作。之后,尽管他和蒋某挨个村和村干部、镇人大代表见面、沟通,但是在召开镇人大会议选举时,蒋某还是落选了。(记者周宵鹏)

犯罪事实是量刑的客观根据,也是量刑的前提,没有犯罪事实就无法依法确定犯罪。所以报道犯罪事实就是受众领会判决结果的基础。从新闻传播角度看,新闻是对客观事实的报道,对于量刑报道而言,报道犯罪事实也是该类法治新闻的基本要求。

根据刑法量刑要求,犯罪事实应该是客观存在的与犯罪有关的各种事实情况的总和,包括犯罪构成的基本事实、犯罪性质、情节和社会危害程度。

首先是介绍犯罪的基本事实。这里的犯罪基本事实是指犯罪构成要件的基本事项。新闻要清楚反映罪体与罪责的情况反映的犯罪事实,比如,上述"广西富商收购宰杀老虎"案件中,"3月至5月间,徐某先后3次组织人员驾车前往广东雷州花巨资购买了3只老虎,每次均现宰现卖,当场交易"即是犯罪基本事实。犯罪基本事实是正确认定犯罪性质的基础,也是量刑的首要根据。另外,在以数额较大、情节严重或者其他表明行为侵害法益程度为要件的犯罪中,基本事实还包括罪量要素。这是因为罪量要素也是量刑的基础。

其次是明确犯罪性质。犯罪的性质是司法机关对犯罪行为的法律性质的认定,即某一法益侵害行为通过审判机关确认的犯罪属性。量刑报道对犯罪行为在法律上不同性质认定,帮助受众认识其法益侵害的不同程度,这也是刑事处罚的轻重的依据。

再次是陈述犯罪情节。刑法上有两种犯罪情节:一种是定罪情节,这种情节影响犯罪性质的认定,它是构成犯罪的必备要素。二是量刑情节,例如犯罪的动机、手段、环境和条件,以及犯罪人的一贯表现、犯罪后的态度、直接或间接的损害后果等,是构成犯罪基本事实以外的其他反映侵害程度的各种事实情况。这些事实不影响定罪,但它决定着量刑程度。量刑报道通过对犯罪情节的清晰介绍,认识刑法正是根据犯罪情节的不同,对同一犯罪规定了量刑幅度的不同。通过犯罪情节量刑体现法治公平。

最后是提示社会危害程度。社会的危害程度是指犯罪行为对社会造成损害结果的程度,是量刑中区分罪与非罪、罪轻与罪重,以及对犯罪分子是否适用刑罚以及适用刑罚的手段的重要根据。事实上,犯罪危害程度是客观的,已经包含在犯罪事实中;但是,危害程度也有主观成分,是司法人员根据事实对犯罪行为做出的判断。可以说,犯罪危害程度的事实已经包含在犯罪事实当中。但是,司法人员对危害程度的结论直接影响量刑结果,所以,法治新闻在客观描述犯罪事实的基础上,对判决过程中的危害程度的结论也需介绍。

上述四项内容作为量刑的根据,在量刑报道中与量刑依据和量刑结果共同构成是一个有机整体。

必须指出的是,在量刑报道的事实陈述中,要态度严谨,不能节外生枝。

2. 量刑的法律依据

法律规定是司法判决的"准绳"。就刑事案件判决而言,刑法条款就是法院量刑的参考标准。以刑法量刑主要遵守以下有关规定:一是刑法总则中关于刑罚原则、制度、方法及其适用条件的一般规定,包括对预备犯、未遂犯、中止犯、未成年犯罪人的处罚原则,对共同犯罪中的主犯、从犯、教唆犯、胁从犯的处罚原则,有关从重、从轻、减轻以及免除刑罚处罚的规定,对有关自首、立功、缓刑、累犯、数罪并罚等制度。二是刑法分则中有关各种具体犯罪的法定刑及其量刑幅度的具体规定。

量刑报道准确清楚介绍法官的判决法律依据,是法治新闻对司法案件完整反映的必然要求;也是暗示依法断案所追求的最高境界——司法公正。这不仅有助于受众结合案例学习法律知识,也有助于有法律基础的受众对判决结果进行监督。

3. 自由裁量的审慎态度

司法自由裁量是司法的难点,也是社会十分关注的地方,因为这里是容易滋生司法腐败的领域。法治新闻如果要通过量刑报道提高司法公信力,树立司法部门的良好形象,做好司法自由裁量的报道工作就会有十分积极的意义。

司法实践中,法官的自由裁量体现在一个刑事案件的整个审判过程中。在审查判断证据时,法官对证据真伪的鉴别、充分性的认定、相关性的认可以及证明力的判断等方面都必然存在着主观能动性,都包含着法官自由裁量权的运用。在定罪斟酌过程中,法官自由裁量权更是表现明显。正如上海高级人民法院黄祥青所说:一案中的多种量刑情节既可能都是从宽处罚情节,也可能都是从严处罚情节,还可能是数个逆向量刑情节并存。而这些同向或逆向量刑情节又有从轻、减轻和免除处罚情节,从重和加重处罚情节,法定和酌定情节,应当和可以情节,以及罪前、罪中和罪后情节的区别。面对这些种类不同,性质、作用有别且交错并存的量刑情节,都需要法官通过运用自由裁量权,综合地进行比较分析,才能做到裁判有序,量刑适当。[①]

正因为自由裁量权存在司法"弹性空间",这儿极易滋生司法腐败,所以,量刑报道要将法官在具体案件的自由裁量的量刑依据清楚描述,以打消受众存在司法黑幕的疑虑。

4. 法律责任的免责条件

有违法犯罪事实却没有受到司法机关的处罚或者处罚很轻,个中缘由是公众比较关心的问题。法律责任的免责条件也就成为受众渴望了解的内容。法治新闻在案件报道时,要注意介绍常见的几种免责形式及法律规定的免责条件。

一是超过时效免责的规定。法律规定,当事人的法律责任在一定期限内是有效的,超过期限后就免除。这类法治知识的普及的意义在于,督促法律关

[①] 黄祥青:《略论多种量刑情节的适用原则与方法》,上海政法学院学报:法治论丛,2000年第3期

系的主体及时行使权利,快速结清权利义务关系,提高司法机关的工作效率,促进社会经济的发展。

二是不诉及协议免责规定。有时候法律将追究责任的决定权交给受害人以及有关当事人。例如,受害的当事人因为某些原因不向法院起诉,要求追究加害人员的法律责任,这时候加害人实际上就被依法免除了法律责任。另外,加害人通过与受害人经过协商在法律允许的范围内达成协议,双方都同意为当事人免责,加害人也能免除社会责任。

三是关于自首立功免除责任的规定。法律规定将功能够抵过免责,所有那些违法之后有立功表现的人,都能享受部分或者全部的法律责任免除的权利。

四是因为履行不能而免责。在财产责任中,当责任人确实没有能力履行责任,或者没有能力全部履行责任的情况下,有关的国家机关就会免除其部分责任。

免责知识的介绍是法治新闻传递法治人性光辉的一面,也是新闻本身彰显法治精神的有效途径。

三、量刑报道的突出问题

在探讨论题之前,我们先看一组法治新闻摘要。

• 河南省驻马店市教育局原副局长李建华,因任驻马店师范学校校长时受贿人民币12万元,被判处有期徒刑10年,同时并处没收个人财产8万元。(杨卓 越松《驻马店教育局副局长受贿12万被判10年》,人民法院网,2005年12月15日)

• 原柳州监狱党委副书记、广西华盛集团露塘糖业有限责任公司总经理张辉昌受贿共计18万元,被判处有期徒刑10年,并处没收个人财产40万元。(孙涛:《昔日监狱领导受贿18万元 今朝领刑有期徒刑十年》,中国法院网柳州频道,2015年2月9日)

• 重庆忠县公安局原政委张攀权收受他人贿赂12万元,构成受贿罪被判刑10年。(《重庆忠县公安局原政委受贿12万 被判有期徒刑10年

半》,中国日报网,2009 年 11 月 18 日)

● 厦门市经济发展局局长柯志敏(副厅级)受贿 100 多万,被判有期徒刑 10 年 6 月,并处没收财产人民币 15 万元。(《柯志敏涉嫌受贿 100 多万 被判有期徒刑 10 年 6 月》,台海网络电视台,2015 年 10 月 31 日)

● 郑州市中级人民法院执行庭原庭长张某,因为收受贿赂现金 164.5 万元、美金 1000 元,判处有期徒刑 10 年 6 个月,受贿所得财物全部上缴国库。(《执行庭长一年受贿 164 万 昨日一审被判有期徒刑 10 年》,《今日安报》,2007 年 8 月 10 日)

● 北京市食药监局原副局长张凤平因受贿 300 余万元,近日被市二中院判处有期徒刑 10 年,并处罚金 50 万元。(《"帮忙"后收房子车子,副局长获刑 10 年》,《北京日报》,2017 年 8 月 2 日)

● 琼海市原国土环境资源局局长、党组书记李远胜因涉嫌受贿共计人民币 231 万元、港币 15 万元,被判处有期徒刑 11 年。(《琼海 4 名官员因收受贿赂被判处 10 年及以上有期徒刑》,《海南日报》,2013 年 8 月 3 日)

● 吉林省白山市政协原副主席褚来福受贿案一审宣判,其因受贿 850 万余元被判有期徒刑 10 年,并处罚金 100 万元。(《白山一官员收受贿赂 850 万元 一审被判有期徒刑 10 年》,《法制晚报》,2017 年 10 月 14 日)

● 四川遂宁市政协原主席孙志毅(正厅级干部)因受贿 829 万余元,被攀枝花中院一审判处有期徒刑 10 年 6 个月,并被处罚金 100 万元。(《80 后干部为升职 前后 7 次行贿四川遂宁市政协原主席孙志毅》,《法制晚报》,2018 年 2 月 2 日)

● 北京大学附属中学音乐老师、乐团指挥罗天如以帮学生进入所任职的重点中学以及名牌高校为名,收受学生家长好处费共计 28 万元,以受贿罪被判处有期徒刑 10 年。(《教师帮特长生上学捞好处费 受贿 28 万 被判 10 年》,《北京晨报》,2015 年 5 月 17 日)

● 山东济南一名中学体育教师为 11 名学生违规办理国家运动员证,共计受贿 44 万元,法院判处这名体育教师有期徒刑 3 年 3 个月,并处罚金 20 万元。(《一篮球教师受贿 44 万办运动员证 被判 3 年罚 20 万》,新华社,2017 年 5 月 15 日)

看完这组新闻,我们会吃惊地发现这样一个问题:在同样获得10年有期徒刑的判决背后,存在着天壤之别的犯罪事实。比如,河南省驻马店市教育局原副局长李建华受贿人民币12万元,被判处10年有期徒刑,而四川遂宁市正厅级干部孙志毅受贿829万余元,仅被判有期徒刑10年6个月。如果说两个案件判决时间有较大间隔,适用的法律可能有所变化的话,我们就看同样发生在2017年的判决案件:北京市食药监局原副局长张凤平受贿300余万元,被判处有期徒刑10年,吉林省白山市政协原副主席褚来福受贿850万余元也是获刑10年。

上述司法现象就是社会关注的量刑不均衡的问题。

1. 量刑不均衡的成因及表现

所谓量刑不均衡,主要是指同类案件之间在量刑上相比呈现的差异。量刑不均衡主要表现为在犯罪处于是否免予处罚临界点时做出的罚与不罚的不均衡,有期徒刑幅度、罚金的数额、减刑期限在内的重罚与轻罚的不均衡,以及缓刑与实刑的不均衡。

量刑不均衡是各种复杂因素共同作用的结果,其中有立法、司法的因素,也有政策的影响,和有司法人员主客观因素的影响。比如,司法人员主观的原因,包括个人情感因素、认识能力、法学素养及办案习惯的影响(有的法官办案注重"社会影响""民愤"等因素,有的法官则考虑较少);从法律本身看,1979年《刑法》的立法思想是"宜粗不宜细",这就造成条文简略、自由裁量空间太大的结果;廉政环境是影响法官量刑的客观因素。受不正之风的影响,一些法官错误认为只要是在自由量裁幅度内办"金钱案""关系案""人情案"就不算违法,由此导致重罪轻判,涉及党政官员的重大经济犯罪案件更是明显。

基于上述原因,量刑不均衡在以下几方面表现明显。

不同审判主体量刑不均衡。对同类案件,甚至是同一案件,不同的审判主体作出的判决可能大相径庭。同一犯罪在不同的审级、不同的审判程序量刑也会存在差异,有时候会悬殊很大。有人员喜欢重刑,而有人主张轻刑,这与审判人员的个性及审判习惯有关。

不同地区量刑不均衡。同是盗窃数额,有的地方判刑轻,有的地方判量刑重,还有地方免予处罚。一般而言,对同一犯罪经济发达地区的处罚较落后地区要轻,这无论是经济犯罪或者治安犯罪都体现明显。

不同时期量刑不均衡。在新旧刑法交替时期,相关刑法条文的变化直接影响对一些犯罪的量刑不均衡。在阶段性集中严打时期,为了增加对违法犯罪的威慑力,刑罚往往被普遍加重,量刑不均衡现象更加突出。

不同犯罪主体量刑不均衡。对于涉及较多被告人的团伙犯罪,主从犯之间的量刑差别幅度较难掌握,出现不同法院在判决中畸轻畸重的差异。

从理论上说,在我们同一个国度,执行同样的法律,对于同一时期同一地域、案情相似的案件,理应受到大致相当的处罚,做到刑罚的基本均衡,这才是司法公正的体现。

司法不均衡本来只是司法领域的客观存在的问题,具有隐性特征;不过,在媒介发达的现实社会里,这个问题通过法治新闻传播由隐性走向显性,进入公众视野,给法治建设带来不可忽视的负面影响。

2. 法治新闻中量刑不均衡的危害

量刑不均导致的同罪不同罚背离了"法律面前人人平等"的法治信仰,破坏了法制统一,可能会引发公众对司法公正的质疑,损害人们对法治的美好情感,不利于公众建立法治至上的信念,进而损害法制的权威性,影响司法机关的正面形象。

罪责相当司法原则在实践中的丧失造成的刑罚过重,可能会伤及无辜,引发罪犯的逆反心理,不利于罪犯改造;而刑罚过轻则可能造成犯罪分子逃脱惩罚,引发更多有犯罪图谋者抱有侥幸心理,使案件量刑达不到预防犯罪的目的。

量刑不均衡的公开化存在诱发司法腐败的危险。量刑不均衡在新闻中的大量曝光,会强化审判人员对不当量刑的接受心理。可能诱导法官滥用自由裁量的权力,降低司法质量。这也会给司法腐败创造了更多机会。

四、量刑报道的指导思想

在传播量刑的法治新闻时,尤其是在量刑不平衡在现有条件无法避免的情况下,如何通过量刑报道最大程度彰显法治精神,发挥新闻正能量是传播者首先要考虑也值得研究的问题。为此,我们提出以下量刑报道意见。

1. 注意量刑依据介绍的完整性

量刑结果是司法机关"以事实为根据,以法律为准绳"对案件审判的一轮判决终结。一个案件性法治新闻只有介绍清楚案件事实、判决依据、判决结果,才能使案件的社会意义最大化。

首先,帮助受众形成正确的权利义务观。新闻对犯罪行为的介绍和当事人最终受到的惩罚,让受众清楚地看到侵犯他人权利最终也会招致个人权利的丧失。通过新闻案件,反思自己人生,有助于自身形成正确的人生观和世界观。

其次,为公众学习法制知识提供有效教材。通过具体案件学习法律知识,是媒体服务受众的具体体现。每一个具体案件和犯罪分子的最后下场之间到底存在哪些司法依据,这会引发受众的好奇心。这些司法依据所涉及的司法原则、具体司法条款都成为提高受众法治素养的材料。现实中,司法原则或者法律条文因为自身的枯燥乏味而不太受媒体的青睐,在法治新闻中常常被省略或者简单地用"依法判决……"被一笔带过。即便是一些有法治意识的传播者大多是"根据刑法第多少条判决……",让受众对依据的法律条款依然混沌。

需要说明的是,在案件性新闻中,"法制缺位"是最低级的错误,新闻一定要提醒违法犯罪行为的法律责任;即使在案件进入判决阶段前,甚至是进入司法阶段之前,也要把专业人士提供的当事人相关法律责任的意见在新闻中有所呈现。当然这种意见是理性的,与臭名昭著的"媒介审判"有质的区别。新闻的"法制缺位"不仅让新闻失去"法治"的光环,也使新闻的属性发生变化,同时也会失去对其他有犯罪念头的群体的震慑作用,以及对普通受众法律知识的普及。

2. 注意量刑结果的合理化解释

对于每个案件事实的结果,受众都会从道德角度有一个基本的判断,这个判断可能与法律审判的结果存在很大差异,这就产生了情与法的失衡现象。再者,受众之前可能了解过类似案件的司法结果,这个结果也可能与当下接触的新闻报道里情况有所不符。我国《刑法》第5条和第61条的规定,都要求审判体现"罪刑相当"原则。既然每个案件里犯罪的事实、性质、情节和对于社会的危害程度是确定的,而不是不确定的,那么从量刑原理上讲,每一个案件被告人的刑量就应当是确定的。从法理和法律上讲,量刑都应当是精确的,就像在商场里买白菜萝卜一样都是用秤称量过的。在刑事执行程序中,公众有理由怀疑,法官在犯罪人的刑期是怎么计算出来的,会不会在事关生杀予夺的量刑问题上,采用了"估堆"的方式来解决,不明不白地处分他人的生命、自由与财产。这个问题处理不好,公众会对司法公正产生怀疑。尽管我们要求法治新闻对法院的判决依据做必要介绍,但是,在犯罪事实与量刑结果之间,有些法律条款并不能给公众提供满意解释。这就要求,对很多案件,尤其是对情法冲突的案件的量刑结果,不能仅仅"依据刑法……判决……"就能获得满意的宣传效果。解释说明就成为这类法治新闻必要的组成部分。这些必要的解释使量刑依据清晰透明,有助于消除人们对司法的暗箱操作的疑虑,增强受众对司法的信任。

对于不同案件的量刑结果,特别是存在情与法冲突的案件,司法依据更需要详细解释,否则,新闻很难把受众从道德判断的思维方向中转变过来。按照人们的普通心理,清晰且符合逻辑的陈述意见往往能使人愿意接受,同样清晰且符合逻辑的判决意见能增加公众对判决结果的接受,确保裁判的法律效果和社会效果的统一。

这些解释性意见的报道方法灵活多样,可以摘录法官的判决意见或者律师的辩护意见,也可以把必要的知识用链接的方式附于新闻之后,还可以直接在新闻后面附上短评。

《见义勇为一拳打"伤"两家人》是一篇不错的法治新闻,主要优点表现在:一是法律事实交代清楚,案件发生过程叙述生动,没有出现常见的煽情或者泛娱乐化手法,标题一个"伤"字点出对这件造成两家悲剧的事件的态度,新闻的情感基调把握正确。特别是对于这件情感与法律存在矛盾的事实,报道方式更是使用得当。对于可能出现的"挺挥拳人派"和"挺被害人派"(对于这个案件,无论挺哪一派都会产生情法失衡问题),新闻给予正确的引导。对于法院判决结果,新闻两处详细解读了司法依据。一处是做出判决时"涪城区法院审判委员会讨论后认为……"另一处是新闻后面附加的"律师释法",对有可能让受众产生质疑的三个问题进行法律解释。这些解读性资料,权威地平息可能对司法结果产生的怨气。新闻法制含量丰富,舆论引导方法得当,正能量足。

见义勇为一拳打"伤"两家人

成都商报　2017年3月16日

拿到判决书的那一天,得知法院认定他构成过失致人死亡罪,但主观目的是见义勇为因此免予刑罚,绵阳人王勇心中的石头终于落了地。

回想起自己的见义勇为方式,王勇认为是一个教训:对方虽然看似在抢娃娃,但我已将其拦下,也没问清楚情况,误以为对方真的在抢娃娃,不该因心中的怒火而出手,应直接报警。

王勇的这一拳下去,诱发了高军的心脏病,随后当场死亡。经法医鉴定,高军所受外伤是死亡的辅助因素,参与度为30%~40%。这一拳,让王勇不仅被法院定罪,还赔偿了高军家属8万元。

这一拳,也从此改变了两家人的生活……

见义勇为:以为小伙抢娃娃,一拳打倒

王勇是绵阳市游仙区某镇人,今年45岁,因工作原因,和老婆带着年幼的孩子租住在绵阳市经开区。每个周末,夫妻俩都会带着孩子回游仙区的老家。

2015年10月16日晚,星期五,因经开区来了一个马戏团,在社区广场演出,本该回游仙区的王勇便留在当地观看。当晚10时许,王勇上完厕所出来,突然背后一个小伙抱着一个小女孩冲出来,撞上了他。王勇发现,小女孩的嘴巴被小伙捂住,被抱着朝小巷子跑去。身为人父的他下意识认为,对方在"抢娃娃",于是立即追上去。追了500米后,小伙和小女孩上了一辆出租车,王勇立即将出租车拦下。小伙又拉开车门继续逃跑,王勇再次追了上去,并抓住了对方。

"你做啥子的?"对方说道。

"你不要管我做啥子,你是不是在抢娃娃?"王勇义正词严地质问。

"我就是抢娃娃,管你啥子事?"小伙回答。

这一回答激怒了王勇。他一拳打在小伙的面颊上,小伙应声倒下,王勇也摔倒擦破了手和膝盖。随后,围观群众听说小伙"抢娃娃",纷纷谴责他。

不幸后果:警方赶到现场时,小伙已身亡

"谢谢你,要不是你,晨晨就被抢走了,我还不知道该如何跟儿子交代。"小伙被放倒后,小女孩的奶奶跑过来扑通一下跪在了王勇面前,一边哭一边致谢。王勇随即将老人扶起。

老人说,当时娃娃在上厕所,转眼就不见了,等她回过神来,听说有人抢娃娃,于是赶到这里,她不认识躺在地上的小伙,认定有人在抢她孙女。

围观群众越来越多,听说是有人抢娃娃,纷纷谴责小伙,并赞赏王勇的行为。随后,有人拨打了110,当警方赶到现场时,小伙已身亡,王勇随后被带回派出所接受调查。在派出所,得知小伙身亡,王勇有些不解,自己只是打了一拳,其他人踢了几脚,小伙不至于死亡。同时,王勇也感到一丝欣慰,不仅小女孩的奶奶下跪致谢,小女孩的其他家人也来到派出所向他致谢。

警方调查:女孩妈妈找男友帮忙,欲带走女孩

然而,随着警方调查的深入,王勇有些慌了。

原来,经警方调查,身亡小伙名叫高军,河北人。2009年,绵阳人王刚与河北人谭丽在河北结婚。2015年9月3日,王刚与谭丽因协商离婚未果产生纠纷,私自将还没满5岁的女儿小晨带回绵阳,交给母亲抚养。同年9月13日,谭丽到绵阳找王刚协商,准备将小晨带回河北未果,她回河北与男友高军商议后,决定回绵阳寻找机会将小晨带回河北抚养。

2015年10月12日,谭丽和高军到达绵阳。同月16日晚,小晨和奶奶在社区广场看马戏表演,高军利用小晨独自上厕所之机,将小晨抱走,恰好遇上王勇,王勇以为高军是人贩子,于是见义勇为追赶。后来,王勇将高军拦下,拳殴其面部致其倒地,后又用脚踢高军。围观群众听说高军拐孩子也用脚踢,后高军当场死亡。经鉴定,高军的死亡原因符合冠状动脉粥样硬化性心脏病伴蛛网膜下腔出血所致死亡,其所受外伤是死亡的辅助因素,参与度为30%~40%。

法院判决:主观目的是见义勇为,构成过失致人死亡罪,免予刑罚

2015年10月17日,王勇被刑事拘留,同年11月10日由绵阳市公安局城南分局决定取保候审。

2016年9月17日,公诉机关指控王勇故意伤害他人身体致人死亡,应以故意伤害罪追究其刑责。高军家属还附带民事诉讼,当天,绵阳涪城区法院公开开庭合并审理了此案。

涪城区法院审判委员会讨论后认为,王勇和高军案发前不认识,双方也无其他恩怨。王勇主观目的是见义勇为、制服犯罪分子而不是积极追求伤害他人。客观上,高军的死亡存在自身的特殊体质、奔跑行为和被人追打的心理压力、王勇的殴打行为、旁观群众的殴打行为等多种复合原因,王勇的殴打行为不是高军死亡的必然原因。王勇的行为属于假想防卫,不构成故意伤害罪,但他在已将高军打倒在地且高军没有还手的情况下,继续殴打高军且对围观群众说高军是拐卖儿童人员,引发其他群众对高军的殴打,对高军的死亡存在过失,构成过失致人死亡罪。

近日,涪城区法院作出判决,王勇犯过失致人死亡罪,免予刑事处罚。目前判决已经生效。(文中当事人为化名)

他:负债赔偿,反思见义勇为也要讲究方式

昨日,记者在绵阳见到了王勇夫妻,内心煎熬了一年多后,他们心中的石头终于落地了,因为王勇被免予刑事处罚。但他们担心别人说王勇是罪犯,因此,王勇的同事至今也不知道他消失的几个月做什么去了。

"不敢跟周围同事说,不知道说出去后会变成什么样子,知道的人就是借钱给我们的至亲,虽然我们坚信自己没有做错,但8万元的赔偿,对我们这个家庭来说,需要工作几年才能存上。"王勇的妻子张娟说,在等待判决的一年多时间,他们一直处在内心煎熬中,王勇几乎没有工作。

其实,了解王勇的人,都觉得他是条汉子,有担当,是个热心肠。"这件事对我来说,就是一个教训。"王勇表示,作为父母,他痛恨那些拐卖孩子的人,因此当时被高军的一句"我就是抢娃娃"所激怒,"现在想来,我完全没有必要打那一拳,因为我已经将他拦下,也有群众围了上来,可以让其他人帮忙报警,就不会发生后面的事,更不会导致高军死亡,给两个家庭都带来痛苦。"

现在,妻子张娟和他一起上下班,不再让他离开自己的视线,害怕哪天王勇又做出什么"祸事"来。但张娟心中也有些自豪,她说,一天她去看守所看望王勇,在出租车上和司机聊起此事,司机得知她是王勇的妻子,坚决不收车费。

"借钱赔偿了对方家属,现在家中是苦点,但我不后悔嫁给他,这只能说明他是一条汉子,是一个有担当的人。"张娟说。

他们:含泪原谅,儿子身亡,老夫妇独自带孙子

事发时,高军年仅23岁,他是家中独子,还有一个4岁的儿子。如今,高军不幸身亡,他的父母独自带着孙子。

在公安机关的组织下,高军的父母见到了张娟等人,得知自己儿子的行为,以及王勇的情况后,他们默默地流下了眼泪。庭审期间,王勇与高军的亲属达成了和解协议,取得了对方谅解。

高军的父亲介绍,他们是河北地地道道的农民,虽然只有一个儿子,但他们认为儿子不应该去掺和别人家的事,更不该去以那种方式将别人的孩子抱走,那样只能让人误会。

"大道理我不懂,见义勇为我还是知道,王勇出手阻拦,是其他人也会那样做,而且作为父母,都知道有多么痛恨人贩子。在绵阳时,我也见到了他老婆,很通情达理的一个人,我们离开时,她还专门给我300元钱,还一直告诉我要保重好身体。"高大爷哽咽着说,"发生这样的事,是我们两家都不愿意看到的,但现在已经发生了,我和老伴商量了很久,只希望让活着的人好好活着,让这件事早点过去。"

律师释法

假想防卫不存在故意犯罪

"假想防卫是指行人由于主观认识上的错误,误认为有不法侵害的存在,实施防卫行为最终造成损害的行为。对于假想防卫,应当根据认识错误的原理予以处理,有过失的以过失论。无过失的以意外事件论。假想防卫不存在故意犯罪。"四川有同律师事务所律师辛晓芸表示。

结合此案,辛晓芸分析,由于仅是母亲试图带走孩子,不属于非法占有这种情况,抢孩子这一不法侵害是不存在的,"但高军偷偷抱走孩子以及面对王勇质问称自己就是抢孩子等言行,又会给王勇造成认知上的强烈误导。因此,法院认定为假想防卫没有问题。"

为何构成过失致人死亡罪?

对于法院最终认定王勇构成过失致人死亡罪,辛晓芸表示,王勇的过失主要存在两个方面,"一是对象认识上的过失,没有认识到高军当时并非抢孩子。另外,王勇因为打了高军一拳,最终诱发高军自身疾病造成死亡。显然,王勇事先并不知道高军存在特殊体质。正常情况下,一拳可能连轻微伤都够不上。王勇既不希望也没有放任死亡结果发生。因此,只可能是一种过失行为。"

而对于免予刑事处罚,辛晓芸表示,王勇这一拳头毕竟对高军之死有一个诱发作用,"这个判决既符合法律规定,又达到了很好的社会效果。"

8万元赔偿究竟冤不冤?

成都商报记者获悉,在支付高军家人8万元赔偿后,王勇获得了对方刑事谅解。对方最后也撤回了请求民事赔偿之诉。

见义勇为之举,最终却需支付8万元赔偿,特别是在《民法总则》刚刚表决通过并明确要保障见义勇为行为这一背景之下,这一赔偿究竟冤不冤?对此,四川方策律师事务所律师郭刚进行了剖析。(汤小均 张柄尧)

第十章

法治新闻情与法的平衡

在司法过程中,情与法的失衡一直是社会关注的话题,情大于法或者司法中没有人情都有悖于法治精神。法治新闻也存在这个问题。无视人情或者无视法律的法治新闻都会对社会造成负面影响,不利于新闻法治精神的弘扬。讨论情与法的平衡问题,对于法治新闻传播有十分重要的现实意义。

一、现实中情与法的关系

人们的朴素情感总是受道德观念的影响。通常来说,道德的价值判断与法律的价值走向是一致的,但是也存在冲突的现象,这种情况是客观的。

1. 情与法的一致性

有人从三个方面概括法与道德的统一性:一是内容上相互包含、相互渗透。许多法律条款直接来自道德规范,许多道德规范同时也是法律条款。二是相互依赖、相互保障。法律要建立在道德基础上,以道德为思想基础和支撑,这样的法律才能得到群众广泛的认同和支持,从而真正落到实处。同样,道德规范必须要有坚强的法律作后盾,要有法律作政治保障,这样道德规范才能发挥更大的作用。三是能相互转化。法和道德规范在一定的条件下能够相互转化。①

情是道德的主观外化,是法律的自然成分,法律是美德的肯定。正如法学家罗杰·科特威尔所言:"当法律达到有准备地从民德中分离出来的程度时,

---

① 张煜:《论法与道德的冲突及其解决》,大众科学,2010 年第 12 期

法律就削弱了它本身的社会基础和权威,违背民德的法律就好像一堆废纸。"①(P22)

良法理论应该肯定法与道德价值的一致性:法律的良善性,亦即法律的道德性,是法律本身所具有的使法律之所以能成为法律的基本属性,它构成了法律得以产生、形成、实施、遵守、监督的合理根据,构成了法律权威性、合法性、普遍性、规范性的理性基础,构成了法治的精神支柱。法律必须首先符合正义、理性等道德要求,人们才能对它表示认同,法律才能发挥出特有的优势和功能。不具有良善性的法律缺乏成为法律的资格,不是真正的法律。②

王淑芹曾撰文指出:何为良法?良法是合乎社会发展客观规律、促进人的全面自由发展、代表广大人民群众意志和利益、依照法定程序制定和颁布的实在法。良法不是法律的天然本性,而是立法者秉持正义精神与恰到好处地运用法律智慧的结晶。③

周尚君对良法的判断也证明了这一点:良法是能更好体现国家的价值目标、社会的价值取向、公民的价值准则的法,是能充分体现权利公平、机会公平、规则公平的法,是能实现保护产权、维护契约、统一市场、平等交换、公平竞争、有效监管,促进社会诚信的法。④ 这都说明道德的正义要求与法律实现的目标是一致的。

2. 情与法的冲突

现实中,情与法不一致的现象也比较普遍。典型的情况有两种:一是合法,但不合情、不合理、不合德。二是合情、合理、合德,但不合法。第一种情况是道德上不许可,但法律上是许可的。例如,根据法律上关于民事权利诉讼时效的规定,债权超过法定诉讼时效后,债权人就丧失了诉讼上的胜诉权,法律不再支持和保护其债权。但在道德上,"欠债还钱"是天经地义的道德义务。第二种情况是道德许可的,但法律上不许可。比如,关于安乐死的问题。从安乐死本身来说,它是符合人道主义的。但因为安乐死操作性难等原因,我国法

---

① (英)罗杰·科特威尔:《法律社会学导论》,潘大松等译,华夏出版社,1989年版
② 刘双舟:《论法律与道德的冲突》,刘双舟的博客,http://blog.sina.com.cn/liushuangzhou
③ 王淑芹:《良法善治:现代法治的本质与目的》,光明日报,2015年7月15日
④ 周尚君:《厚植法治的道德根基》,光明日报,2017年2月24日

律对它仍持禁止态度。① 比如,包庇甚至窝藏属于亲人的犯罪嫌疑人,这是严重不合法的,但是,许多人对此持肯定态度,认为这是符合道德的。又比如,受害人殴打、侮辱在公共场合行窃的小偷,这是违法行为,但很多人认为这是合情、合理的,小偷该打,打死活该。②

情与法冲突的原因,中央财经大学法学院教授刘双舟分析道:这种冲突主要是由于道德和法律两种社会规范本身的差异造成的。道德与法律的发展有时候并不同步。一方面,法律不能朝令夕改,具有一定的稳定性,相对于社会生活的变化而言具有滞后性的特点。而道德的变化是自发的,不需要特定的程序,这就是变化了的道德观念与不变的法律规定之间可能产生矛盾。另一方面,道德有时候具有很长的时效性,历史的惯性使得道德不可能一下子随着社会形势的变化而改变。而在社会形势变化的情况下,法律的改变可能相当剧烈。这就出现了不变的道德观念与变化的法律在社会形势变化时期的冲突。例如,传统道德中"不孝有三,无后为大"的观念不可能一下子就从人们的思想意识中消去,从而出现了这种还没来得及退出历史舞台的道德与新生的计划生育法的冲突。③

情与法的冲突,导致二者必有一个是落伍于现实,要么是优秀的道德观念和落后的恶法的矛盾,或者落后的道德观念与良法的冲突。学界对此多有论述。

在现实生活中,由于大众情感多从道德视角评判问题,人们在道德正义的角度审视与之冲突的法律,会得出"恶法"的结论;当然如果法律正义,与之发生冲突的道德就被认为是"伪道德"或者"旧道德"。

首都师范大学政法学院教授王淑芹对恶法的分类和形成原因有过清晰的论述:恶法有客观恶法与主观恶法之分。客观恶法有两种情况:一种是由于人类理性的有限性、社会利益关系和矛盾的复杂性,立法者因认识和概括能力的局限等,致使有的法律法规未能全面反映客观规律和人民意愿,针对性、可操作性不强;另一种是法律本身的稳定性、修改的迟滞性,致使一些现行法律,因

---

① 刘双舟:《论法律与道德的冲突》,刘双舟的博客,http://blog.sina.com.cn/liushuangzhou
② 张煜:《论法与道德的冲突及其解决》大众科学,2010年第12期
③ 刘双舟:《论法律与道德的冲突》,刘双舟的博客,http://blog.sina.com.cn/liushuangzhou

没有及时修订、完善、废止而滞后于社会利益关系的变化,致使相关法律规范无法公正地调节现有社会利益关系和矛盾,甚至出现现行不合理的法律成为恶行孵化器的现象。"主观恶法"也有两种情况:一种是立法工作中部门化倾向、争权诿责导致法律偏私,即违背正义理念和道德精神,法律规范的利益关系失衡,倾斜于相关的部门利益;另一种情况是立法者受特殊利益集团、强势利益集团"俘获"或强压,失去公正立场,导致制定出的法律法规不能合理规划现有利益关系和形成合理的社会利益格局,出现特殊利益集团对社会合作利益的掠夺现象。①

新闻作为对社会客观事物的反映,不可避免地受法治社会客观现实的影响,情与法的失衡现象不可避免。作为法治新闻研究的课题,正确把握新闻传播中情与法的平衡问题,是媒体弘扬法治精神,承担社会责任的重要表现。

二、法治新闻中情与法的失衡

法治新闻中,"重情轻法"和"重法轻情"两种情况都存在,但是一般是前者更为常见。

1. 重情轻法

法治新闻重情轻法是指新闻思想片面强调道德判断,迎合受众情感共鸣,忽略事件的法理内涵的报道倾向。

与重法轻情相比,重情轻法是当前法治新闻的常见现象。这是因为"煽情"可能更符合媒体新闻价值的需要。

(1)这类新闻有很强的新闻性。情与法的冲突事件本身就是矛盾体,这个矛盾体具有构成新闻要素的"反常性"特征,让人有新奇的感觉;面对情与法对矛盾,存在"两难"选择困境,任何一种选择都是对持有相反立场者的一种伤害,这是构成新闻的另一个"人情味"要素。许多这类新闻都是在普通百姓日常生活中发生,受众对这类新闻具有"贴近性"感觉,他们更愿意关注甚至参与互动。比如,一名小女孩儿玩耍时掉入深水中,河岸边有二三十名路人围观,

---

① 王淑芹:《良法善治:现代法治的本质与目的》,光明日报,2015年7月15日

只有两名小偷毫不犹豫地跳入水中,救出孩子并悄然离去。① 为救尿毒症妻子,贫困的廖丹私刻医院收费章蒙混过关,四年间涉嫌骗取医院17万余元透析费。② 一个劫匪光天化日下抢夺一个女孩的包得逞后,发现女孩是个正找工作的大学生,心生同情,就把女孩的毕业证手机等物品特意送还。③

(2)这类新闻有明显的人情味性。无论记者用多么高明的手段想"客观地"呈现新闻事实,都无法阻止受众在这类新闻的矛盾体中产生鲜明的倾向。受众总能从自己的生活经验出发得出是非评判,无论这种评判有怎样的缺陷。这些新闻中的"坏人"有些是作案过程中良心发现"放下屠刀立地成佛",有些是习惯作案也偶然"见义勇为"。在趋于冷漠的现代社会,"坏人"的"善举"作为社会"稀缺资源"无一例外地受到社会的赞扬。那位涉嫌刻医院假收费章救尿毒症妻子的丈夫的行为受到无数人牵挂,他们夫妻的故事在网络上被称为"北京爱情故事";那两位见义勇为救落水儿童的小偷,在救人现场大家已经把掌声送给他们;那个抢夺分子的"义举"当场使被抢女孩感动不已并对小偷表示感谢。

(3)这类新闻有很强的动员力。中国是个人情社会,重情不重法是我们的社会传统。在许多情与法冲突事件中,通常被视为合情合理的"善行"最后都面临法律的制裁,这常常无法让广大受众无动于衷:从言论到行动,他们会为捍卫心目中的"公理"而行动。

由于媒体天然的追求吸引眼球的特点,在处理"情与法"对抗事件时,常常不自觉地向"情"一方倾斜,出现"煽情"倾向,突出新闻的故事性、可读性,而"法治"观念在此时会被有意无意地忽略,形成"见事不见法"的局面。《"善良"的劫匪抢学生2000元"返现"500元》就是这种新闻。标题里"善良"这个评价性词语,有意无意对劫匪抢劫8起返现"达5起"的善良给予肯定,却没有对"善良"的劫匪所应该承担的法律责任给予明示。这是一篇典型的"法盲"新闻。这种新闻以道德评价消减法律批判的力量,对受众容易造成误导:在这个呼唤善良的社会里,人们从劫匪身上看到了闪光的人性,会减弱公众与违法犯罪作斗争的意志力。

---

① 《小女孩落水数十路人围观?两小偷见义勇为救人》,东方今报,2007年7月4日
② 《丈夫救病妻骗透析费续:政协委员捐17万帮退赃》京华时报2012年7月1日
③ 《劫匪主动退还大学生财物?你们找工作也挺可怜》,南方日报,2012年3月13日

"善良"的劫匪抢学生2000元"返现"500元

新华网　2013年5月16日

匪徒抢劫一般都是恨不得把受害人身上所有值钱的东西都抢光,可在南昌,有这样一个"善良"的劫匪,抢人2000元,还人500元,自己留下1500元。5月15日,大江网记者获悉,日前,犯罪嫌疑人高某被南昌市公安局江铃分局民警抓获。据悉,高某一个多月内参与抢劫8起,其中"返现"的情况达5起。高某交代,"返现"的原因是觉得受害人可怜。

据了解,高某是今年3月才加入到一个由6人组成的抢劫团伙,今年4月17日,南昌市公安局江铃分局民警将其抓获,一个多月内,高某疯狂参与抢劫8起,其中在抢劫之后"返现"的情况达5起。办案民警向记者透露,有一回,高某等人抢劫一名学生,逼问其银行卡密码后取出了2000元,后来那个学生说自己没钱,高某就退还了500元给那名学生。

"抢过来了,如果是多了,我们就会问一下人家,有没钱吃饭,有没钱坐车,如果他说没有,我们就从这里抽一点给人家。"高某说,抢的人不同,抢的数额不同,返现的数额也不同。目前,此案在进一步调查中。(记者朱超)

下列新闻更是对执法人员的"法外开恩"做法持肯定态度。在这条新闻中,人性的强调盖过了法律的威严,让受众觉得只要合情合理,法律可以退让的感觉。

"板栗哥"日挥铲万次救妻 城管允其占道摆摊

长江日报　2013年12月21日

每天挥铲万次爆炒板栗

昨天上午,记者在鲁磨路公交枢纽站的一个拐角处,看到了一个打着"徐记栗"的炒板栗摊位。

还未走近就听到"刷、刷"的声音,一名年轻男子背对着街道,在一个仅容转身的角落,拼命挥动铁铲,大锅里是40多斤铁砂和20多斤板栗,在相互碰撞中慢慢散发出香甜的味道。

男子没有心思享受炒板栗的香味,紧盯着锅里板栗的成色,挂着满头汗珠不停挥铲。10多分钟后,一锅板栗炒好,他赶紧用筛网筛掉铁砂,将板栗分装在簸箕和十几个纸袋里。

他平均1秒挥铲一次,约20分钟炒好一锅,一刻不停,每天他要炒4～10锅板栗,平均下来挥铲不下万次。虽然他身材粗壮,但每一锅下来还是一头大汗气喘吁吁。

男子叫徐有胜,和妻子李巧云在这里摆摊已经快两个月了,两人特别勤快,平时言语不多,对人非常和气。

为救爱人孤注一掷

徐有胜每天拼命炒板栗,是为了给爱人治病。

徐的妻子李巧云,约30多岁,气色明显不是很好,裹着厚厚的棉衣裤。她是宫颈癌患者,还有严重的风湿。

徐有胜小两口2003年投奔老乡来到武汉,一直靠摆流动摊为生,主要卖烤红薯和炒板栗。

2008年,李巧云查出宫颈癌,医生说如不手术,会无法挽救。2009年,两人咬牙支付医药费实施了手术。李巧云需长期服药,两人还有一个11岁的小孩在读书。

今年刚入秋,徐有胜得知河北迁西的优质板栗大丰收,价格比往年低了好多。"迁西板栗全国有名,多进点货,转手卖出去就可以筹到一笔钱,巧云的病情不稳定,就算出现不好的状况,也能有钱应急。"今年9月,徐有胜高息借了10万元钱,加上自己10年来的积蓄,只身到迁西进货,先后购进了50吨板栗。

谁知道板栗运回来后,根本联系不到买家,这一拖就快一个月,当初定下的3个月还款时间,连本带息零头都收不回。

记者在东西湖山绿冷链物流公司的库房内,看到了堆积如山的板栗,两间百余平方米的仓库,每间里面十多个5米高的货架,上下三层都是满满当当。徐有胜有种陷入绝境的感觉。

"君子协定"引来"特别关照"

起初徐有胜不敢让李巧云知道自己的窘境,李巧云原来很勤快,但病了后总担心添麻烦,曾自杀过,幸亏被及时发现。最后李巧云还是知道了家里的状况,哭过几次之后,她不再自杀了,默默地尽力做自己能做的事情。

她的腿一到冬天就疼得要命,贴了膏药还要穿厚棉裤,常贴膏药的地方已经红肿过敏,但她坚持要出来守摊子。

夫妻两人平时的交流很简单:"累了吧?""不累,还好。""歇会吧。""不用,你歇着。"

徐有胜隔一星期就要到远在东西湖的冷库拖一次货,每次1~2吨,每次都自己搬运蛇皮袋,累得脸发白。

可他毕竟是流动摊贩,城管不可能不管。今年9月23日,徐有胜被洪山城管直属二中队队员拦下,要求他搬离鲁磨路。徐有胜一听急了,恳求执法队员照顾,情急之下说出了自己家的困难。

他的遭遇引起城管执法队员的重视,在看了他提供的进货单,以及李巧云的病检报告后,对他的状况进行了认真分析。"如果单纯将他赶走,这个家庭肯定面临更大的困境,城市管理在管好城市的同时,也不能完全失去人性化,确实有困难的个体,需要合适的帮扶。"此话出自洪山城管一位领导之口。

最终洪山城管与徐有胜定下一个"君子协定",从10月开始,允许徐有胜在鲁磨路公交枢纽站的一个避街角落摆摊,直到50吨板栗销完,但徐有胜需要遵守的条件是不能随意流动,卫生自行打扫。

徐有胜昨天感动地说:城管有考核,这样一来他们肯定会增加麻烦,而我相当于有了个相对固定的位置。只是他仍然发愁,50吨板栗,只销出去10多吨,还钱的最后期限将至,春季天暖后板栗的旺季也过了,他不知道自己能坚持多久。(蔡爽 苗剑)

2. 重法轻情

法治新闻中"法律无情"似乎合乎法律至上的要求,体现了法治精神,但是这必须是在人文主义的情怀的前提下进行的。前面说过,法律的制定都是对传统优秀道德的肯定,法律是合情合理且有温情的。只是在执法或者司法过程中,出于"法律面前人人平等"的原则的贯彻,法律才出现刚性的一面。如果我们在法治新闻报道中,在情与法冲突中片面强调法律"无情"而忽视特定条件下的人权保障,法律就显得"冷血",会给社会带来负面影响。《中国经济周刊》刊发的《男子用秘方救治数百癌症病人 以制售假药罪获刑》(2013年5月21日)当属此类。

报道说,倪海清是浙江省金华市的一名江湖郎中,偶然获得了别人的祖传秘方,研制出了一种治疗晚期癌症的中草药秘方,救治了数百晚期癌症病人。不料被金华市婺城区公安局查封行医地点和仓库,其儿子、妻子及坐诊医生等7人被捕,罪名是销售"假药"。曾接受倪海清治疗的其中10位患者愿意出庭作证却被法院拒绝。很多病人的家属曾多次到婺城区公安局、金华市信访局以及政府其他部门,请求放一点药出来给他们"救命"。其中一位病人家属对媒体说,"刚刚看到效果和希望就没药了,你永远无法理解这得有多少痛苦。"

新闻引用多位患者证言,证明"假药"的有效性,比如,接受倪海清的治疗大约两年多的宫颈癌患者张淑兰法庭提供了书面证言和治疗记录。她对《中国经济周刊》表示,从她自己的个案看,康复效果比较好,"希望司法部门充分调查、切实了解清楚,不要轻易地毁掉一个好药方。"新闻引用知名刑法学专家、江西财经大学兼职教授张国轩对该案件的量刑意见:"倘若那真的是治病救人的良药,真的把病人都给治好了,不仅没有社会危害性,对社会反而是有利的,就不应当认定为犯罪。"浙江中医药大学副教授曹灵勇也表示:"对于那些本来就是100%要死亡的人,吃了药能提高生活质量,已经是一个伟大的事情,一个晚期肿瘤患者本来就要面对死亡,心情该有多痛苦!"一审法院的判决结果是:倪海清因生产、销售假药罪一审被判处10年有期徒刑。

3. 法治新闻情与法失衡的危害

情与法的失衡无论是哪一种情况,都会对社会带来负面影响,损害法治新闻的法治精神。

媒体重情轻法的负面影响是多方面的。

其一,降低受众是非感。由于媒体对违法犯罪人员"善举"的片面报道,违法犯罪分子在受众潜意识里形成了可敬可爱的正面形象,有的甚至成为公众心目中的"英雄"而受到崇拜。而对于这些人的社会危害,因为媒体"议程设置"中的忽略,却不为受众所重视。这样就降低了受众的是非感,降低了公众对"恶"的批判能力。这一切,可以从人们对司法机关惩罚绑匪的不满情绪中,从群众对救人小偷的由衷敬意中,甚至从少女对杀人犯张君的爱慕中得到证明。

其二,降低对违法犯罪行为的警惕性。过多对违法犯罪人员的道德赞美容易使受众产生错觉:违法犯罪人员都良心未泯,作案时对被侵害者都心怀仁慈。所以,有可能出现当事人平时对违法犯罪活动心存侥幸,放松警惕性;当遇到不法侵害时,放弃与侵害人斗智斗勇的努力,从而酿成本该避免的悲剧。

其三,损害司法机关的崇高和威严。重情轻法的法治新闻,在讲述违法犯罪分子的"善良"故事过程中,要么忽略法制的存在,出现"法盲"现象,要么通过将当事人的"善良"与法律制裁的对比,让人感觉法律的不合理,产生司法机关"冷酷无情""收拾好人"的错觉,从而对国家法治产生抵触情绪,降低法律威严,鄙视甚至仇视司法机关和司法人员。

其四,降低了人们的社会安全感。媒体重情轻法的重要表现是法制的缺位,受众在新闻中不仅看不到劫匪小偷们被处罚的下场,甚至连被司法部门警告的提示也没有。相反,却充满当事人和社会对他们的赞扬和崇拜。这很自然会引发公众对社会治安的担心:对违法犯罪分子缺乏制裁和震慑只能导致"坏人"的猖狂,公众安全无法保障。这会引发社会的失望情绪,降低人们内心的安全指数。

其五,引发公众悲观情绪。社会的进步生活水平的提高不断培养着人们的幸福感自豪感。尽管大家不断发出人心不古、世风日下的抱怨,但是媒体上英雄辈出的事实不断强化着公众邪不压正的社会信念。媒体对违法犯罪人员"善举"的过多报道,并不能给人们带来"好人很多"感觉,相反,在观察周围和联系自身经验后,人们会产生这样的结论:这些"坏人"比我们周围人都仁义;很多"好人"是被迫从事非法活动的。从而产生社会好人越来越少,很多"正义"只能在"坏人"身上体现的错觉。这种错觉怎能不让人产生悲观失望的情绪?哪还能让人以积极心态对待人生?

总之,重法轻情的法治新闻可能会带来公众对法制的疏离感,不利于引导公众对法制产生敬畏感,甚至引发逆反心理,无助于公众遵纪守法习惯的养成。

"法律规范之所以为广大的民众所遵守,不仅仅是因为在这些规范的背后隐藏着所谓的国家强制力,像诸如正义、公平、平等、诚实信用、遵守善良风俗等普遍的或个别的法律原则,其本身就是人类道德观念的有力组成部分。也因为有了道德的支持,才使法律原则能够发挥出人性的作用。"[①]

重法轻情,让受众从新闻中看不见正义公平,甚至看不见对一般公序良俗的维护。这极有可能让公众对法律产生"恶法"的误解,不利于公众法治至上

---

① 刘雄伟:《道德与法律的冲突及其解决方法》,云南社会科学,2011年第1期

的信念的培养。

下面这条"天津大妈摆打气球摊获刑"的法治新闻在当时搅动了舆论界。媒体通过这条新闻,针对人们熟视无睹的生活琐事违法现象进行了提醒。新闻彰显了法律的无情一面。但是,这条新闻的社会效果并不理想,不仅没有提高公众的法治意识,反而激起全社会对相关法制的质疑。正如金羊网发表的评论员文章所说的那样:"气球射击摊,这几乎是国内各地公园或旅游景点司空见惯的场景。打气球的枪,在常人眼中,也就与玩具枪无异。一个摆小摊的大妈,只是为了谋生,竟触犯了'非法持有枪支罪',还将面临3年多牢狱之灾,难免让不少人感到不解。照此推论,岂非一大批人或有犯罪之嫌。""法律严苛一些并非不可,但必须昭之于众,否则便谈不上知法守法。法律与普通民众的认知有所差异亦属正常,但无论如何不可违背常识、常理、常情,否则,便很难说是良法。严重脱离现实与人们认知的法规,不仅大大增加了守法成本,而且,动辄以'刑法伺候',也会带来负面社会效果,削弱法律的公信力。"①

大妈摆摊打气球获刑提出上诉 律师称将做无罪辩护

北京青年报 2017年1月4日

今年51岁的赵春华家住天津市河北区,去年8月到10月,她在街头摆了一个射击摊,经营打气球。去年10月,赵春华被警方抓获。12月27日,河北区法院一审以非法持有枪支罪判处赵春华有期徒刑3年6个月。昨天上午,代理律师徐昕在看守所会见了赵春华,赵春华已正式签署了上诉状,将向天津一中院提出上诉。

摆摊打气球获刑3年半

去年10月12日22点左右,赵春华突然被警方抓获。该案一审判决书显示,2016年8月到10月12日间,赵春华在河北区李公祠大街亲水平台附近摆设射击摊位进行营利活动。公安机关在巡查过程中将赵春华抓获归案,当场查获涉案枪形物9支及相关枪支配件、塑料弹,经天津市公安局物证鉴定中心鉴定,涉案9支枪形物中的6支为能正常发射以压缩气体为动力的枪支。

河北区人民检察院指控称,赵春华违反国家对枪支的管制制度,非法

---

① 《"摆摊打气球获刑"暴露法与理的背离》,金羊网,2017年1月5日

持有以压缩气体为动力的枪支6支,情节严重,应当以非法持有枪支罪追究刑事责任。

12月27日,河北区法院在经过审理后对赵春华案作出一审判决。法院认为,赵春华违反国家对枪支的管理制度,非法持有枪支,情节严重,已构成非法持有枪支罪;赵春华当庭自愿认罪,可以酌情从轻处罚;辩护人所提赵春华具有坦白情节、系初犯、认罪态度较好的辩护意见,法院予以酌情采纳。河北区法院一审以赵春华犯非法持有枪支罪,判处其有期徒刑3年6个月。

家人认为量刑太重

赵春华的女儿王艳玲告诉北京青年报记者,母亲之前已经跟父亲离婚,她跟着母亲生活。母亲原来在工厂里卖饭,因为想多挣点钱给女儿攒着,今年8月,赵春华从一个老人那里转手接过射击摊位,是用玩具枪打气球。

王艳玲说,因为白天不允许摆摊,母亲就每天晚上八九点钟出摊,到晚上十二点钟左右收摊,这样过了大概两个月并没有发生什么事情,"我去过母亲的摊位,那些打气球的枪我也摸过,别人也有摆摊打气球的,就是塑料玩具枪啊。"

对于判决结果,王艳玲表示不能接受,"经常可以见到摆摊打气球的,我们一直觉得这种就是玩具枪。如果知道是枪,母亲压根就不会碰。"王艳玲说,母亲和她都觉得判3年半太重了,因为母亲的案件,她自己也把工作辞了,"我们一定会上诉到底"。

律师将做无罪辩护

此事曝光之后,北京理工大学教授徐昕和上海大邦律师事务所合伙人斯伟江律师目前已经介入,他们将为赵春华进行无罪辩护。

昨天上午,徐昕在看守所会见了赵春华。据他介绍,赵春华的状态刚开始很不好,看起来非常苍老、非常憔悴。

此前赵春华并没有提出上诉,因为她担心上诉要花钱,要花律师费,加上觉得上诉也没有什么用,她想早点去监狱服刑,通过监狱的减刑争取早点出来。在跟律师沟通后,昨天下午,赵春华通过河北区法院正式向天津一中院提起上诉。

徐昕表示,赵春华觉得自己很冤枉,还强调那些都是塑料做的枪,大家摆了这么长时间摊也没事,如果觉得摆摊有问题提醒他们一下或者处罚一下,他们也就不摆了,怎么突然就抓起来还判刑了呢?(李铁柱)

三、法治新闻情与法的平衡策略

在以事实为依据,以法律为准绳的前提下,追求法与情的协调统一,尽可能给当事人提供人性关怀,是现代法治社会的一大特点,也是社会文明进步的一个显著标志。法治新闻在对待情与法的冲突中,也应该贯彻这种思想,区别情况,使新闻既合乎情理也维护法治精神。

1. 情与法的"硬对抗":推动问题一方的改变

"道德与法相冲突往往出现两种结果:一是没有坚实社会基础的法律在道德面前被修改或崩溃,适应道德的新法律产生;二是在法律的影响下,一些旧道德退出历史舞台,形成与法律相适应的新道德。"①这是在"恶法"与"美德",或者"良法"与"落后道德"遭遇的,不可调和的"硬对抗"的情形,二者必有其一退出。在这种情况下,法治新闻要通过舆论的力量,帮助社会弃恶扬善,伸张正义。

(1)恶德 PK 良法:需要揭露道德的缺陷

"对于因思想道德建设滞后而导致的法与道德的矛盾和冲突,解决的办法应该从加强思想道德建设入手。比如,因财产问题,父母子女对簿公堂,这是我国法律允许的,但是在道德上还不被普遍接受。……必须通过加强思想道德教育,克服陈旧的、落后的思想道德观念,树立符合市场经济发展和现代法律要求的思想道德观念,从思想上接受和认可因财产问题,父母子女对簿公堂既是合法的,也是合情、合理、合道德的。"②

比如,对于大学生掏鸟蛋获刑的新闻,许多新闻大肆"煽情",一时间社会舆论对司法口诛笔伐。《新文化报》在《大学生暑假在家掏鸟窝抓 16 只鸟获刑

---

① 刘双舟:《论法律与道德的冲突》,刘双舟的博客,http://blog.sina.com.cn/liushuangzhou

② 张煜:《论法与道德的冲突及其解决》,大众科学,2010 年第 12 期

10年半》一文中,对社会关切问题"量刑是否过重""究竟是啥鸟这么宝贵"一一解答,并用实例告诉公众,传统的捕杀野生动物不会犯法的观念需要改变,并借此传播"三有动物"受法律保护的思想。

大学生暑假在家掏鸟窝抓16只鸟获刑10年半
量刑是否过重?究竟是啥鸟这么宝贵?

新文化报　2015年12月2日

据《郑州晚报》昨日报道,1994年出生的小闫是郑州一所职业学院的在校大学生。放暑假在家时发现村外的树林里有鸟窝,和朋友架梯子将鸟窝里的12只鸟掏了出来,养了一段时间后售卖,后来又掏了4只。然而因为这16只鸟,小闫和他的朋友小王分别被判刑10年半和10年,并处罚款。

究竟是啥鸟这么宝贵?原来这16只鸟都是燕隼,国家二级保护动物。

10只鸟卖给三个人

2014年7月,小闫在家乡辉县市高庄乡土楼村过暑假。7月14日,小闫和朋友小王发现村外树林里有鸟窝。于是二人拿梯子攀爬上去掏了12只小鸟。饲养过程中逃跑一只,死亡一只。

后来,小闫将鸟的照片上传到朋友圈和QQ群,就有网友与他取得联系,说愿意购买小鸟。小闫以800元7只的价格卖给郑州一个买鸟人,280元2只的价格卖给洛阳一个买鸟人,还有一只卖给了辉县的一个小伙子。

再次掏鸟引来警察

7月27日,两人又发现一个鸟窝,又掏了4只鸟。不过这4只鸟刚到小闫家就引来了辉县市森林公安局。第二天两人被刑事拘留,同年9月3日二人被逮捕。去年11月28日,新乡市辉县市检察院向辉县市法院提起公诉。新乡市辉县市法院三次公开开庭审理了此案。经权威部门鉴定,他们掏的鸟是燕隼,是国家二级保护动物。

今年5月28日,新乡市辉县市法院一审判决,以非法收购、猎捕珍贵、濒危野生动物罪判处小闫有期徒刑10年半,以非法猎捕珍贵、濒危野生动物罪判处小王有期徒刑10年,并分别处罚金1万元和5000元。新乡市中院二审维持原判。

小闫的家人11月30日透露,他们已替孩子请了律师,希望能启动再审程序。

追问

1. 判10年半是否量刑过重?

此事昨日在网络上引起巨大反响,很多人认为,是不是处罚过于严重?毕竟10年半的牢狱之灾对于一名在校大学生来说,无疑是一个沉重的灾难。

《刑法》第341条规定,非法猎捕、杀害国家重点保护的珍贵、濒危野生动物的,或者非法收购、运输、出售国家重点保护的珍贵、濒危野生动物及其制品的,处五年以下有期徒刑或者拘役,并处罚金;情节严重的,处五年以上十年以下有期徒刑,并处罚金;情节特别严重的,处十年以上有期徒刑,并处罚金或者没收财产。

从法律的角度来说,小闫的情节是属于特别严重的。辉县市人民法院的判决书认为,"被告人闫某在判决宣告以前犯有数罪,应予数罪并罚。"

2. 小闫是否是"明知故犯"?

很多人认为,或许小闫只是闲来无事,对于法律并不了解,才导致进入了这样一个法律的"陷阱"。小闫的上诉理由也是,他不知道猎捕的隼是国家二级保护动物。法院为何没予采信?

根据此案的二审裁定书,"经查,闫某在公安阶段对其主观上明知的事实曾有过稳定供述,且该供述能够与闫某本人在百度贴吧上发布的关于买卖鹰隼的相关信息予以印证,足以认定。"

此外,一审时小闫的辩护人曾提到,小闫在公安机关传讯时,其供述的是捕捉的系阿穆尔隼幼鸟,但是否是阿穆尔隼没有证据能够认证。这些都说明,小闫起码是知道他抓到和卖掉的鸟是隼的一种。

3. 做了什么致"数罪并罚"?

根据此案的一审判决书和二审裁定书,小闫之所以被"数罪并罚",主要涉及到以下几个方面:

● 小闫和朋友小王先后抓的这16只鸟都是燕隼,为国家二级保护动物。其中逃跑一只,死亡一只。属于非法猎捕。

● 这些鸟被小闫和小王卖到郑州市7只,又以150元的价格卖出1

只,此后小闫独自卖到洛阳市 2 只。

值得注意的是——

● 2014 年 7 月 26 日,小闫从河南省平顶山市张某手中以自己 QQ 网名"兔子"的名义收购凤头鹰 1 只,这也是国家二级保护动物。构成非法收购珍贵、濒危野生动物罪。

这也是法院认定小闫的犯罪情节特别严重的原因,因为他不只是捕猎、售卖,甚至还买了一只。如果他完全不了解此类鸟的价值,又怎么会花钱去买一只鸟?

多知道点儿——

隼,为啥这么珍贵?

在电影《无人区》里,一群人为了一只鹰隼展开了一场激烈的角逐。隼,为啥这么珍贵?

隼被誉为蒙古民族的吉祥物,后逐渐进入阿拉伯国家,由于其珍贵性,因此在阿拉伯国家只有王室和达官贵人才有权玩隼。这也成为了一种"彰显地位的奢侈运动"。鹰匠们也在迎合这种商品化炒作,将猛禽个体的价格炒得越来越高。

调查显示,阿拉伯国家每年需要从他国购入 6000~8000 只猎隼,而所谓被驯好的猎隼在其国内的价格最高可至 17.5 万美元。这直接导致我国很多不法分子的走私活动十分猖獗。随着时间的不断推移,原本拥有隼数量很多的新疆地区,隼的数量也急剧减少,截至目前,隼更是很难再被人们所发现。

对猛禽的占有欲,并不仅限于阿拉伯。在我国,金雕、苍鹰甚至红隼都是国内"鹰猎爱好者"的目标。但是,在我国,所有的猛禽都是国家二级以上保护动物。也就是说,在我国你看到的"玩鹰的"有很大可能是违法的。

案例控来了——

"不知情"不是犯罪的理由

● 男子抓百余只青蛙被起诉 今年 6 月 16 日晚,常州市民薛某在田地及河边抓了百余只青蛙,还拿着去售卖,被抓了现行后被起诉。薛某感到有点"冤":"过去抓很多青蛙、蟾蜍、麻雀等,根本没人管,现在怎么突然就构成犯罪了呢?"经鉴定,薛某捕捉的青蛙为黑斑蛙和金线蛙,二者均属于"三有"保护动物。

● 老人粘鸟被判缓刑　2013年10月27日,61岁的牛大爷在北京石景山区八大处架粘网捕了5只鸟。2014年5月,牛大爷被判处拘役半年,缓刑半年。被抓时,他大摇大摆地一手拎着粘网,一手提着鸟迎面走向执法民警。"我就根本没觉得是个事儿,就没藏着掖着。抓我的时候我都傻了。"经鉴定,牛大爷捕获的黄雀和灰喜鹊都是国家保护的有益的或者有重要经济、科学研究价值的动物。

● 6元钱买3只鸟被判6个月　为讨好老板,江苏省如皋市的鱼贩李德平花了6元钱买了3只鸟,却不知自己收购的是珍贵野生动物。原来,这3只鸟分别为领角、红隼和阿穆尔隼,经鉴定,均属国家二级保护动物。今年5月,李德平被判有期徒刑六个月,缓刑一年,并处罚金2000元。(综合《郑州晚报》等)

(2)美德PK恶法:促使法律"立废改"

我们的法律必须体现为美德服务要求。"必须加强公民道德建设,弘扬中华优秀传统文化,增强法治的道德底蕴,强化规则意识,倡导契约精神,弘扬公序良俗。推动文明行为、社会诚信、见义勇为、尊崇英雄、志愿服务、勤劳节俭、孝亲敬老等方面的立法工作。""努力让人民群众在每一个司法案件中都感受到公平正义,推动社会主义核心价值观落地生根。"①

当美德遭遇恶法,人权受到践踏,公理遭受踩躏的时候,法治新闻要及时发声,促进法律的废除或者修改。比如,前面提到的孙志刚事件的曝光导致《城市流浪乞讨人员收容遣送办法》的废止;2009年河南人张海超的"开胸验肺事件"的媒体关注,使《职业病防治法》以及《职业病诊断及鉴定管理办法》不合理条款曝光天下,并在第二年得到修改。

工人为证明患职业病坚持开胸验肺

东方今报　2009年7月10日

新密市一企业工人张海超工作3年多后,被多家医院诊断为尘肺,但企业却拒绝为其提供相关资料,在向上级主管部门多次投诉后,他取得了

---

① 周尚君:《厚植法治的道德根基》,光明日报,2017年2月24日

去做正式鉴定的机会,但郑州职防所为其做出了"肺结核"的诊断。

为寻求真相,28岁的他跑到郑大一附院,不顾医生劝阻,坚持"开胸验肺",用一个人的无奈之举,揭穿了谎言。

单位私扣"尘肺"复查通知

7月6日,在新密市第一人民医院外科病房,记者见到了病床上的张海超,说起自己的遭遇,他不禁泪流满面。

张海超是新密市刘寨镇老寨村村民,2004年6月,他到新密曲梁乡的郑州振东耐磨材料有限公司(下称振东公司)上班,先后从事过杂工、破碎、开压力机等有害工种。2007年下半年,他感到身体不适,主要表现为胸闷、咳嗽,他也没太在意,一直当做感冒来治,但效果不好。

2007年10月,张海超从振东公司离职不久,又到郑州市第六人民医院检查,医生怀疑他是肺结核,但不能确诊。此后,意识到问题严重性的张海超先后去过郑州市二院、省胸科医院、省人民医院、北京协和医院、首都医科大学朝阳医院、北京大学第三附属医院等数家医院检查,医生们都给出了一致的结论:职业病——尘肺。

这个不幸的消息让张海超回忆起了2007年1月单位曾在新密市卫生防疫站为职工做过体检,还拍了胸片。"今年1月6日,我到新密市防疫站查询,防疫站说2007年拍胸片时就发现我的肺有问题,并通知单位让我去复查,但单位并没有通知我。"张海超说,他又找到单位询问,才知道单位私自扣下了复查通知。

对此,新密市卫生防疫站耿站长接受记者采访时称,职工体检是受企业委托,检查结果也只对单位,不对个人。

郑州市职防所鉴定为"肺结核"

据了解,按照国家职业病防治法的有关规定,职业病的鉴定由当地职业病防治所进行。职业病诊断、鉴定需要用人单位出具相关证明,譬如,组织机构代码、职工工作时间、从事工种等。

由于振东公司单方不配合,张海超无法到职防所进行鉴定,而其他综合类医院又无权对职业病进行鉴定,无奈,张海超于今年2月7日到新密市政府有关部门求助。"直到今年5月,新密市信访局终于表态,由郑州市职防所为我的病情进行鉴定。"张海超说,5月25日,郑州市职防所出具了诊断证明,让他震惊的是,鉴定结果是"无尘肺0期(医学观察)合并肺结核"。给出的意见是：进行肺结核诊治，建议到综合医院进一步诊治。

铁了心"开胸验肺"弄清病情

"这个结果我无论如何也不能接受，郑州和北京的各大医院都认定我是尘肺。"张海超说，"而且就在去郑州市职防所正式鉴定前，我曾拿着胸片找那里的工作人员，当时他们看后也说是尘肺。你说这是不是有人捣鬼？"

张海超决定"开胸验肺"，弄清自己的病情。6月1日，张海超来到郑大一附院门诊，6月9日住院，6月22日不顾医生劝阻，他铁了心要开胸。"当时郑大一附院的医生劝我说，凭胸片，肉眼就能看出你是尘肺，从技术上讲，职防所也不可能做出这么低级的误诊。你为啥非开胸？这很危险。"张海超说，在他的一再要求下，郑大一附院为他做了手术。

结果胸部一打开，医生就发现了他肺上的大量粉尘，肉眼可见。医生还为张海超做了肺部切片检验，排除了肺结核的可能。在郑大一附院出具的张海超的"出院诊断"中载明："尘肺合并感染。"医嘱第1条就是："职业病防治所进一步治疗。"

"职防"鉴定有空子可钻

自今年3月接到张海超的投诉，记者数次与振东公司联系未果。而在郑州市职防所鉴定张海超为"肺结核"的诊断证明中，有三个人的签名，其中王晓光为医技科主任。

7月7日下午，记者电话采访了王晓光，王说给张海超做鉴定的不是他一个人，他们是从胸片上得出张海超患的是肺结核的结论，如果张海超认为是误诊，需要提供切片检验。而如何纠正这个"误诊"，不归他管。

职业病防治法规定，当事人对市级职业病鉴定结论不服的，可向上一级卫生行政部门申请再鉴定。然而经历了这么多，张海超已无力应付了。

近两年维权求医，张海超花费近9万元，早已是债台高筑。为了省些医药费，张海超现在只好转院到县级医院，虽然他入了农村医疗合作保险，但医院认为他是工伤，不在医保范围。"开胸后我找过新密市信访局，一位科长说，他们只认郑州市职防所的鉴定结论。振东公司是个大企业，我这是一个人在战斗！"张海超说，在那个企业里，与他有相同遭遇的工友，绝不止他一个。

而对于张海超的遭遇，不少医生认为："得了职业病，还得单位开具证

明才能鉴定,说是让高污染企业凭良心办事,其实恰恰给企业留下了能钻的空子。"(记者 申子仲)

2. "情""法"兼顾:彰显法治精神的光辉

现实中的绝大多数法治事件,情与法都不是"硬冲突",新闻报道中出现的"重情轻法"甚至是"法盲"现象,很多是新闻工作者在新闻生产中出现的偏差。通过提高认识,他们都能让法治新闻做到"情法兼顾",传播既有法治尊严,又充满人情味的好作品。

在法治建设中,周尚君认为必须坚持法德融合的思想,"要建立健全道德与法律合理衔接的责任追究机制,按照贯穿结合融入、落细落小落实的要求,积极探索有效途径和办法,使社会主义核心价值观和社会主义法治建设相互促进、相得益彰。"①在法治新闻传播中,也要借鉴这一理念,既要尊重法制权威,又要有人情味,使新闻达到"刚柔并济"的效果。

(1)在人情主导的法制事件中要有法制的声音。在社会朴素的道德体系中,"恶有恶报"是人们普遍接受的价值观念。但是,对于一位爷爷打死拐卖自己孙子的人贩子似乎理所应当,如果爷爷再因此获刑8年并赔偿5万余元,似乎是对公众传统是非观的否定,这样的新闻处理不好容易引起人们对法制及司法机关的反感。中国法院网在说明老人得到的处罚后,指出他获刑并赔款的法理依据,并指出当前的量刑已经是从轻判决的结果。新闻这样处理,既体现了法治威严,也显示了对正义的声援,避免公众对判决产生的不良的情绪化后果。

爷爷因孙子被拐打死人贩子 获刑8年赔偿5万余元

中国法院网　2014年10月10日

中国法院网讯 孙子被人拐走,追到人贩子的爷爷激愤不已,竟失手将人贩子打死。人贩子可恨,但我国是法治国家,应由国家机关给予相应的处罚,任何人不得非法剥夺他人的生命权。近日,广西壮族自治区隆林各族自治县人民法院判决该起生命权、健康权、身体权纠纷,由被告黄光给付原告李花花赔偿费人民币58757.5元。

---

① 周尚君:《厚植法治的道德根基》,光明日报,2017年2月24日

2012年7月22日早上,受害人李忠擅自将被告黄光的孙子黄兵兵带离被告黄光家,中午1时许,被告黄光发现孙子黄兵兵不见后即四处寻找。下午6时许,被告黄光发现李忠带黄兵兵搭摩托车往者浪乡方向走,即将李忠拦下进行责问,李忠承认想拐走黄兵兵的事实。被告黄光因愤怒便对李忠进行殴打,后又解下王志华摩托车上的绑带将李忠双手反绑起来控制于原地。21时38分,被带到新州镇派出所的李忠有生命危险,即被送往医院抢救。李忠经抢救无效死亡。经法医鉴定:李忠系因外力打击致肝、脾、肾破裂出血导致失血性休克死亡。2013年4月26日,隆林各族自治县人民法院作出刑事判决,判处被告黄光犯故意伤害罪,判处有期徒刑八年。

法院审理后认为:公民的生命健康权受法律保护。侵害公民身体造成死亡的,应当支付丧葬费、死亡补偿费等费用。受害人死亡后,其近亲属有权就赔偿问题主张权利。被告黄光故意非法损害他人身体健康,是造成李忠死亡的直接原因,被告在承担刑事责任的同时还应当承担民事赔偿责任。但李忠擅自将被告黄光孙子黄兵兵带离被告家,被被告拦截到后也承认想拐走黄兵兵的事实,才导致被被告殴打最后死亡的损害发生。即损害的发生系李忠拐走被告黄光孙子黄兵兵引起的,李忠对损害的发生存在过错。法院确定被告黄光对李忠死亡的损害承担60%的责任,李忠自行承担40%的责任,遂作出上述判决,既由被告黄光给付原告李花花(李忠母亲)赔偿费人民币58757.5元。

(2)在法治运行过程中要体现优秀道德的价值取向。在良法前提下,情法失衡多是由于司法自由裁量失度或者公众的"法盲"造成的。法治新闻传播中要对具体法治事件区别对待,平衡把握情与法的呈现。

在"嫖客救人被拘"事件中,公安机关对当事人处罚虽然在法律限度内,却明显没有考虑执法的社会效果。为此,媒体纷纷发声,给当事人舆论声援,以期减轻执法者可能给公众带来的情感伤害;同时也对类似的执法者提个醒,正确慎重运用手中的执(司)法权,提高执(司)法水平,在执(司)法过程中不仅要依照法条,还要考虑政治效果和社会效果。

嫖客救人被拘 超九成网友认为应从轻处罚
人民微博 2014年5月13日

人民网北京5月13日电(刘云 实习生朱祖熠)近日,宁波张先生被妖艳女子拉去"服务",结账时姑娘下跪"大哥救救我",称被拐卖和被强迫卖淫。他最终选择了报警,结果因嫖娼被行拘十天。对此,有网友质疑,嫖客救人被拘是否传递了一个信息:在从事违法行为之时,看到他人受害,必须袖手旁观,才能明哲保身。5月12日,人民微博"微争鸣"栏目发起调查"嫖客救人被拘是不是法不容情?",截至13日下午14:00,共计1017名网友参与投票。其中94%的网友认为这种处罚是执法机械的表现,应该从轻处罚,鼓励人们去惩恶;另有6%的网友则持不同意见,认为法不容情,嫖娼理应接受处罚。

多数网友认为,法律应该鼓励人们去惩恶,因此对救人嫖客应从轻处罚。无论你当时正在干什么,只要保护了人民生命财产的安全,你就是功臣。网友"清水一滴"质疑,"嫖娼与救人虽是两回事,既然要分别处理,那在处理了嫖娼后,救人的奖励怎么处理?没有了下文,就使人觉得奖惩不明,处事不公。再说他报案本是自首情节,何况是为救人,是一种良心的发现。孰轻孰重执法者分辨不清?"

当然也有网友认为法不容情,嫖娼就应接受处罚。法律的目的是教育人,警示人,张先生的行为足以证明他已经深刻地认识了这一点,当个人得失、法律尊严、人民利益面前他选择了不顾个人得失,他的行为教育了很多人,也向人们警示了法律的公正尊严。

3. 全面深度解读法治原则

对情与法存在冲突的新闻报道,新闻要坚持全面、深入解读所关涉的法治原则的思想。

这里的"全面"有两层意思:一是改变法治新闻只关注违法犯罪分子一方的习惯,把受害方的损失和痛苦纳入新闻报道的视野。这样做不仅更进一步加强了法治新闻的教育功能,让受众更清楚地认清违法犯罪行为的社会危害,而且也能凸显媒体对受害方权益的重视,显现媒体的人文精神。二是尽可能提供不同群体对案件的解读,包括道德视角和法治视角有代表性的意见,使受众在新闻中看见自己的影子。这样,在新闻进行引导的时候,会使不同观点的人得到启发。

所谓深度解读,对于"情与法"存在冲突的新闻事件,要深入分析背后的情理和法理的根源,帮助公众树立正确的情理观和法理观,把新闻案例做成学习法治知识的精品教材。新闻中引用该领域权威人士的意见或者以链接形式增加相关知识就成为加强新闻知识性和权威性的有效方法,必要的时候,在新闻后面附上短评,以表明媒体的立场和态度。当前,许多法治新闻在这方面做得不够,新闻背后的情理,特别是法理表达不充分,不能使受众心服口服。《东方今报》2013 年 12 月 10 日刊发题为《装修师傅电摩免费载客 爱心遭遇"合情合理不合法"》的新闻做得很好,当爱心遭遇合情合理不合法的情况,新闻帮助受众沟通情况,提供法制解读。新闻既有人情味,又充满法治精神。

装修师傅电摩免费载客 爱心遭遇"合情合理不合法"

东方今报　2013 年 12 月 10 日

一个在郑州打零工的外地人老申,每月拿着微薄的收入,还供养着两个孩子上学,却在火车站设了个"爱心摩的",专在空闲时间免费载人。对此,网友直言"老申爱心可嘉,合理合情不合法"。

【事件】

火车站有个"爱心摩的"

12 月 9 日上午,郑州火车站西广场京广路天桥西头,墙边竖起一个"爱心摩的"的牌子吸引了很多路人的关注。

路过的刘先生称,他第一次听到这个词,"爱心出租""爱心顺风车"都挺平常,这个挺新颖。刘先生说,最让他感兴趣的是牌子下方的一句话:信不信由你,让郑州人都知道,郑州有好人。

记者拨通了上面公开的电话号码,试着向他说明需要帮助,一个略显沧桑的声音很愉快地答应了,并让等他几分钟。很快,老申出现了,他说,他今年 56 岁,来自濮阳南乐县,在郑州已生活了 10 年。在"爱心摩的"牌子旁放着两块"装修水电"的小牌子,老申称,他的本职工作是水电工,和大多数在路边等活的人一样,他每天也会在西广场等活干。

"冬天是淡季,大把的闲时间打牌唠嗑,我不想这样做,想做一些更有意义的事儿。"老申说,这才有了免费搭载有需要帮助的人的想法。

【讲述】

亲历苦难和救助 心存感激

老申说,他住在附近一个民居里,每月租金180元。附近一位卖板栗的商贩评价老申"实诚人,人可好"。就连西广场南侧京广路上看管电梯的邱女士也对老申夸赞不已:"有老年人上电梯,走台阶,老申都扶着人家。"

老申说,他这样做,全是为了感恩社会。他说,他一家生活比较清贫,两个孩子在郑州分别上中学和中专。他的工作又不稳定,经常吃了上顿没下顿,特别是冬季,等不来活干,"拾几个瓶子就是一顿饭"。

2012年春节,两个孩子要上学,家中也无钱过年,走投无路的老申在微博上发帖求助,让他意外的是很多网友纷纷伸出援助之手,还寄来一些御寒的棉衣。"好人的恩情,我感激一辈子"。

11月初,老申在火车站西广场亲眼见到一位年过半百的母亲背着20多岁的女儿,经询问得知女儿刚做完脚部手术,不能走路,而打车又太贵,只好徒步回家。老申二话没说,免费带着母女俩回到家,这次爱心举动后,他有了做"爱心摩的"的想法。

"并不是每个人都会信任我。"老申说,很多人听闻免费,不敢坐,等他解释一通后才半信半疑,到达目的地后大部分乘客总会塞给他一元两元。

【担忧】

爱心可嘉 出了事故怎么办?

老申的"爱心摩的"经路人上传微博后,网友除了赞扬之外,也有很多担忧。有网友认为,目前郑州的交通状况,需要电摩出行,但担心老申的行为"爱心诚可鉴,危险会更多"。该网友说,老申好心搭载乘客时,出现了交通事故怎么办?如果搭载乘客,被交警逮到,罚款算谁的?

还有网友担忧,电动车明令规定只能搭乘12岁以下的儿童,老申的行为是不是公然挑战法律法规?

针对网友们的关怀和担忧,老申表示自己也想过,只是尽心尽力做自己想做的事。但更多的网友还是希望,善良的老申能够"好人一生平安","换种方式表爱心,做好事"。

爱心遭遇"合情合理不合法"的尴尬。郑州交巡警五大队民警杨华民认为,他们提倡安全合法地做好事,如果在好心免费搭载乘客的情况下出现交通事故，车主肯定脱不了责任，"依法划分责任，不是说做了好事就网开一面"。杨警官认为，这种合情合理不合法的做好事行为，不应被鼓励。

河南豫和律师事务所律师田海康认为，若乘客自身有危险行为或导致驾驶者危险行为的，需要承担相应责任。（记者 付雨涵）

想做好事行为违法

东方今报评论员 路治欧

无论是谁，奉献爱心都值得赞赏。但是，盲目地献爱心并非好事。

郑州火车站西广场有出租车站点也有公交站点，1元钱就能去往很多地方。一般情况下，该地点交通都挺通畅，有紧急事情又被堵死的几率很小。如此一来，"爱心摩的"往往在锦上添花，而非雪中送炭。

更重要的是，献爱心必须要在法律许可的范围内。法律规定电动车只能搭乘12岁以下的儿童，搭乘规定之外的人就是违法行为。这与是否收费无关，也不会因出发点的善恶而有所改变。如果载客时遇到交通事故，也是必须承担赔偿责任的。

老申，遵守法律不代表"什么事儿都没法做了"。其实，献爱心的地方多得很，比如，帮贫困老人疏通管道、多参加一些东方今报举行的各种公益活动。

老申，你能积极履行社会责任，也应当能更好地尽到家庭责任。尽快解决家人吃了上顿没下顿的困境，让社会少一个被救助的人，是一件极有意义的事。

虽然"爱心摩的"毫无必要且违法，不过正因你有一颗奉献爱的心，这篇稿件给你的"水电维修"做了次免费广告。

这篇新闻表达了明确的立场，在法治社会里当"情""法"发生矛盾的时候，是不能感情用事的。这种短评提醒，对于纠正人们观念误区特别有必要。什么叫社会责任？什么是新闻的贴近性？什么是以正确的舆论引导人？这就是。

第十一章

法治新闻的娱乐底线

追求新奇有趣是受众接受新闻信息的共同心理。娱乐性新闻成为媒体的兴奋点。当前,"娱乐"已经不仅仅是媒体文艺类信息的专利,即便是原本严肃的新闻传播领域,娱乐新闻也大行其道,新闻"娱乐化"已经成为社会不可忽视的话题。法治新闻领域就是新闻娱乐化的灾区。

一、法治新闻的娱乐性

娱乐性和娱乐化是两个不同的概念,二者虽然都是"娱乐",却有着本质的区别。

1. 新闻娱乐性和新闻娱乐化

新闻的娱乐性是指新闻包含的趣味性元素使人欢愉的特征。这种新闻因其幽默性很受欢迎。有人根据新闻娱乐的特点把它们用颜色进行分类:比如,有人把肯定与赞赏人的能力和智慧,能引发欢快愉悦的笑的新闻称为红色幽默新闻,其内容主要是表现新闻人物开朗乐观的性格或突然而至的机智或处于窘境时的诙谐自嘲;把披露现实中的丑陋现象,讽刺新闻人物的可笑言行的新闻称为黑色幽默新闻,它体现出来的幽默更多是对滑稽生活现象的再现,在揭丑中体现美。

幽默新闻传达的娱乐性是人类正当的健康情感,正如恩格斯给德国工人领袖奥古斯都·倍倍尔的一封信中所写的那样:"幽默在各种历史条件下会染上形形色色的情调。它既可以是勇猛果敢的、朝气蓬勃的、自由思想的乐观主义反映……也可以是'含泪地笑'——喜剧性的由于感受到艺术家的理想和生活之间的矛盾而引起的悲剧性二者的结合。"①

新闻娱乐化是描述新闻传播方向偏差的一个概念。复旦大学李良荣教授认为:新闻娱乐化是指犯罪新闻、名人的风流轶事、两性纠葛。② 林晖对新闻娱乐化作了进一步描述:"一方面,娱乐化最突出的表现是软新闻的流行,即减少严肃新闻的比例,将名人趣事、日常事件及带煽情性、刺激性的犯罪新闻、暴力事件、灾害事件、体育新闻、花边新闻等软性内容作为新闻的重点;另一方面,在内容和形式上都尽力使硬新闻软化。内容上,竭力从严肃的政治、经济变动中挖掘其娱乐价值,在表现技巧上,强调故事性、情节性,一味片面追求趣味性和吸引力,强化事件的戏剧悬念或煽情、刺激的方面,走新闻故事化、新闻文学化道路。"③林晖对新闻娱乐化表述是目前学界对这个概念比较全面的、有代表性的总结。

2. 法治新闻的娱乐性

虽然严肃性是法治新闻的基本特征,但是法治新闻领域从来不乏斑斓的娱乐色彩,这不仅极大地丰富了法治新闻的内涵,也增强了法治新闻的魅力,带来良好的传播效果。

(1)新闻事实的幽默性

有些法治新闻具有"天然的幽默性"。所谓"天然幽默性"是新闻事实本身具有的娱乐特征。这类新闻不需形式调动,只需要简单地把新闻事实叙述出来,就能引发娱乐效果。腾讯大豫网曾经报道新闻说,周口郸城县的一个妇女的电动车被盗了,没有去报警,而是去找传说能掐会算的"神仙"请求指点。神仙告诉她没有指望找到了。她不死心,就去当地派出所报警。在警方的努力下,案子破了,电动车找回来了。这位妇女的荒唐事本身就滑稽可笑,具有天然的娱乐效果。还有新闻报道说,一位喝多倒在地上的年轻女子被巡逻的民警遇见后,当被问及家庭情况时,女子竟然脱口而出:"我干了,你随意"。

---

① 李国英:《幽默新闻的发掘与表现》,文学教育(下),2007年第2期
② 李良荣:《娱乐化 本土化——美国新闻传播的两大潮流》,新闻记者,2000年第10期
③ 林晖:《市场经济与新闻娱乐化》,新闻与传播研究,2001年第3期

新闻1

周口一女子新车被盗 求助"大仙"无望后去报警

腾讯 大豫网 2017年11月6

郸城县的陈大姐新买的电动车被盗了,到镇子上找大家都说灵的"大仙"求签问卦,大仙说找不回来了!求助大仙无望的陈大姐终于还是去报警了,结果不但案子破了,电动车也找回来了!

近日,河南电视台对郸城县公安局石槽派出所近期破获的一起电动车盗窃案件进行了跟踪报道,快来点开视频看一看咱们民警到底怎么侦破了一起"大仙"说破不了的案子吧~(视频:略)

新闻2

南阳美女醉卧街头 一句话让民警又好气又好笑

南阳晚报 2018年2月13日

本报讯(记者王勇 通讯员贾耀河)"我干了,你随意!"这话出自一位醉倒在路边的女孩。

2月10日,当赶去救助的市公安局梅溪派出所民警喊她时,她张口而出的这句话让民警又好气又好笑。当晚10时许,在市区文化路和建设路交叉口南100米左右的道路上有一位女青年倒地不醒,梅溪派出所民警接警后迅速赶往现场,看到少女不到20岁,相貌清丽,却躺在路边,满身灰土,不远处有一电动车倒在地上。

民警将女孩及电动车移至安全地带,当问其个人情况时,醉酒状态下的女孩竟然脱口而出"我干了,你随意!"一派酒场"女汉子"的模样,让民警又好气又好笑。

正在民警寻找女孩家人的时候,女孩的电话忽然响起。民警接听,原来是女孩的朋友打来的电话,称晚上年末聚餐,女孩喝多了,没注意,人就不见了。随后120赶到,女孩被送往医院救治,女孩的朋友也赶往医院陪护。

这两条法治新闻都是从民警出警角度入手的,反映了警察工作的琐碎和辛苦不易。他们要天天面对形形色色的求助对象,处理千奇百怪的治安事件。借助新闻求得受众对民警工作的理解和支持。

这里特别需要说明的是,内容幽默的新闻,除了新闻价值外,传播者还要注意宣传价值的把握,即新闻素材要符合党的基本理论、路线、方针、政策,符合党和政府的中心工作。如果有人给媒体爆料具有封建迷信色彩的内容,是不能传播的。现在很多媒体为了追求新闻的趣味性、刺激性,置我国媒体党性要求于不顾,公然传播封建迷信思想。比如,媒体常常在报道彩票中大奖的时候,忍不住用"冥冥之中""吉人自有天相""老天爷眷顾"等词语。这些言辞含有唯心主义思想,是被新闻法规禁止使用的。

(2)表达形式的娱乐性

表达形式的娱乐性主要是新闻表现形式的新奇性,包括文体格式和语言表达风格的独特性等。比如,有的新闻使用剧本格式报道新闻,令人耳目一新;而更多的新闻娱乐方式在于新闻报道语言的幽默性。

格式的新奇性是传播幽默法治新闻的有效手段。同样的内容,如果记者赋予新奇的文本格式,就可以获得娱乐效果。比如,一条关于依法驾车的法治新闻就是这样。在焦作,交警上路执法过程中,查获一辆大巴,车里坐满上了妆的西游记人物:孙悟空开车,唐僧及其他人,尤其是众妖怪特别显眼。如果用文字报道这条新闻,会由于缺乏视觉冲击力使新闻的娱乐价值大打折扣。许多媒体发布图片新闻,一干妖怪和孙悟空师徒共处一车的怪场面出现了!后来检查发现,他们不存在违规驾车的情况就放行了。这是报道文本的新奇。现在,新闻呈现手段多种多样,除了文字图片以外,手机客户端还能看到视频新闻,甚至漫画新闻。

在新闻语言方面,除了正常的话语之外,还有人使用方言、甚至夹杂外来文字报道新闻。这两种情况,不仅能增加新闻形式的新异性之外,还有表达立场观点的效果。比如,使用方言能够增加老乡之间的感情,弘扬乡土文化;而外来语的使用,则表明自身乐于接受新事物的立场。

女子为吓男友报警称男友是逃犯　警方:他是真逃犯

钱江晚报　2014年7月5日陈雷

本报讯　生活永远比电影精彩,即使你过着再波澜不惊的生活,也会发现突然遇到一个意外的路口——

昨天,东新派出所的官方微博有一条新微博算是转疯了。内容是这样的:"#值班室的故事#男女盆友吵架,女友为吓吓男友,报警称男友是逃犯,要蜀黍将其'逮捕'~谁想蜀黍将其带回仔细查询后,发现男友竟是名符其实的逃犯～由吓吓变成'举报',由'逮捕'变成'拘留',妹妹,蜀黍给你点个赞哦～"

很多人的留言只有两个字:真的?

真的! 原来110民警又遇上极品人的奇葩事啦!

东新派出所值班民警告诉我们,7月1日下午,值班民警接到一位姑娘报警,说是在严家里的小区门口,急需民警搭救。民警赶过去一看,原来是男女朋友闹分手。

感情纠纷嘛,本来也常见。民警叔叔一问,姑娘说他们一个月之前就分手了!

问题是姑娘想分手,这男朋友不愿意啊,几次三番来找姑娘。这不,又上门了,姑娘急于脱身,于是拨了110。

民警叔叔听他们说了半天,也有点看不下去了,就劝解道:分手这个事情呢,我知道你也不想的,但是都已经闹到这个份上了,大家就好聚好散嘛……

就在这时候,姑娘大约是看到民警也站在她这边,胆子一壮,居然对着前男友说出一段让大家都大惊失色的话:你不要以为我怕你啊,不敢弄你吗? 你以为我真的不知道么,你就是个逃犯! 我要是想弄你我就分分钟去举报你! 呶,警察叔叔把他抓起来审审看……

听到"逃犯"两个字,不仅民警耳朵竖起来,这男朋友的情绪一下子也变得很暴躁,似乎要有所异动。东新派出所这位110民警果断出手,将他扣住。

剧情于是大反转啊。民警带着这名"前男友"到派出所一查身份,他真的是个逃犯啊!

该男子叫陈某,余杭本地人,涉嫌于2013年敲诈勒索他人28000元,在逃。2014年初刚刚被余杭警方列为网上追逃的目标。记者再向余杭警方核实,得知确有此事,余杭仓前派出所已经将此男子押解归案,开展审查。

这是巧合呢,巧合呢,还是巧合呢? 咱们猜猜看吧——

猜想之一,这事纯粹就是天上掉下来的铁饼……前女友为了甩脱男友情急之下胡诌,给碰上了!

猜想之二,女友本就知道他是逃犯,关键时刻为了自保就来了个"金蝉脱壳",得以安全脱身……
那么,你觉得呢?

  这条新闻的娱乐价值很高,除了内容的巧合——妄称纠缠自己的前男友是"逃犯"本来可能只是想借警察在身边吓吓他,却发现真是逃犯,新闻的语言也比较出彩:引用许多诸如"盆友""蜀黍"等网络语言,轻松俏皮,淘气风趣;还有比喻性的文艺语言,比如"生活永远比电影精彩,即使你过着再波澜不惊的生活,也会发现突然遇到一个意外的路口",还有当下最流行的表达句式"重要的事情说三遍":"这是巧合呢,巧合呢,还是巧合呢?咱们猜猜看吧—"。这些都为新闻幽默风格增添色彩。
  需要强调的是,许多汉语的修辞手段具有明显的娱乐功能,这些修辞手段经常被新闻使用,特别是用来制作新闻标题,效果突出。
  这里需要特别指出,不是所有的法治新闻都能附加娱乐的形式,而是要符合内容和形式一致的要求。比如,有些新闻具有悲剧性,就不适合娱乐调侃。曾经有新闻报道一位在车祸中压烂受害人头颅的惨象,居然使用"中头彩"这样的词语,这是不妥的。媒体没有人文精神,没有对受害者给予同情。无独有偶,有位醉酒的乘车人把头伸出行驶汽车的窗外吐酒,被迎面驶过的汽车蹭掉了头,媒体在报道警察帮助寻找人头的过程中,记者使用了娱乐性叙事法"蓄势",带领读者找呀找呀找,就是找不着,以此吊读者的胃口。这对受害人而言,是不够尊重的,这样的新闻也是不严肃的。

3. 法治新闻适度娱乐的合理性

  1998年湖南电视台《晚间新闻》改版,将"播新闻"改为"说新闻",强调新闻故事化、情节化和细节化,在语言上打破"八股腔",追求轻松幽默,新闻朝着娱乐方向取得突破。从此之后,我国新闻的娱乐化话题呈现显性。事实上,娱乐性本来就是新闻的价值其中的一个要素,娱乐价值和获知价值、激励价值、实利价值一道,被视为新闻客观存在的社会价值之一。"娱乐价值是指从新闻中获得乐趣、陶冶情操或获得轻松感。新闻的娱乐性是许多软新闻的效应,可给人们提供精神享乐,也可从中获得有趣的知识。"[1](P216)由此可见,追求新

---

[1] 刘建明等:《新闻学概论》,中国传媒大学出版社,2007年版

闻娱乐性并没有什么不好，相反，有许多合理性。

一是报道新闻的方式灵活新颖，让人耳目一新。娱乐性新闻，尤其是娱乐性法治新闻会在面目严肃的新闻中凸显出来，无论是事实内容或者是活泼的形式，都会让受众感觉新鲜，产生接收信息的兴趣，甚至产生主动对外传播的冲动。

二是与现代人的娱乐心理和处世态度相一致。上班族受社会快节奏运行的压力，留守家庭人员经受着"空巢"的心理压力，求学者更是有着别人难以体会的升学就业的苦闷，片刻的"娱乐"成了难得的奢侈。加上人固有的"避苦趋乐"的本能，娱乐新闻便成为受欢迎的新闻品种。同时，受众获得心理松弛和压力缓释，新闻便起到相当大的社会心理"解压阀"作用，在一定程度上能缓解社会矛盾，有利于社会整体的融洽与和谐。

三是增强互动，升华人们的思想，拉近新闻与受众的距离感。人们总是对感兴趣的东西才有互动的愿望。趣味性的法治新闻引发受众留言评论的互动，而互动内容不乏闪光思想和修辞的金句，成为新闻之外的靓丽风景。在自媒体发达的今天，有人点击新闻很大程度是看互动内容。

四是有利于时下青少年接受新闻。对于青少年群体，追求娱乐的天性更加突出，法治新闻的娱乐性能让他们放下不关心成人世界的习惯，关注社会的法治现象，提高法治意识，增加自律精神。

五是有利于新闻媒介参与竞争，争取受众，促进其自身的发展。为了增加媒介市场的占有份额，媒体以趣味性法治新闻作为吸引受众的有效工具，实现自身利益最大化。

二、法治新闻的娱乐化及危害

社会上对"新闻娱乐化"现象一直持批评态度，认为新闻娱乐化是舍本逐末："新闻作为一种信息传播工具，具有多种功能，尽管有一部分新闻可以因其趣味性的内容而产生一定的娱乐效应，但并不能因此将新闻的主要功能定位为娱乐工具。新闻娱乐化做法夸大了新闻的娱乐功能，为了追求刺激将新闻作为一种娱乐工具,而非传播交流信息的工具,实质上是一种本末倒置的做法。"①

1. 法治新闻的娱乐化表现

我们将从新闻选题、新闻内容、新闻表现形式三方面谈法治新闻娱乐化表现。

(1)选题:热衷于涉性的揭秘类新闻。娱乐化法治新闻常常在新闻价值判断上以俗艳、猎奇、反常为目标,最终沦为"黄色新闻"之流;喜欢追求极端地标新立异、耸人听闻的新闻标题。数据显示,有关两性关系、暴力凶杀等内容的法治新闻不仅量大,而且不少新闻将"强奸""情妇""二奶""裸死"等词作为标题。下面请看一组《南方都市报》的新闻标题。2010年3月24日,有新闻的题目为《丈夫包养二奶,发妻捅死4岁私生子》;2010年4月2日有新闻的题目为《区委书记承认有新欢后杀情妇》;在2010年4月8日有新闻题目为《诱中老年男子进屋 脱掉衣服就"抓奸"》;当天还有一条新闻的题目居然为《女大学生裸死家属索60余万》。有人为博人眼球、增加卖点,在一些新闻标题中竟出现了"性器官"的字眼。比如,2010年4月1日报道的一对男女朋友之间的纠纷里,题目竟然为《不堪软饭男逼迫 女子捏出其睾丸》。其实在新闻的相关管理法规中,新闻语言里不允许出现性器官、性体验、性感受、性药的字眼。这是因为这些敏感字眼容易引发人们的不良欲望,尤其是对于涉世不深的青少年,他们会因为认识能力有限而走上犯罪道路,给社会秩序带来危害。但是,也并不是涉性的信息在媒体上一概被禁止。依照法律规定,具有性描写的文字只有在特定条件下才允许合法传播,那就是作品有艺术价值,或者有教育作用。

不堪软饭男逼迫 女子捏出男友睾丸扔地上

南方新闻网　2010年4月1日

一名女子在老家与老公吵架后,离家出走到深圳四年。后到深圳时,认识一个男友。不料男友却吃软饭,长期打骂她要钱。她趁男友熟睡举刀乱刺,坐在跌倒在地男友身上,将男友的一颗睾丸捏出体外,致使男友不治身亡。近日,龙岗区人民检察院以涉嫌故意杀人罪批准逮捕犯罪嫌

---

① 刘伟:《浅议新闻的娱乐化》,新闻爱好者,2008年第7期

疑人胡某坤。

已婚女四年前离家出走

犯罪嫌疑人胡某坤在湖北老家有自己的家庭,育有两个男孩,四年前因为与丈夫闹离婚一气之下离家出走,远到中山、深圳等地打工。离家出走后,胡某坤跟老家再没有任何联系。一次偶然的机会,胡某坤在工厂里认识工友杨某成,两人一来二去有了好感,就在龙岗区三联塘径老村一处租屋同居,对外则以夫妻关系相称。

然而杨某成是好吃懒做之人,比较好赌,自己的钱不够花就找胡某坤要。胡某坤几年来打工的积蓄都被杨某成拿光用光。胡某坤不给的话,杨某成便对其棍棒相向。出事前几天,杨某成又一直逼着胡某坤交出银行卡和密码,而且杨某成利用工作上的便利,故意将胡某坤的工作件数记少。如此,让胡某坤越发觉得自己钱保不住,没有活路。

"用力捏出来随手扔地上"

2010年3月4日晚23时许,胡某坤想起这些天杨某成逼钱的事情,觉得自己无路可走心灰意冷,就拿起一把水果刀放在枕头底下,躺在床上睡觉。12时过后杨某成回来洗漱完上床睡觉,又向胡某坤逼问银行卡和密码,胡某坤不理继续睡觉。

3月5日早上,胡某坤醒来,她越想越烦,便从枕头下面取出备好的水果刀一刀刺在睡梦中的杨某成脖子上。杨某成被刺惊醒,夺过刀就向门口跑,胡某坤在后面追上夺刀。因为地上流的血太多,杨某成回身准备反击时,滑倒在地上。胡某坤坐在杨某成身上顺势抓住其睾丸,用力将一颗睾丸捏出来随手扔到地上。脖子中刀,下体被捣,杨某成最终失血过多而死。

胡某坤事后慌忙报警,谎称杨某成自杀。经过现场勘查死者倒地痕迹,以及睾丸被捏爆而出的情况,证据已经能否定杨某成自杀。胡某坤最后坦白认罪,交代出自己长期受压迫,于是有上述行为。

(2)内容:娱乐性取代了法理性。许多媒体将法治新闻的良好素材拿去娱乐,使新闻丢失了法理,丢掉了"法治"的特性,导致新闻流于浅薄。请看下面新闻:

百万豪车多次被砸贴条求饶反获留言"放你一马"

人民网　2017年7月11日

　　7月10日上午，一辆停在西安某小区的奔驰车后面玻璃贴着一张小纸条："大爷，车上没有你要的贵重物品，谢谢"，反获留言"放你一马"，字条上的对话，读来让人忍俊不禁。那么这究竟是怎么一回事呢？

　　据了解，该车属百万级豪车，车窗玻璃多次被砸，无奈之下车主给自己的爱车贴上了求饶字条，希望小偷能够放过自己。

　　车主说，他此举主要是告诉小偷，自己车内确实没有任何贵重物品，砸了不但没有收入还受累。再者每一次爱车玻璃被砸，都给他的生活带来诸多不便。

　　车主说，这一对话，他自己也觉得无奈和搞笑，但是没有办法，只愿天下无贼。

这是一条黑色幽默新闻，让人在笑声里透着心酸。面对猖狂的盗贼，无辜老百姓就像任人宰割的羔羊，只能引颈待宰。从新闻看，窃贼破坏私人物品带来的损失是巨大的，应该构成了犯罪，应该受到刑事处罚。新闻没有介绍小偷行窃行为可能担负的法律责任，这对社会上其他有盗窃行为的人不能起到震慑作用。在记者的眼中窃贼的行为仿佛是双簧表演：和车主良好互动，记者带领广大受众都成了观看这场表演的看客——窃贼的行为让受众感觉不是可恨，而是滑稽可笑。整个新闻的作用仿佛只是让人一笑了之，白白糟蹋了难得的法治新闻素材。

目前新闻的这种"泛娱乐化"现象不仅仅是不入流的媒体的作派，一些本来口碑很好的媒体也时常犯这种毛病。比如，全国人大代表参加全国人民代表大会，是履行法定义务，行使民主权利的行为。新闻媒体对人大代表的报道应该关注"议案"的话题。但是一些媒体偏离了方向，打探起人家的隐私。下面两条短新闻在当前的新闻"泛娱乐化"方面就是典型。

新闻1
释永信现身未接受采访　电梯抵达时说"我到站啦"
中安在线　2016-03-05

　　3月4日下午，河南团不少人大代表前来提交议案和建议，释永信也来到现场。现场有多家媒体向释永信提问，但他都没有做出回答，包括自己所提交议案的内容也没有透露。当电梯抵达释永信所住楼层时,释永信才礼貌又不失风趣地对围在身边的记者说:"我到站啦。"(北青报记者 刘汨)

新闻2

释永信代表现身　回应"亲子鉴定":再说吧

成都商报　2016-03-04

成都商报3月3日消息　今日下午,少林寺方丈释永信现身人大河南代表团全体会议现场。对于外界的亲子鉴定等非议,他告诉成都商报记者:"再说吧,再说吧。"北京河南大厦有关工作人员向成都商报记者透露,释永信未随团来到北京,而是自行来的。(记者　牛亚皓)

上述新闻,即便作为基本的新闻信息也很单薄。新闻放在当时当事人受举报的"私生女事件"的语境中,媒体用意不言而喻。这不应该是负责任的媒体的表现。

还有的媒体宁愿传播虚假新闻,也要达到追求信息刺激性趣味性的要求。比较有名的《错位夫君夜换娇妻30年》当属此类。

错位夫君夜换娇妻30年

湖南省洞口县青龙乡的刘光国、唐红花、周开林、尹珍芳来自同一个村,且早有婚约。唐红花的父亲早在其小学时就将她许配给周开林,刘光国和尹珍芳还在腹中时两人的父亲就指腹为婚,但4个年轻人却各自爱上了对方的未婚夫、未婚妻。

1969年7月,4个家庭的父母宣布同意孩子们自己的选择,并为他们举行婚礼。但两个新娘在揭开红盖头后,惊愕地发现被父母出卖了。两对新人当晚便共谋对策,并于次日到公社办理离婚手续,却被一名革委会负责人拒绝,并恐吓当心批斗、游街。无奈,4人终于想出方法,日间按父母的安排做假夫妻,夜里各自与心爱的人同床。就这样经过了近30年,直至去年才被发现。刘家和周家的儿女们商量,马上结束了父母们30年来偷偷摸摸的爱情生活,让两对有情人成为公开的合法夫妻。

据介绍,这条新闻早在1999年7月4日便以题为《两对恋人苦苦等了三十年》发表在《邵阳日报》晚报版上。因为地点和人物都不存在而露馅,作者在《邵阳日报》已经公开致歉。没想到2001年3月14日,这条新闻又以上述形式出现在《羊城晚报》国内新闻版上,后被全国多家媒体转载。后经《北京青年报》实地调查,证实这是假新闻。

"如果说假新闻的制造者是粗制滥造,闭门造车,那么责编和负责签发稿件的总编也是难逃其责,起到了推波助澜的作用。……这类违背常理的'新闻'稍加留心,不难辨其真伪,但为了追求卖点,'抓读者',老编和老总已顾不了那么许多。"①

(3)表现形式:强调戏剧性和煽情性。新闻事件的戏剧性主要表现在新闻故事化、新闻文学化,注意悬念设置和情节安排,煽情性主要通过人情味选材刺激性场面来完成。常见的娱乐化表现手段有以下几种:

一是热衷于恐怖的案发现场描绘。恐怖、血腥案发现场往往是媒体热衷的领域。特别是网络媒体,为了博取受众眼球,对此更是乐此不疲。比如,2007年山东济南原人大常委会主任段义和谋杀情妇案,爆炸现场图片触目惊心:血肉模糊的上半身躺在马路中央,炸飞的肠子和尸块挂在附近居民楼外墙。这种新闻画面随便在门户网上都能搜到。

以前国内部分电视台也曾播出过美国卡车司机被恐怖分子斩首全过程的画面。几秒内,这位被反绑双手的司机头颅就被恐怖分子用短刀割下。同期声播出卡车司机的嚎叫声和粗重的喘息声,令人毛骨悚然。次日,《北京青年报》对此事进行了报道,照片中卡车司机的头颅被置于他的背上。②

二是离奇的作案过程再现。对电视媒体来说,如果错过了案发时间,可能就没法提供作案过程的画面。但是,有时候记者追求犯罪过程细节的欲望过于强烈,不惜导演一出"案情再现"来。2006年6月6日至7日,在辽宁电视台《法制时空》中播出一期名为《恶魔》的节目,内容是一罪犯在半个月内与两名女子发生性关系,再将其捂死、碎尸,最后吃了她们的肉。"案情再现"中,出现了模仿罪犯作案、煮人肉、吃人肉的情景,记者一再追问吃人肉的感觉。③

如果案件与性犯罪有关,那些能勾起人们原始欲望的细节就更受媒体青

---
① 潇阳,秦云:《假新闻炮制者称坐牢也愿意——假新闻出笼幕后》,生活时报,2002年2月25日
② 郭克宏:《浅议法制新闻中的不良细节》,声屏世界,2014年第11期
③ 郭克宏:《浅议法制新闻中的不良细节》,声屏世界,2014年第11期

睐,报道过程就绘声绘色,详尽之极。前面介绍过,2013年5月,浙江电视台的《有话好好说》一期节目的视频和文字在媒体疯传,新闻看点就是一位女患者讲述就医过程中被医生猥亵的细节。

与公众日常生活贴近的作案手法,媒体也很感兴趣,细枝末节唯恐漏掉。比如,有媒体听说黑心商贩用大粪水制作臭豆腐时,就做了个实验,详细记录了实验过程中的关键细节。这种新闻的新闻价值很高,能很大程度上吸引受众的注意力,能给媒体带来利益,但是,其的副作用也比较明显:对于那些想发臭豆腐的财却又苦于成本高的商贩,无疑提供一次很好的作弊技术培训。

湖南长沙臭豆腐被曝用粪水增臭 油炸后可以乱真

杭州网－都市快报　2013年3月5日

一直以来,关于黑心臭豆腐的报道有很多。

去年4月24日,《法制日报》爆出湖南长沙臭豆腐制作内幕:一些摊贩甚至知名品牌店的臭豆腐,竟出自黑作坊,泡制的卤水五花八门,甚至有粪便及臭粉等化学添加剂。

报道众说纷纭,但对其制作过程却都语焉不详,更多的是采用×××小贩自曝黑幕用泔水或粪水二次浸泡臭豆腐,可以增臭;使用绿矾、硼砂和硫化钠等化学品,可以催熟出速成臭豆腐。

究竟有没有这样的无良做法?《好奇实验室》没亲眼所见,不能妄下定论。那这样的粪水臭豆腐、化学臭豆腐和正常的臭豆腐在色、香、形上有什么不同?能否轻易分辨?口说无凭,实验为证,《好奇实验室》决定自制试一试。

生的粪水臭豆腐臭得不正常 化学臭豆腐发黑发绿

实验开始前,我们找了4位同事来当观察员。他们分别是

1号观察员汪江军:富阳人,祖上做臭豆腐已有120多年,自诩为富阳臭豆腐少东家。

2号观察员吴侃:绍兴人,吃了20多年的绍兴农家臭豆腐。

3号观察员熊文媛:南京人,出得厅堂、入得厨房的美食达人,她有句名言:体形都是吃出来的。

4号观察员陈伊:杭州人,重口味吃货,尤其偏爱臭豆腐。

实验一:泔水、粪水二次增臭

将买来的正常臭豆腐,分别浸泡在泔水和粪水里,24小时后,捞出、洗净,结果:

泔水泡出的臭豆腐,外观和普通臭豆腐一样,但气味不正常,有类似过夜馊水的酸臭味;

粪水泡出的臭豆腐,外观也和普通臭豆腐一样,但气味上更臭一点,粪水味非常明显。

4位观察员都说,泔水、粪水泡出来的臭豆腐,气味不像是臭豆腐应有的,嗅觉上很容易分辨。

实验二:化学臭豆腐

网传配方有三种

配方一:把老豆腐浸泡在加了绿矾和硼砂的泔水里;

配方二:把老豆腐浸泡在加了绿矾和硼砂的粪水里;

配方三:把老豆腐浸泡在加了绿矾和硫化钠的清水里。

这三种化学品都不是食品添加剂,对人体有害。绿矾即硫酸亚铁,它和硼砂化学反应后会产生黄色的化合物,让老豆腐变色;硫化钠又叫臭碱,它溶于水后,会产生臭味。

泡了20个小时后

配方一做出的臭豆腐,臭味中带有类似过夜馊水的酸臭味,豆腐表面由白色变成了淡绿色,像霉变了一样;

配方二做出的臭豆腐,臭味中带有粪臭味,表面也变成了淡绿色;

配方三做出的臭豆腐,可以说根本就不臭,外表腐蚀很严重,像是裹了一层黑黑的柏油。

4位观察员都说,从外观颜色上判断,正常的臭豆腐颜色比较淡,而化学速成的臭豆腐颜色变黑变绿,很容易就能区分开来。

实验三:油炸后辨真假

最后,《好奇实验室》将这些自制的二次增臭型、化学速成型臭豆腐全部油炸,再和正常的油炸臭豆腐作对比。

这一环节是最考验功力的,4位观察员不仅要从颜色上去区分,还要考虑臭豆腐油炸后的孔隙、软硬度等等。结果:

用泔水、粪水二次增臭的臭豆腐油炸后,酸臭味、粪臭味消失了,只留下豆腐油炸后的香味;孔隙和正常油炸臭豆腐一样,色泽都是金黄色,只是比正常臭豆腐略深一点而已。

配方一、配方二做出的臭豆腐油炸后,酸臭味、粪臭味也消失了,可外表都变成了深黄色,内部没孔隙,仍旧是一块老豆腐;

配方三做出的臭豆腐油炸后,表面变成了墨绿色,内部也没有孔隙。

观察员们都说,二次增臭臭豆腐油炸后,外形、气味和正常臭豆腐相似,很难区分,如果单个判断的话,确实很难分辨真假。而自制的化学速成臭豆腐,特征明显,比较容易辨别。

……(记者 郑建芳)

三是神秘案件侦破手段揭秘。警方侦破案件的手段也是公众好奇的领域,为了满足受众的知情愿望,媒体会不遗余力地进行揭秘。比如,检察日报社主办的杂志《方圆法治》,曾在一篇文章中两处揭秘警方的侦破手段:

"现在的科学技术,完全可以把砸毁、焚烧后的手机内的信息全部复原,包括事先被删除的电话号码和短信内容。"一位警官对记者说。

"犯罪人可以消除作案现场上显性的痕迹物证,但无法清除微量的隐性的痕迹物证,譬如炸药的物理和化学痕迹。微量物证的检验是一种现代化的侦查手段,已成为揭露和证实犯罪的锐利武器。"[1]

四是奇特的隐私曝光。隐私就是人们与公共生活无关的个人私事。正因为这类信息姓"私",平时公众不容易接触,所以才能兴奋他们的神经。一些媒体不顾法律对公民隐私权保护的规定,乐意满足公众的这种愿望。比如,《南方都市报》曾在新闻中透露一个妇女被强奸的细节:

"厮打持续20分钟后,杨喜利撕扯着王娟的衣服,将她拖进里间。随后,他听到床的晃动声、杨喜利淫荡的呻吟声。"[2]

在这里,媒体为了达到娱乐受众的目的,不顾受害人的感受,再现被侵害情景,缺乏对公民人权的基本尊重。

---

[1] 郭克宏:《浅议法制新闻中的不良细节》,声屏世界,2014年第11期
[2] 成希:《妻子遭联防队员毒打强奸?丈夫躲隔壁忍辱一小时》,南方都市报,2011年11月8日

五是文学手段的不恰当使用。新闻与文学是两种语言领域。许多适合文学的表现手法并不适合新闻表述。一些媒体为了追求新奇的新闻形态,过度使用哗众取宠的新闻标题,刺激眼球的新闻图片,使用方言化、时尚化的语言及不规范的网络用语等,这一切都是不妥的。

2. 娱乐化的危害

许多新闻媒体秉持着"将娱乐进行到底"的宗旨,让新闻成为娱乐的附庸,成为制造娱乐的工具。著名媒体文化研究者和批评家波兹曼在《娱乐至死》一书中对此表达了担忧:"如果一个民族分心于繁杂琐事,如果文化生活被重新定义为娱乐的周而复始,如果严肃的公众对话变成了幼稚的婴儿语言,总之人民蜕化为被动的受众,而一切公共事务形同杂耍,那么这个民族就会发现自己危在旦夕,文化灭亡的命运就在劫难逃。"①

具体说来,过度娱乐的危害表现在以下方面:

(1)法治新闻娱乐化削弱了媒体的正常功能的发挥。法治新闻不仅具有娱乐功能,还有传递法律信息、对公众进行法治教育、对社会环境进行监测等多项功能。如果法治新闻多是涉猎嫖娼卖淫、凶杀强奸、婚外情等消极事件,只注重新闻的娱乐性,那么新闻的其他功能就会受到挤压。

(2)法治新闻娱乐化可能会诱导犯罪。对违法犯罪案件的作案手段进行详细的报道,可能刺激那些潜在作案者的心理,诱发犯罪欲望。新闻将公安人员侦破案件的技巧和过程一览无余地进行展示,还会提高违法犯罪人员的反侦查能力。

偷窃公墓骨灰盒 敲诈勒索法不容

法制日报 2014年2月23日

为挣钱,竟然偷盗公墓的骨灰盒,还趁机敲诈公墓管理处勒索钱财。近日,河北省邯郸市邯山区检察院以涉嫌敲诈勒索罪批准逮捕了杨志刚、侯江。

2013年11月,41岁的杨志刚认识了网友侯江,二人商量如何能快速挣钱,侯江提出曾看到过偷盗骨灰盒并以此敲诈公墓管理处的电视节目,

---

① 刘建新:《拟态环境中的媒介恐慌与责任》,传媒观察,2012年第4期

可以试试。说干就干,二人立即进行了分工,杨志刚负责选择地址,购买撬棍和发敲诈信息用的手机卡,侯江负责办理打款用的银行卡。

准备妥当后,二人于同年12月7日深夜潜入邯郸市某公墓盗取了两个骨灰盒,并藏匿起来。次日,二人用新买的手机卡给公墓管理处的负责人发短信,以在网上公开骨灰盒被盗事件相要挟,要求该公墓管理处付5万元赎回骨灰盒。

无奈之下,公墓管理处的负责人将1万元打入指定账户。尝到甜头后,二人又于2013年12月21日到永年县某公墓作案,被民警当场抓获。
(冯大为 侯志亮 宋勇毅)

(3)法治新闻娱乐化会削弱媒体的公信力,不利于媒体开拓市场。新闻表现手法大胆和夸张,忽视新闻的真实性,就会降低新闻的社会责任担当,造成新闻质量下降,影响到公众对媒体的社会评价,损害公信力。2009年9月28日《时代周报》介绍重庆女黑老大谢才萍个人生活极度荒淫时,说女黑老大包养16个年轻男子供自己玩乐。警方实际了解的情况是谢才萍包养一个比自己小20多岁的26岁男青年罗某。这种为了吸引眼球而做的虚假新闻报道一旦真相大白之后,受众会有被欺骗的感觉。另外,对残忍血腥场面的过度描述挑战着人的心理承受能力和道德底线,不利于受众正确价值观的形成。这一切都会对相关媒体声誉带来负面影响,这对新闻媒体的生存和发展是有害无益的。

除此之外,为了追求利益的最大化,更好地吸引受众和扩大市场占有份额,很多媒体共同选择了娱乐化的新闻报道方式:一样的报道方式,一样的报道角度,相同的报道内容。这不仅造成媒介资源的浪费,也会引发人们的审美疲劳,最终让媒体发展陷入报道狭隘的境地,不利于新闻事业的发展。

(4)法治新闻娱乐化会造成社会文化环境的破坏。有人指出,"唯收视率,唯广告效益的逻辑,一味地迎合大众以满足人性中隐秘的体验刺激和快感的欲望,对物质的狂热贪恋、对他人的偷窥欲望等阴暗心理,实际上将传播真、善、美的正面报道,变成了张扬'恶'的载体。"这样的新闻信息,"道德没有了,审美没有了,剩下的只有与大脑相脱离的感官和肉身。感官与大脑脱离,全部

活动就变成对视听觉的刺激,以及各种变着花样的刺激。"①(P68)

对受众而言,这样的信息不仅是毫无意义的精神垃圾,从长远看,其精神毒害更是可怕。"如果大众媒体里充满了娱乐,尤其是原本应该严肃的新闻节目也重视娱乐功能,无形中让观众陷入这种愉快的气氛中不能自拔,对社会麻木,进而产生逃避问题的心态。人们突然发现身边已经没有一样值得珍视的东西,任何物品、事件乃至精神都可以拿来娱乐,在经历了一次次娱乐化的旅程之后,人们并没有发现多少有意义的事件,自己的心性也追随着娱乐化的大潮而渐渐游离出原本的位置。""新闻过度的娱乐化会导致民族文化传播途径的狭隘,让百姓沉浸在歌舞升平的庸碌状态中,不思考、缺文化、慢慢的丧失辨别力,从而削弱了对自身和社会的批判精神,这是很可怕的,试问在这种心态的支配下,还有多少人会去注重自身道德素养的提高及社会高尚价值观念的塑造?"②"在当今人性的自由被物质的欲望普遍统治的状态下,以本能的满足来追求浅薄的快乐,以人性的奢侈、安逸和麻木取代人的真正自由,这种状态并非人的解放,它只能使个体进入新的异化过程。"③(P64)

三、法治新闻的娱乐底线

所谓底线,就是关系到生死存亡的最低限度。前面说过,法治新闻不禁止适当的娱乐,但是坚决反对娱乐化。如果娱乐超出底线,当事媒体就会"闯祸",并受到惩罚,直至吊销媒体经营许可证。

1. 法制底线:媒体生存底线

法律问题涉及到媒体生存问题。新闻媒体与其他社会法人一样,经营行为必须在法制许可的范围内。一旦突破法律法规红线,就会受到相应的处罚。

前文说过,新闻传播是宪法和法律赋予的权利,也受到国务院相关行政机关制定的法规文件的支持。同时,宪法和法律法规也对媒体新闻传播权给予

---

① 刘士林:《变徵之音?大众审美中的道德趣味》,湖北人民出版社,1998年版
② 毕婷婷:《浅谈新闻娱乐化的利与弊》,百度文库,2013年5月2日,https://wenku.baidu.com/view/9a5e263853ea551810a6f524ccbff121dd36c527.html
③ 李西建:《重塑人性:大众审美中的人性嬗变》,湖北人民出版社,1998年版

了必要限制。比如,《中华人民共和国宪法》第一百二十五条除了对人民法院审理案件"公开进行"的要求外,设定了一个前提条件"除法律规定的特别情况外"。《人民法院组织法》第七条、《民事诉讼法》第一百二十条、《行政诉讼法》第四十五条,都有类似的"涉及国家机密、个人隐私和未成年人犯罪案"不准公开审理的规定。也就是说,这些禁止公开的内容也是禁止新闻传播的。

2011年修订后颁布的《出版管理条例》第二十五条禁止出版物传播的内容有:反对宪法确定的基本原则的;危害国家统一、主权和领土完整的;泄露国家秘密、危害国家安全或者损害国家荣誉和利益的;煽动民族仇恨、民族歧视,破坏民族团结,或者侵害民族风俗、习惯的;宣扬邪教、迷信的;扰乱社会秩序,破坏社会稳定的;宣扬淫秽、赌博、暴力或者教唆犯罪的;侮辱或者诽谤他人,侵害他人合法权益的;危害社会公德或者民族优秀文化传统的;有法律、行政法规和国家规定禁止的其他内容的。1997年颁布实施的《广播电视条例》的第三十二条也有近似的禁止性规定。而这些禁止的大部分内容,正是许多媒体中法治新闻热衷报道的"兴趣点"。从下列新闻中,我们可以看到传播违法信息,过度娱乐招致节目生产单位"一次性死亡",播出单位被罚停播一个月。这类事例告诉我们,遵守法律法规是媒体平安无事的护身符。

广电总局处罚石家庄电视台 称其放大扭曲道德观

中新网9月17日电据国家广电总局网站消息,9月16日,广电总局下发《关于对石家庄市广播电视台违规问题的通报》,决定自9月17日零时至10月17日零时,暂停石家庄广播电视台影视频道播出30天。

广电总局新闻发言人指出,石家庄市广播电视台未经批准,擅自将影视频道更名为"第三频道",并变更频道标识和节目设置范围。该频道于今年年初开办一档情感故事类栏目《情感密码》,委托河北九天传媒有限公司制作。6月29日,该栏目播放了一期《我给儿子当孙子》节目,雇人表演了一个"不孝"儿子对父亲出言不逊、百般欺辱的故事,肆意渲染家庭矛盾,刻意放大扭曲的伦理道德观,误导了广大受众,造成严重不良影响,损害了广播电视媒体的社会形象。

为严肃广播电视节目制作和播出纪律,广电总局根据相关法律、法规等规定,对石家庄广播电视台影视频道给予暂停播出30日的严肃处理,并责成河北省广电局依法吊销河北九天传媒有限公司的《广播电视节目制作经营许可证》。

2. 职业底线：社会公器的道德底线

新闻媒体无论其性质如何都是社会公器，必须扮演相应的社会角色，承担必要的社会义务，而不是只管赚钱不负责任的私人工具。媒体需要承担的社会义务，除了相应的法律义务，还有必要的道德义务。

媒体在传播娱乐性法治新闻过程中，要注意"寓教于乐"及"寓乐于教"，从案件的娱乐背后引导受众树立遵纪守法的社会意识，激发受众对生活的真、善、美的追求，特别是引导青少年树立正确的人生观和世界观，使法治新闻在娱乐中迸发璀璨的生命力。

现在媒体存在这样的不良倾向：不断挑战职业伦理甚至法律底线，以激发和迎合大众潜在的不健康心理，助长社会低俗之风，混淆是非标准，也误导人们的审美观、价值观。如果媒体一味追求娱乐至上，边缘社会责任，甚至为"逗你玩"而瞎搞恶搞，不仅会驱走主流受众，也会让目标受众失去信任。刘道彩曾拿当年"王菲生孩子"的相关报道的网上跟贴作过统计，"发现7成以上的网民对炒作该信息的记者和媒体表示反感，有的甚至怒不可遏、破口大骂。"①

不正确履行社会义务，行业管理组织和相关管理部门也会对相关媒体做出处罚。几年前有新闻透露，台湾通讯传播委员会对几家媒体违规播出涉嫌色情暴力信息进行处罚：有嘉宾在节目中大谈自身性经验、展示情趣用品并介绍其用法，节目方被罚款20万新台币。TVBS、东森新闻台新闻节目中，直接播出通缉犯拿枪指着头部欲自杀的画面，各被罚30万元新台币；八大综合台行脚节目《世界第一等》在访问各地风土民情时，播出以铁丝穿过活生生的林蛙双眼后，将其串成一整串、以剪刀剪断后腿、或以热水川烫等画面，虽然打有马赛克、且为保护级节目，但由于情节过于暴力，恐危害儿少身心健康，也被罚30万元新台币。②

3. 政策底线：行业管理的底线

我国的新闻媒体的体制是国有国营，这也决定了它们"社会效益第一"的

---

① 刘道彩：《小议娱乐新闻的道德观》，中国新闻研究中心，2006年6月27日
② 《陶晶莹＜姐妹淘心话＞露骨谈性被罚20万台币》，腾讯娱乐，2012年5月23日

价值准则。这在党的新闻政策和行业管理法规里都有明确体现。这就预示着法治新闻的娱乐是有政策底线和政府管理规范底线的。

就像习近平视察中央媒体时要求的那样,媒体在舆论引导中必须体现"八个讲导向":各级党报党刊、电台电视台要讲导向,都市类报刊、新媒体也要讲导向;新闻报道要讲导向,副刊、专题节目、广告宣传也要讲导向;时政新闻要讲导向,娱乐类、社会类新闻也要讲导向;国内新闻报道要讲导向,国际新闻报道也要讲导向。

在新时代历史条件下,党的新闻舆论工作必须肩负的职责和使命是:高举旗帜、引领导向,围绕中心、服务大局,团结人民、鼓舞士气,成风化人、凝心聚力,澄清谬误、明辨是非,连接中外、沟通世界。要承担起这个职责和使命,必须把政治方向摆在第一位,牢牢坚持党性原则,牢牢坚持马克思主义新闻观,牢牢坚持正确舆论导向,牢牢坚持正面宣传为主。①

法治新闻中恶炒、作假的那些赚了眼球,丢了道德,违反法律法规的现象,是不讲导向,缺乏责任担当的表现,最终也不会被人民所认可,不会被政府管理部门所纵容。许多知名商业网站因为这类问题,所在的频道被撤销,相关负责人被约谈。

4. 新闻特质底线:维持"法治"属性的底线

法治新闻在"内容娱乐"方面最容易陷入片面追求娱乐的窠臼:单纯追求新闻的趣味性,忽略新闻的社会责任。正确的做法是:在娱乐的同时,注意导向性。《华商报》在 2017 年 1 月 22 日刊发题为《没开车测酒精遭拒 他开车来》的新闻,娱乐性很强,也有很好的教育性。

没开车测酒精遭拒 他开车来

华商报 2017 年 1 月 22 日

华商报渭南讯(记者 卫楠)男子喝多后与女友赌气,见交警正查酒驾便要吹酒精测试仪,民警因其未开车拒绝,男子随后竟开着车又来了……

网上有个段子,说是交警在路口查酒驾,二哥醉醺醺地找警察说:"让我吹吹。"警察没理。于是他冲警察喊:"让我吹吹。"警察也怒了:"没开车

---

① 《习近平关于新闻舆论的16条新论》,党建网微平台,2016 年 2 月 22 日

吹什么吹！"于是二哥扭头走了，十分钟后开着车回来，挤到警察面前："这下能吹了吧？"然后，吹了，酒驾……

　　1月18日晚，这个段子在渭南城区真实上演，让查酒驾的临渭交警大队小什中队民警哭笑不得……民警说，当晚9时许，该中队在胜利大街与三贤路十字设置酒驾查缉点，对过往车辆驾驶人进行酒驾排查。"当时一对男女步行来到查缉点，要求对男子进行酒精含量测试，但因为男子没开车，加上我们都忙着工作，所以拒绝了。"随后两人离开，民警也把这事儿当玩笑没有在意。

　　谁料大约30分钟后，一辆轿车突然停到酒驾查缉点，之前要测酒精被拒的男子竟开着车来了。随后，民警按照规定对他进行了酒精测试，驾车男子张某的血液酒精含量为115毫克/100毫升，属于醉酒驾驶。根据程序，民警又带张某到医院进行抽血检测。根据医院出具的血液鉴定报告，张某的血液酒精含量为223毫克/100毫升，确定属于醉酒驾驶。

　　经查，当晚张某喝酒后女友不高兴，但张某否认喝了酒，两人闹别扭时见交警正在路口查酒驾，女友便问他敢不敢去测酒精，于是就出现了段子中的那一幕。

　　民警表示，张某清醒后，对自己的行为十分后悔。目前，该案正在进一步办理中。民警介绍，按法律规定，醉酒驾驶机动车将被吊销驾照，5年内不得重新取得驾照，并依法追究刑事责任，处以拘役、并处罚金。

这个新闻告诉我们娱乐的底线也是法治红线，任何以违法犯罪形式的娱乐都是可耻的，也为国法所不容。这就是这条法治新闻的意义。

　　下列新闻很悲情，虽然内容与"三陪""卖淫女"等敏感字眼有关，却是姑娘们人穷志不短，不向恶势力低头的勇敢表现。新闻具有煽情性，竭力描绘涉事姑娘的善良懂事，但是却也暴露了新闻的明显不足：一是法制缺位——对于两个姑娘被逼跳楼致残的悲剧，没有政法机关惩罚涉案恶势力的内容，令人产生作案人仍然逍遥法外的联想，不能产生震慑犯罪的效果；二是对于当事人面对绝境，新闻有鼓励纵身跳下的嫌疑。当初不少涉及"唐胜利事件"的报道都是对她"宁为玉碎不为瓦全"的做法表示赞赏，缺乏基本的人文精神。

不愿卖身壮烈跳楼 四川奇女子抵京疗伤

北京青年报　2001年3月14日

本报记者郑淑华报道 同是四川姑娘,同是不愿卖身受辱跳楼摔伤,又同样得到中国康复研究中心北京博爱医院的救治,昨夜8:30,刚从重庆抵京的董书君与远在成都的老乡唐胜利通了电话。

1999年5月,21岁的重庆姑娘董书君卫校毕业,由于对分配的工作不太满意,便外出到劳务市场找工作。她被人骗入一家"娱乐城",等待她的工作却是做卖淫女。董书君坚决不从,柔弱的姑娘抗争无望,毅然从二楼窗口跳下,而已经被摔断脊椎的董书君被"娱乐城"老板拖回。

3年前,拒做"三陪女"跳楼摔伤的唐胜利在中国康复研究中心做了四个半月的康复治疗,昨天,她告诉记者,她已不用拐杖可以走上几百米,而且,她有了男朋友。"他对我很好,经常扶着我出去锻炼身体。"

昨天记者跟董书君谈起唐胜利时,她用四川普通话说:"我晓得她,是我的同学跟我讲的。"

同病相怜互相鼓励

记者用手机拨通了成都唐胜利的电话,两个四川姑娘用家乡话聊起了家常,先是互相探讨病情,唐胜利问了董书君家里的地址,说等她出院回家后专程去探望她。

接着,两人聊起了姑娘间的私房话,唐胜利那边问:"你有没有男朋友。"董书君面露羞涩,"还没有"。两人的通话持续了将近20分钟。唐胜利对记者说:"可能是有着相同遭遇的缘故,我和董书君有一种同病相怜的感觉,我要鼓励她好好活着。"

董书君:死后捐献角膜

如今,残害董书君的恶棍都受到了法律的惩罚,其中的主犯已被判处无期徒刑。但是,一年多以来,父母为给董书君治病已经倾家荡产,虽然董父没日没夜地在街头打工挣钱,可为给董书君治病,还是背上了近10万元的债。

由于缺钱,董书君的治疗时断时续,病情逐渐恶化,胸部以下完全瘫痪,大小便失禁,双腿严重萎缩。在病榻上,她用笔写道:"在我死后,我想捐献自己的一对眼角膜,我能把光明留给人间,也算自己没白来人世走一遭。"

妇联:不要让悲剧再发生

昨天下午,记者电话采访了全国妇联权益部部长丁露,她说,目前已经有地区妇联组织在做这方面的工作,四川妇联组织把咨询台设在了劳务市场,对寻找工作的打工妹进行宣传,广西妇联还开展了普法万里行的活动。

但是,随着农村剩余劳动力越来越多地流向城市,女性在择业上每一步选择都很重要,因为也许某种选择就是在选择人生,女性自己首先要做到不屈服于暴力,不屈服于金钱,做到"自尊、自信、自立、自强"。

另外,全社会也要行动起来,加大宣传力度,对那些已经出来和即将出来的打工妹进行宣传教育,让董书君、唐胜利的悲剧不再发生。

第十二章

国际新闻中的法治报道

"知己知彼,百战不殆。"我们在发展过程中,与外国不可缺少地产生物质和信息交往。尤其是交通通信技术的发达,"地球村"的生活方式已经降临到我们身上。我们了解外界信息的愿望比以往任何时候都迫切,作为了解外国的重要窗口,国际新闻也比任何时候都受世人关注。

国际新闻中的法治报道是其他国家法治情况的反映,是我们了解域外法治情况的重要渠道,也是促进我国法治国家建设的"他山之石"。做好国际新闻的法治报道对我国现实有多重重要意义。

一、国际新闻法治报道的功能

国际新闻法治传播的功能是多方面的,概括地讲有以下几种。

1. 开阔受众的法治视野

法制是上层建筑的重要组成部分,不同的经济制度下形成的上层建筑的差异,导致各国的法律制度存在必然的差异。不同的国情形成各具特色的法制体系。通过媒体对他国法治情况的介绍,我们可以对不同国家的法治制度有所了解,为我们借鉴先进的法治经验提供帮助。

在当前越来越广泛的国际合作背景下,我们通过法治新闻可以了解国际的法治状况,使我们在国际交往中心中有数,避免在法治纠纷中陷入被动。同时,通过法治新闻受众也有机会认识国外形形色色的奇葩法律法规及稀奇古怪的司法活动。这都能大大开阔受众的法治视野。比如,新华社2010年7月16日援引美联社15日的报道说,15年来在美国阿拉斯加州塔尔基特纳市,有一只猫咪做市长,并把该镇"治理"得井井有条。因为它的缘故使这个名不见经传的小城名气大振,成为受欢迎旅游目的地。这条题为《美国:猫咪市长连任15年》的新闻看后令人吃惊,让我们发现在美国这个所谓的法治国家,竟然存在这样奇怪的选举制度。

美国:猫咪市长连任15年

新华网　2010年7月16日

据美联社15日报道,15年来美国阿拉斯加州塔尔基特纳市在一只猫咪的"治理"下井井有条。它的存在让这个本不起眼的小城发展成小有名气的旅游目的地。

据悉,在15年前该市市长选举中,选民们对几个候选人很不满意,于是开玩笑自发推选刚出生的斯塔布斯为候选人,最终它竟真的当选为市长。

令人没想到的是,由于有一个"猫市长",塔尔基特纳市的旅游业开始蓬勃发展。当地人表示很高兴这位"猫市长"能促进旅游业发展。

《丹佛邮报》14日报道称,斯塔布斯市长"管理着"近900人,它在市内的纳格利综合商店"办公",每天"接见"几十名游客。该商店的工作人员说,"市长"收到过来自全国各地的信件和卡片,它在"脸谱"上还有数百名好友。此外,这个市长的要求并不高,只要每天下午都能吃到猫薄荷就行。

这条离奇的法治新闻背后反映的是美国法制的完善,即便是一个地方没有行政首长,政府机关和社会机构照常运行。当然,如果从专业角度看,新闻也存在明显的信息不足的缺憾,让受众不禁生疑:美国的选举法是怎样规定允许选举一个动物作为政府首长?选举程序如何规定?是不是哪一级政府都可以选举动物做领导?是不是各种动物都能参选?除了选举动物,能不能选举植物或者其他没有生命的东西做象征性领导?这条新闻没有对此做必要的介绍,使这条新闻的法治"含金量",即法治价值大打折扣,本来是优秀法治新闻的素材,处理成了普通的娱乐性社会新闻。

2. 从中外对比中实现"知己"的功能

国际新闻的法治报道除了有"知彼"功能外,也具有"知己"功能,即受众在接触这些新闻报道时不自觉地进行比照,在内心对本国的相关法治状况与别国做着孰优孰劣的评判。这既能体现我国法治制度的优越,也可以发现我国法治存在的不足。请看下列新闻:

罕见!日本对 2 名死囚执行死刑 距其犯案已超 20 年

海外网 12 月 19 日电 当地时间 19 日,日本法务省宣布对两名死刑囚犯执行了死刑,其中一人犯案时为 19 岁的少年。两人的犯案时间距今都已超过 20 年,且以残忍手段杀害多人。

据日本 TBS 新闻报道,这两名被执行死刑的犯人分别是犯案时 19 岁的少年关光彦(现年 44 岁)和松井喜代司(69 岁)。1992 年,关光彦在千叶县使用电灯绳、菜刀等杀害了一名男性公司职员的一家四口,在 2001 年被确定死刑。另一名死囚松井喜代司在 1994 年使用锤头等工具杀害了其女友等 3 人,在 1999 年被判死刑。两人都曾对判决提起上诉,但均被驳回。

据悉,此次也是日本自今年 7 月以来首次执行死刑。日本法务相称,由于两起案件均极其残忍,因此在经过慎重再慎重的讨论后决定对他们执行死刑。截止 12 月 15 日,日本仍有 124 名尚未执行死刑的死囚。

据环球网早前报道,一般来说,日本死刑判决要考虑犯罪性质、动机、形态、严重程度、被害者家属感情、社会影响、犯罪者年龄、有无前科等。现实中,日本法院判处死刑,要考察被害者是否 2 人以上。此外,还要考察是过激杀人还是蓄谋杀人。只有同时满足上述两者,才可能判处死刑。

依据日本法律,死刑在判决后有漫长的上诉程序要完成。陪审员一般不愿意给死刑投赞成票,因为想到可能存在的误判,会让他们背上非常沉重的心理负担。即便判了死刑,还得由法务相签署执行令方可执行。而不少法务相因为政治主张或其他个人的原因拒签执行令。因此,日本实际执行死刑的案例非常之少。获得死刑判决 20 年却没有执行的大有人在。(编译 张霓)

人民日报海外网的这条法治新闻,使我们注意到日本法律在死刑判决方面的奇特性和死刑执行过程中的怪现象。这对我们开阔法治视野,充分认识法治实践的复杂性和建设法治社会的艰巨性,都有所启发。通过这条新闻反观中国法治，又能发现我国在死刑领域法制的合理性和司法执行程序的科学性，能有效打击和震慑犯罪活动。

中新网9月30日根据香港《文汇报》30日新闻播发题为《巴基斯坦女子因持有手机 被叔父兄弟石刑处死》的新闻，报道说，一名巴基斯坦女子因为自己拥有手机，被部落法庭准许被其叔父、表兄弟等人使用石头砖块砸死。拥有手机竟与谋杀、通奸等重罪刑罚相同，令人震惊。

巴基斯坦女子因持有手机 被叔父兄弟石刑处死

中新网9月30日电 据香港《文汇报》30日报道，巴基斯坦一名女子两个月前因拥有手机，被部落法庭准许其叔父、表兄弟等人用石和砖块掷死她。有人权组织指拥有手机竟与谋杀、通奸等重罪刑罚相同，令人震惊。

报道称，巴基斯坦、伊朗等最少15个国家或地区向来实施投石死刑，大部分受害者均是女性。

2008年，一名索马里13岁女童被3名男子轮奸后向民兵举报，却反被指控通奸，最后在1000人前被50名男子用石掷死。两年后，一名伊朗女子亦被指通奸判投石死刑，幸而引起国际关注，只被判监。

据报道，伊朗是全球执行投石死刑最多的国家，受害者会在监狱等地遭秘密处死，但无具体死亡数字。关注女权组织担心刑罚渐趋普遍，期望联合国关注。

从上述女孩儿的悲剧中，我们可以明显感受到我国社会制度的优越性和先进性，妇女儿童的权益在我国有完备的法律法规的保护，政府设立专门组织配合司法部门保障她们的各种权利。这条新闻，更能增加我国女性公民的幸福感，激发她们对国家、对社会制度、对政府的热爱和信任。

3. 提供娱乐的功能

媒体对国外稀奇古怪的法律法规的介绍和离奇的司法活动的报道，为受众提供了娱乐。在媒体进入市场以前，传统的国际新闻除沟通外部信息，更主要是出于宣传目的，为了树立国家形象，赞美社会主义制度的优越性。现在，国际新闻传播目的的多元性更加明显，国际新闻也成为满足受众不同需求的重要手段。开发国际新闻中法治领域的娱乐元素,也成为法治新闻的责无旁贷的义务。《信息时报》2013年3月19日刊登题为《印度五兄弟"共侍一妻"》的新闻,介绍印度一名女子嫁给5个亲兄弟做妻子的离奇故事。新闻说女子每天选择一名不同的男子同寝。他们已经育有一个孩子,但是还没有确定到底是哪位兄弟的骨肉。又比如,2011年10月24日中国广播网在《印度男人查纳幸福生活:有39个妻子军事化管理》的报道中俏皮地说:"假如你曾发愁没有足够的空间养育越来越多的孩子,不妨想想齐奥纳-查纳。他有39个妻子,94个子女,14个儿媳和33个孙子孙女,所有人生活在一起。他家位于印度的米佐拉姆中央直辖区,这是一幢四层楼房,共有100个房间。……"这样的新闻,让受众对印度的奇葩的婚姻制度啼笑皆非。

二、国际新闻法治报道的注意事项

1. 宏观上要追求报道全面平衡

有人对我国曾经的国际新闻报道存在的问题提出批评:我们的国际新闻报道过分地以意识形态划线,针对某些国家的报道总是负面的,"形势一片大坏",而对另外一些国家的报道又全是正面的,"形势一片大好"。这种人为偏见虽然在新时期国际新闻报道上注意克服,"但是从实际效果看并未完全摒弃这一思路。例如,当中美关系出现较为严重的问题时我们的涉美报道多是批评的言辞;而在我方努力改善中美关系时,涉美报道又多是溢美之辞,两国之间的分歧与矛盾被刻意回避,美国的霸权主义、强权政治行径也不提了。这样处理国际新闻报道,既不利于教育本国民众,也不能够影响国际舆论,久之会影响到我国的国家利益。"[①]

正确的思路应该是国际新闻法治报道要尽量全面平衡,既要反映先进法治国家的先进经验,也要帮助受众看清他们法治制度存在的缺点,这有利于我们国家对他们先进法治文化的吸收和借鉴,同时也能避免受众盲目崇拜对方,诱发妄自菲薄。对于法治落后的国家的法治状况也不可忽略,因为在经济文化一体化的社会中,我们无论在经济领域或者文化领域,都可能正在或者即将

---

① 陶克:《从传播效果看国际新闻报道的辩证思维》,军事记者,2007年第5期

和他们发生联系,对当地法治状况的介绍有利于受众了解那里的环境,在各种往来中对于可能遇到的风险做到未雨绸缪。

下面新闻就对那些和赞比亚有经济和其他往来的人员提个醒。虽然我们和这个国家经济交往多,友谊源远流长,但是这里的治安状况却不容乐观,在那儿生活或者工作应注意安全防范。

赞比亚一中资企业遭抢劫,歹徒枪杀一中国员工后携款逃离

澎湃新闻　2017年11月20日

海外网11月20日电 当地时间19日,赞比亚铜带省一处中资企业遭到数名不法分子抢劫,造成一名中国员工因中弹失血过多而死。

据非洲《华侨周报》等媒体报道,11月19日清晨8点多,位于赞比亚铜带省恩多拉工业区的一家从事编织袋生产业务的河南企业遭到数名歹徒抢劫。其中2名歹徒戴有头套,并携带AK47、砍刀等作案工具,闯入该公司后,用铁丝捆绑了3名中方人员,并将赞方员工集中控制起来。新华社报道称,劫匪共有5名,系驾车闯入该企业的工厂。

公司员工朱某(也有消息称其为公司老板)起床较晚,歹徒闯入房间后就殴打并逼问他钱财的存放处。朱某交出手中的现金后,歹徒或许觉得钱财过少,便向其腿部开了一枪,打到了胯部的动脉上,导致他大面积出血。歹徒随后将保险柜搬走,并驾驶了该公司的一辆黑色面包车逃离。

待歹徒离开后,被困公司员工迅速到房间确认朱某安危,发现他已经躺在血泊中。在赞侨胞协助将朱某送医后,他还是因为失血过多导致抢救无效死亡。

目前,该公司员工已经报警,希望警方彻查此案。同时,中国驻赞比亚使馆领事部方面也第一时间联系了赞比亚警察总监,要求赞警方立即破案,抓捕和严惩凶手,并提供了受害者姓名、企业名称及被抢车辆牌照号等相关信息。在赞侨社和侨胞还自发组织成立了临时治丧委员会,帮助受害企业处理医院尸检、警局调查及后勤保障等工作。

赞比亚华侨华人总会亦发出安全提示,表示圣诞节将至以及当地经济不景气等原因,导致近期犯罪活动有所增加,提醒在赞比亚的同胞要提高警惕,多加防范,尽量避免夜间出行。

2. 要体现国家利益至上的思想

国际新闻的法治报道也不是对记者了解的法治现象有闻必录,而是根据我国国情,根据新闻对我国法治建设的有益性程度,采取"新闻""旧闻""不闻"的报道策略。比如,"环保意识、节约观念、文明守法、文化素养、从严治军等等,都是他山之石可以攻玉。而国外的事情哪些又是敏感区域,要慎重看待的?'民选'、示威、游行、军事政变,包括西方媒体炒作的与我友好国家的负面消息,则需要我们国际新闻从业人员从我国内政外交的大局出发,既要考虑国际影响与反应,又要考虑国内民众的感受,注意正确引导舆论,维护社会稳定,保证中央的内政外交大政方针和工作部署得到贯彻落实。"①这就是传播学上"议程设置"和"叙事框架"技巧的具体应用。"议程设置"的实质是媒体告诉你的不一定是你想知道或者应该知道的,而是媒体想要你知道或者认为你应该知道的,所设置的议题也具有明显的目的性。"叙事框架"则更为隐蔽一些,在貌似客观公正的新闻叙事中嵌入了媒体所代表的价值要求,诱导读者作出媒体想说又不便直说的判断。我国媒体在国际新闻传播中议程设置的目的和叙事框架的价值要求,必然是集中在国家利益至上的传播思想上。报道什么,屏蔽什么,报道到什么程度,都是根据国家利益的要求而定。下列新华社的这篇新闻就很能说明这个问题。

加泰罗尼亚宣布独立 西班牙参议院授权中央政府接管

新华社　2017年10月28日

新华社马德里10月27日电(记者郭求达)西班牙参议院27日下午通过决议,授权中央政府全面接管加泰罗尼亚自治区地方政府权力。

在支持团结统一的主要党派缺席情况下,加泰罗尼亚自治区议会当天下午单方面宣布"独立"。西班牙参议院随后召开紧急会议,通过启动宪法第155条、授权中央政府采取一切必要行动捍卫国家统一的决议。

西班牙首相拉霍伊随后将召开内阁会议,讨论实施宪法第155条的具体措施,包括将加泰罗尼亚自治区议会中的分离主义领导人撤职,接管自治区警察、财政、通信等关键部门,以及重新举行自治区议会选举。

---

① 陶克:《从传播效果看国际新闻报道的辩证思维》,军事记者,2007年第5期

拉霍伊说,加泰罗尼亚自治区议会非法宣布独立的行为是"犯罪"。他呼吁全体西班牙人保持镇定,表示"加泰罗尼亚自治区会回归法治"。

据当地媒体报道,检察部门将立即对分离主义领导人就其"叛国行为"进行司法调查。

西班牙宪法第155条规定,如果西班牙某自治区未能承担宪法或法律赋予它的义务,或其行为对国家整体利益造成重大危害,中央政府可以采取一切必要手段,强制其服从义务,保护国家整体利益。

一切分裂国家的行为在我国属于敏感政治事件,外国类似的新闻信息在我国播发也要考虑社会影响,因为这会触碰我国民众的敏感神经。这类新闻一般应属于"不闻"范围。但是,西班牙政府对于加泰罗尼亚自治区议会单方面宣布独立的处理,果断及时,措施强硬,很值得我国借鉴。这条法治新闻无疑告诉国内受众,任何一个主权国家都会采取一切措施制止国家分裂。这是这条国际新闻报道的意义所在。尤其值得称道的是新闻信息的处理技巧。新闻没有纠缠于泰罗尼亚自治区闹独立的前因后果和争取独立的曲折过程,因为这对我国来说不是重要的,我们一贯反对以任何理由任何方法分裂国家的行为。值得肯定的是,新闻在短短的篇幅中清楚交代该地区宣布独立后国家政府和司法机关为避免国家分裂,惩罚肇事者采取的得力措施。这才是我们想让公众知道的信息。

3. 注意法治新闻的专业性

国际新闻传播法治信息,也要注意法治新闻的专业要求,力求法治新闻效果最大化,彰显法治精神。

首先,要交代必要的新闻权威来源。法治新闻传播的法治事实大多是法律事实,都是经过权威部门对其真实性鉴定认可的,报道时注明新闻事实来源,增加新闻的可靠性。由于国际新闻的信息来源在国外,受众对信息真伪更容易产生疑虑,新闻来源的交代就显得更有必要。比如,《罕见!日本对2名死囚执行死刑 距其犯案已超20年》的资料来源是"据日本TBS新闻","据环球网早前报道",还有"依据日本法律";《赞比亚一中资企业遭抢劫,歹徒枪杀一中国员工后携款逃离》一文的事实来源是"非洲《华侨周报》等媒体"。这些新闻来源具体明确。相比来说,《加泰罗尼亚宣布独立 西班牙参议院授权中央政府接管》的新闻来源"当地媒体"则显得模糊。有些新闻,比如《印度宣布未婚男女发生性关系即成合法夫妻》则干脆没有新闻来源。新闻来源不清影响事实的可信性,削弱新闻公信力。

印度宣布未婚男女发生性关系即成合法夫妻
人民网　2013年6月25日

十八岁以上的未婚女青年和二十一岁以上的未婚男青年如果发生性关系,只要可以提供相关证明,可由其中一人注册结婚,无论另一方是否同意。在这种情况下注册结婚和结婚仪式都只是获得社会认可的一种形式。

这意味着如果他们想分手的话,必须通过法定的离婚程序。

这个判决出自一个有关赡养费的案子,一名女子由于无法提供婚姻证明而被下级法院宣判无权得到她两个孩子父亲的赡养费。而正是该女子第二个孩子的出生证明上有父亲的签字使该女子成为孩子父亲的合法妻子。

卡尔曼法官宣布可证明夫妻关系的法律文件比婚姻证明重要得多。

其次,突出法治色彩。从专业角度看,法治新闻的特色就是"法治",没有法治的新闻就不够专业。《印度宣布未婚男女发生性关系即成合法夫妻》显示,印度这个奇葩的规定不是来源于法律,而是法官在审判过程中依据案件事实在判决前做出的判决说明,而这个说明的奇怪逻辑建立在保护案件中的弱势女子前提下,强制婚姻背叛者履行义务。这是一条富有娱乐性的新闻,但是新闻中充满着法治精神,溢满人文关怀。

再次,做好必要法制解读。法律制度作为上层建筑的重要组成部分,必然受经济基础包括生产方式的制约。不同国家生产生活的客观条件的差异及传统文化习俗的影响,其价值观念和行为方式也必然不同,这难免会使不同区域、不同文化的国家的法律制度存在差异。新闻报道要对此持严肃态度,给受众做必要的解释,这样可以增长受众的文化知识。即便是有些法律文化现象千奇百怪,令人称奇,新闻工作者也要提醒自己勿忘自身的社会责任,在给受众带来娱乐的同时,要能使受众真正受到法治教育。

4. 开拓报道领域,避免过度娱乐

前面说过,我们不反对新闻的娱乐性,娱乐价值的合理利用对于增加法治新闻的吸引力有不可忽视的作用。但是过度娱乐则是舍本求末,影响新闻正当功能的发挥。如今,国际新闻的法治报道存在过度娱乐化的倾向,猎奇、媚俗现象比较普遍。婚姻两性、凶杀暴力等成了国际新闻法治报道的热门选题。比如,就婚姻制度来说,"一妻多夫""一夫多妻"及"发生关系即成合法夫妻"成为媒体竞相报道的目标,还有一篇"女婿娶了丈母娘"的新闻更是将猎奇推向顶点,一些新闻媒体真是为娱乐而无所不用其极。

25年前他娶了丈母娘 25年后他们要庆祝银婚了
东南快报　2010年6月1日

俗语说,丈母娘看女婿,越看越欢喜。在英国,艾伦跟前妻离婚后,竟然娶了丈母娘!

英国媒体5月30日报道,艾伦今年55岁,"丈母娘"妻子瓦莱丽75岁,他们已经结婚25年,正和伴娘一起策划银婚派对,而伴娘也不是别人,正是艾伦的前妻、瓦莱丽的女儿詹妮特。

1976年,艾伦追求詹妮特,并很快和詹妮特结婚,之后,他们有了两个小孩,1983年他们离婚。

由于外孙太小,丈母娘瓦莱丽同意帮忙照顾艾伦一家半年。没想到,刚刚丧夫的瓦莱丽和艾伦却陷入爱河。前妻詹妮特得知后,竟然主动提出要当伴娘,艾伦和瓦莱丽简直乐疯了。

不过,在当时,400年前亨利八世时期延续下来的法律规定,女婿和丈母娘间不能通婚。于是,艾伦和瓦莱丽同时向英国上议院和下议院求情,获得英国国会法外容情,两人最终结为夫妻。据信息时报

国际新闻的过度娱乐把新闻选题囿于狭窄领域,这不利于国际新闻法治报道开阔视野,背离了国际新闻传播的初衷。记者要在立法、执法、司法、守法、监督各领域发现娱乐性法治新闻素材,撰写高品位的吸引人的新闻作品,同时也要在新闻反映对象上开拓视野。比如,除了把焦点对准违法犯罪人员、执法司法机关,还有许许多多与法治领域关联的人和事。警犬就是执法战线

一道风景,对打击和震慑犯罪有特殊作用。这个领域的新闻趣味性强。《北京青年报》2017年10月17日刊发的题为《警犬集体过生日 吃特制蛋糕卖萌》就令人耳目一新。

警犬集体过生日　吃特制蛋糕卖萌

北京青年报　2017年10月17日

10月15日,北京市公安局刑侦总队九支队给生日在10月份的警犬们过了个集体生日。他们有北京市公安局警犬基地的警犬,还有全国各地来京业务交流和技能培训的带犬民警带来的警犬。英勇的警犬们在生日趴上集体卖萌,还吃到了特制的生日蛋糕。

10月15日,北京市公安局警犬基地举办了一场特殊的"生日趴",给10月份过生日的警犬们过了一个集体生日。据了解,警犬集体生日会是首次举办,作为给工作辛苦警犬们的一次奖励。这次过生日的有北京市公安局警犬基地的警犬,还有全国各地来京业务交流和技能培训的带犬民警带来的警犬。

警犬"司基丁"今年4岁了,是比利时马里努阿犬,它可是搜毒、搜爆和刑侦方面物证搜索的一把好手,曾多次帮助刑侦侦查员找到关键证物,参与破获多起刑事案件。

"发财"是黑龙江边防总队的警犬,这次随带犬民警来京交流培训。"发财"今年7岁了,是一只拉布拉多猎犬,别看它平时温柔乖巧,但它在搜毒、搜爆时可从不含糊。

"梳洗打扮"后,"司基丁"带上了粉色的兔子耳朵,"发财"带上了会发光的粉色蝴蝶结。镜头感超强的"司基丁"昂首挺胸,而"发财"一直在卖萌。

刑侦总队还特意为它们订制了狗狗吃的生日蛋糕。生日蛋糕主要是肉做的,警犬们看到生日蛋糕后迫不及待地要把蛋糕吃掉,随后几口就给吞了。

据驯犬员介绍,警犬看上去很萌,但工作也很辛苦,其中一只警犬身上还背着全景摄像头,刚刚执行完任务。

据了解,北京市公安局警犬基地一直以"警犬基地全国最好、警犬技术全国最强"为目标,基地有4名同志当选警犬使用破案能手,另有"花豹"等3头警犬被评为功勋犬。

　　去年,警犬技术支队共完成防爆安检、处突备勤、巡逻守口、刑侦用犬1300余次,出动警力近4300人次、警犬4000余次。警犬技术支队参与各类刑事案件现场工作24次,出动警力180余人次、警犬160余头次,在多起重大案件侦破、收缴毒品工作中发挥了突出作用。(文/本报记者 匡小颖)

　　观照全球法治状况,开阔受众法治视野,培养公众法治精神,应成为国际新闻法治报道的目标。随着互联网技术在全球的普及,以及我国经济文化往来的区域的增多,国际新闻热点国家及热点地区的新闻会更多地走进我们的视野,我们会对更多国家和地区的法治情况有所了解,这就对国际新闻的法治报道提出更高要求。新闻工作者和相关学者需要对该领域投入更多关注。

　　本书出版得到郑州大学新闻与传播学院的大力支持,张举玺院长为本书名称提出了很好建议,在此一并致谢。

参考文献

主要参考书目

1. 黄瑚主编:《新闻法规与职业道德》,复旦大学出版社,2003 年版
2. 李矗《法制新闻报道概说》,中国广播电视出版社,2002 年版
3. 慕明春主编:《法制新闻研究》,人民出版社,2011 年版
4. 张文显主编:《法理学》(第三版),法律出版社,2007 年
5. 黎宏著:《刑法学》法律出版社,2012 版
6. 吴祖谋,李双元主编:《法学概论》(第十二版),法律出版社,2016 年

主要参考论文

1. 郭克宏:《论媒体的法制精神》,郑州大学学报(哲学社会科学版),2014 年第 6 期
2. 郭克宏:《冤案报道正能量传递方略探析》,采写编,2014 年,第 4 期
3. 郭克宏:《浅议法制新闻中的不良细节》,声屏世界,2014 年,第 11 期
4. 郭克宏:《论新闻媒体的"法盲"现象》,采写编,2016 年,第 1 期
5. 郭克宏,高会芳:法制新闻对公民法治精神的培养,采写编,2015 年,第 5 期
6. 郭克宏:《论案件新闻的品格》,声屏世界,2015 年,第 12 期
7. 郭克宏:《重情轻法:法制新闻的价值迷失》,声屏世界,2017 年第 1 期

后 记

　　书稿撰写虽然暂告一段落,但由于水平有限和研究时间仓促,课题研究尚存在不少缺憾。比如,问题涵盖还不够全面,法治新闻弘扬法治精神的研究领域除了成果呈现内容之外,应该还有尚未关注但具有价值的领域;对于法治新闻而言,新闻的法理性尚待深入挖掘和研究,这方面的欠缺使得研究的学理性不够突出;对于呈现的研究课题,囿于主客观原因,部分研究成果尚显表涩。比如,对于法治新闻事实的认识,思考流于粗浅,没有将进入司法程序前后的报道差异深入探讨。基于此,该课题在以下方面还有不小的拓展空间:

　　一是法治新闻的法理性研究。这个领域的深入研究能够增加法治新闻专业特征和理论厚度,为法治新闻研究体系的成熟提供有力支持。

　　二是对法治新闻的认知视野尚待拓宽。如果在新闻传播学之外,从法学、社会学、管理学等多学科视角观照法治新闻传播现象,对法治新闻的认识会更全面、更深入。

　　三是对法治新闻的观照尚停留在宏观层面,有待更加全面细致的研究。比如,法治新闻不同的题材、体裁各有特点,本课题没有细致观照。

　　总之,本课题研究尚存在诸多遗憾,留待以后靠更加勤奋和认真去弥补。